Jeremy und Audrey Roloff

Liebesbriefjahre

Die wahre Geschichte einer Liebe, die ermutigt,
auch in Herausforderungen dranzubleiben

JEREMY & AUDREY ROLOFF

LIEBES BRIEF *Jahre*

Die wahre Geschichte einer Liebe, die ermutigt, auch in Herausforderungen dranzubleiben

Aus dem Amerikanischen von Silvia Lutz

Für Ember Jean,
mögest du ein Licht in dieser Welt sein.
Wir lieben dich,
Mom und Dad

INHALT

Pflichtlektüre:

UNSER ERSTER *Brief*

AUDREY

Es war ein Sommer wie im Märchen: Wir wanderten über Zuggleise, fuhren auf der Ladefläche unserer Pick-ups durchs Gelände, schlichen durch Eisenbahntunnel, sprangen von Brücken, pflückten Beeren, spielten „Auf der Flucht“, kletterten auf riesige Heuballen, erkundeten alte Scheunen, spielten Mundharmonika und sahen uns Filme im Autokino an. Die Zeit gehörte uns. Fast jeden Abend saßen wir am Lagerfeuer. Unsere Kleidung roch ständig nach dem Rauch von Kiefernholz und wir verzichteten gerne auf Schlaf, um zusammen sein zu können. Auch wenn wir einfach schweigend nebeneinandersaßen und warteten, bis das Rattern des Zuges zwischen den sanften Hügeln von Helvetia, Oregon, zu hören war. Es war, wie es in einem Lied heißt, „der Sommer, in dem meine Seele neue Wege einschlug“[1]. Es war der Sommer, in dem die Zeit keine Rolle spielte und ein Abenteuer das andere jagte. Es war der Sommer, in dem ich mir endlich erlaubte, mich in den Farmersjungen zu verlieben, der sich seit zwei

Jahren geduldig um mich bemühte. Es war ein traumhafter Sommer, in dem wir uns immer mehr ineinander verliebten.

Aber als es auf den September zuging, näherte sich das Ende unseres perfekten Sommers. Im Herbst würden wir unterschiedliche Wege einschlagen. Ich würde zum Vorbereitungstraining für die nächste Crosslaufsaison (Querfeldeinlauf) am *Oregon State College* in Corvallis zurückkehren, und Jeremy wechselte vom *Portland Community College* ans *Brooks Institute* für Film und Fotografie in Santa Barbara, Kalifornien. Den ganzen Sommer über hatten wir bewusst verdrängt, dass unsere Beziehung bald durch eine Entfernung von 1500 km erschwert werden würde. Daneben war die 15-minütige Autofahrt vom Vorstadthaus meiner Eltern zu der Farm von Jeremys Familie ein Klacks. Wir wussten beide, dass dieser Sommer zu Ende gehen würde, aber wir waren nicht sicher, ob dies das Ende einer Sommerliebe oder den Anfang einer lebenslangen Liebesgeschichte bedeuten würde.

In den Wochen vor Jeremys Umzug wuchs bei uns beiden der Druck. Ein klärendes Gespräch war unausweichlich. Wir mussten uns entscheiden, wie unsere Beziehung weitergehen sollte. Welche Erwartungen hatten wir an unsere Beziehung, bevor wir ans College gingen? Wollten wir uns auf eine Fernbeziehung einlassen? Oder würden wir einfach auf einen traumhaften Sommer anstoßen und dann getrennte Wege gehen?

Als ich nach einem weiteren Abend am Lagerfeuer zu Hause war, bekam ich von Jeremy folgende Textnachricht: *Auj, wir müssen darüber reden, wie es weitergehen soll.*

Ich wusste, was er meinte. *Ja, das müssen wir.*

Morgen. Ich hole dich um fünf ab. Dann fahren wir zur Eisenbahnbrücke und reden und fahren erst wieder nach Hause, wenn wir darüber gesprochen haben, wie es zwischen uns weitergeht.

Mit Schmetterlingen im Bauch tippte ich in mein Handy: *Klingt nach einem guten Plan.*

An diesem Abend kritzelte ich meine ungefilterten Gedanken nervös in mein Tagebuch. Den ganzen Sommer hatte ich um Klarheit gebetet. Ein Gespräch, wie es zwischen uns weitergehen sollte, war unausweichlich. Für mich ging es um viel mehr als nur darum, ob Jeremy und ich offiziell ein Paar werden würden.

Zwei Jahre zuvor hatte ich mir vorgenommen, keine feste Beziehung mit einem Jungen anzufangen, wenn ich mir nicht vorstellen konnte, ihn eines Tages zu heiraten. Deshalb hatte ich das Gefühl, ich würde für den Rest meines Lebens Ja zu Jeremy sagen, sobald ich eine Beziehung mit ihm begann.

Rückblickend erkenne ich, dass ich mich damit viel zu sehr unter Druck gesetzt hatte. Wie soll man herausfinden, ob ein Mann als Ehepartner infrage kommen könnte, wenn man jedem von Vorneherein eine Absage erteilt und keinen an sich heranlässt? Ich musste einfach bereit sein, ein paar unangenehme Dates zu erleben, um irgendwann den Richtigen zu finden.

Als ich am nächsten Morgen aufwachte, analysierte ich jeden möglichen Ausgang unseres Gesprächs: Würde er mich bitten, trotz der weiten Entfernung seine Freundin zu sein? Oder würden wir vor einer solchen Verpflichtung zurückschrecken und uns darauf einigen, einfach abzuwarten, was passiert? Uns beiden war bewusst, welche Konsequenzen dieses Gespräch haben könnte. Deshalb hatten wir das Gefühl, die Stunden bis dahin würden nie vergehen. Im Gegensatz zu unserem Sommer, in dem Zeit keine Rolle gespielt hatte, war Zeit plötzlich sehr wichtig geworden: um 17 Uhr war unser Gespräch geplant und schon sehr bald würde das Datum, zu dem wir zum Studium weggehen würden, folgen.

Ich hörte *Blue Moons* klappernde Motorengeräusche, schon lange bevor Jeremy in unsere Straße einbog. *Blue Moon* war Jeremys rostiger, verbeulter, hellblauer VW-Bus. Jedes Mal, wenn ich *Blue Moon* – oder irgendein anderes von Jeremys alten Autos – vor unserem Haus vorfahren hörte, schlug mein Herz höher, und meine Hände begannen zu zittern.

Obwohl ich ihn schon aus einem Kilometer Entfernung kommen hörte, wartete ich in meinem Zimmer, bis er den Motor abgestellt hatte und zur Haustür kam. Im Gegensatz zu den meisten Jungen, mit denen ich ausgegangen bin, blieb Jeremy nie in seinem Auto sitzen und schrieb eine WhatsApp: *Ich bin da.* Er kam immer an die Tür und klopfte. Als ich an diesem Tag die Tür öffnete, hätte ich schwören können, dass er über Nacht noch attraktiver geworden war. Das erhöhte meine Nervosität und meinen Herzschlag noch mehr. Wir begrüßten uns mit geröteten Wangen und einem verliebten Lächeln. Jeremy führte mich zu seinem Auto und hielt mir die Tür auf.

Er schlug vor: „Hey, wir sollten versuchen, unsere Schuhe auf dieses Drahtseil zu werfen, bevor wir reden. Ich habe sie mitgebracht!"

Jeremy und ich hatten beschlossen, dass wir unserem wunderschönen Sommer ein besonderes Denkmal setzen wollten. Wir wollten etwas Unkonventionelles machen und hatten die Idee, zwei alte Schuhe zusammenzubinden – einen Schuh von ihm und einen von mir – und sie auf ein Drahtseil unter unserer geliebten Eisenbahnbrücke zu werfen. Diese Brücke ist eine der längsten Holzeisenbahnbrücken in Nordamerika. Sie war in diesem Sommer „unser besonderer Ort" gewesen. Wir hofften vermutlich beide, dass diese Schuhe eine ewige Erinnerung an den Anfang unserer lebenslangen Liebesgeschichte würden.

„Oh, ja!", antwortete ich. „Es freut mich, dass du das nicht vergessen hast!" Diese alberne Aktion beruhigte meine Nerven. Jetzt hatten wir noch etwas anderes vor als nur „das Gespräch".

Wir waren so nervös, dass die zwölf-minütige Fahrt zur Brücke fast schweigend verlief. Als wir ankamen, stellte Jeremy *Blue Moon* gleich oberhalb der Brücke am Straßenrand ab. Er öffnete mir die Beifahrertür und wir bereiteten unsere Schuhe für unsere geplante Mission vor. Wir banden die Schnürsenkel fest zusammen und schrieben auf einen von Jeremys Schuhen „Jer und Auj, Sommer 2011". Dann gingen wir den halben Kilometer bis zu der Stelle, an der die Brücke die Straße überquert. Hier hatten wir den perfekten Platz ausfindig gemacht, um unsere Schuhe über das Drahtseil zu werfen, und hofften, dass man sie dort nicht leicht entdecken und entfernen könnte.

Dieses Drahtseil verlief in ungefähr 20 Metern Höhe relativ nah unter den Eisenbahnschienen. Als wir darunter standen, hatte ich keine allzu große Hoffnung, dass wir unseren Plan erfolgreich in die Tat umsetzen könnten. Doch im Gegensatz zu mir schaute Jeremy mit großem Selbstvertrauen zu dem Drahtseil hinauf. Er zog sofort seine Sandalen aus und begann die Holzkonstruktion der Brücke hinaufzuklettern, wobei seine Füße ganz schwarz wurden. Als er einen Balken mit einem guten Wurfwinkel erreichte, schleuderte er die Schuhe in Richtung Drahtseil. Ein Schuh prallte von einem der Balken ab und beide flogen wieder auf den heißen Asphalt zurück.

Ich holte sie schnell und versuchte sie Jeremy hinaufzuwerfen, aber ich zielte sehr schlecht. Jeremy musste nach unten klettern und dann noch einmal neu hinaufklettern.

Dieses Mal schloss er die Augen und betete halb im Scherz: „Herr, hilf mir!", bevor er die Schuhe warf.

Bei seinem zweiten Versuch landeten die Schnürsenkel perfekt über dem Drahtseil und die Schuhe wickelten sich mehrmals darum. *Er hat es geschafft!*, dachte ich beeindruckt. Ich habe schon immer auf besondere Zeichen in meinem Leben geachtet, und diese Schuhe waren für mich eindeutig ein Zeichen.

Jeremy kletterte wieder nach unten und wir schauten voll Stolz zu unseren Schuhen hinauf. Insgeheim hofften wir beide, dass dies ein dauerhaftes Symbol für einen Anfang und nicht für ein Ende unserer Beziehung wäre.

Wir gingen durch das hohe Gras, das die Brückenkonstruktion umgab, zurück und stiegen einen Hang hinauf, bis wir oben auf den Gleisen ankamen. Dort setzten wir uns auf die von der Sonne aufgewärmten Schienen. Jeremy schlug vor, dass wir unser Gespräch mit einem Gebet beginnen sollten. Wir beugten also beide unseren Kopf und er betete für uns. Ich erinnere mich nicht mehr an alles, was er gesagt hat, aber ich weiß noch genau, dass er dafür gebetet hat, dass in unserer Beziehung der Wille des Herrn geschehen möge.

Als wir Amen sagten und die Köpfe wieder hoben, war mir gleichzeitig heiß und kalt. Mein Gesicht glühte. Trotzdem zitterte ich vor Nervosität. Ich bin normalerweise sehr entscheidungsfreudig. Zum Beispiel bin ich bei der Auswahl meiner Kleidung immer sehr flott, und im Restaurant weiß ich stets als Erste, was ich bestellen will. Aber bei der Frage, ob ich mich auf eine Beziehung einlassen wollte, wurde mir heiß und kalt. Ich wusste, dass eine Beziehung mit Jeremy drei Jahre Fernbeziehung bedeuten würde, und ich hatte Angst, dass die große Entfernung zu einer Belastung werden könnte.

Meine Zweifel ließen mir keine Ruhe. Ich hatte Angst, dass die Entfernung unsere Liebesgeschichte ruinieren könnte. Würden wir nicht auf Dauer eine bessere Chance haben, wenn wir nur Freunde blieben, bis wir wieder in derselben Stadt wohnen könnten? Ich mochte Jeremy. Ich konnte ihn mir gut als Ehemann vorstellen, und ich begann mir eine Zukunft mit ihm auszumalen, aber vielleicht war das Timing schlecht? Ich hatte noch am Morgen in mein Tagebuch geschrieben und darüber gebetet, wie ich meine Bedenken formulieren könnte, aber in diesem Moment konnte ich mich an nichts davon erinnern. Zu meiner Erleichterung begann Jeremy dann das Gespräch.

Zuerst ließ er unseren wunderbaren Sommer Revue passieren. Wir strahlten beide glücklich, als wir unsere vielen gemeinsamen Erlebnisse im Geiste noch einmal durchlebten. Dann folgte eine Pause.

Mit ernster Miene schaute mir Jeremy in die Augen und sagte: „Ich weiß, dass wir beide gesagt haben, dass wir uns nie auf eine Fernbeziehung einlassen würden. Aber wenn wir es nicht wenigstens versuchen, werde ich mich wohl immer fragen, was hätte sein können. Dieser Sommer soll nicht einfach eine angenehme Erinnerung an das Mädchen, das ich früher einmal kannte, sein. Audrey, wenn ich nach Santa Barbara gehe, will ich sagen können, dass du zu mir gehörst. Willst du meine Freundin sein?"

„Ja!", antwortete ich aus ganzem Herzen. Während er sprach, erfüllte mich ein überwältigender Friede. Alle Sorgen und Unsicherheiten, die ich in Bezug auf Fernbeziehungen gehabt hatte, waren wie weggeblasen. Wir saßen einen Moment schweigend da und waren uns bewusst, dass dies der Höhepunkt von zwei Jahren war, in denen Jeremy sich mit viel Geduld um mich bemüht hatte. Obwohl wir es damals nicht wussten, war es der Anfang eines ganzen gemeinsamen Lebens, in dem wir uns mit Geduld umeinander bemühen wollen.

Adrenalin schoss durch unsere Adern, als wir uns an den Händen hielten und auf der inzwischen von Sternen beleuchteten Wiese den Hang hinabstiegen. Als wir unterhalb der Brücke an der Straße ankamen, blieb Jeremy stehen und schlug vor, einen Moment den Nachthimmel zu genießen. Wir legten uns auf den Asphalt und schauten zum Himmel hinauf. In dieser Nacht war Vollmond. Dieser Augenblick brannte sich für immer in unser Gedächtnis ein, weil eine riesige Sternschnuppe über den Himmel zog.

Wir waren endlich offiziell ein Paar, aber wir hatten nur noch zehn Tage, bis Jeremy nach Santa Barbara aufbrechen musste. In diesen zehn Tagen genossen wir jede gemeinsame Minute und beendeten jeden Abend mit einem Lagerfeuer. Wir hielten uns an den Händen, gaben uns unseren ersten Kuss und sprachen aus, was wir schon lange übereinander dachten, was wir dem anderen aber nie gesagt hatten.

Als wir an Jeremys letztem Abend am Lagerfeuer saßen, versprachen wir uns, uns Briefe zu schreiben. Ja, *Briefe!* Richtig mit Füller und Tinte auf Papier geschrieben, das zusammengefaltet in einen Briefumschlag gesteckt und mit einer Briefmarke beklebt wird. Wir wollten *mehr*, als uns nur Textnachrichten zu schicken und am Abend zu telefonieren. Wir hatten den tiefen Wunsch, Begeisterung und Kreativität in unsere Kommunikation zu bringen. Wir wollten schriftlich festhalten, wie sehr unsere Liebe wuchs. Briefe erschienen uns dafür perfekt zu sein.

Am 25. August 2011 brach Jeremy nach Santa Barbara auf. Ich fuhr vorher zur Farm seiner Eltern, um *Blue Moon* nachzublicken, wenn er randvoll mit seinen Sachen beladen die lange Schotterauffahrt der *Roloff Farm* hinabrollen und eine Staubwolke hinter sich herziehen würde. Vor diesem ersten Abschied, der sehr lange dauerte, gab mir Jeremy meinen ersten Brief. Er war mit Wachs versiegelt und steckte in einem alten, braunen Umschlag. Ich kam mir vor wie ein Filmstar bei den Dreharbeiten eines Liebesfilms in den 50er-Jahren. Er bat mich, ihn erst zu lesen, wenn er fort war, und ihm an seine neue Adresse in Santa Barbara zu schreiben. Er wollte etwas haben, auf das er sich freuen konnte. Seinen ersten Brief in der Hand zu halten gab mir Zuversicht, dass wir es schaffen würden.

In den letzten Augenblicken vor unserem Abschied tobten in uns beiden viele widersprüchliche Gefühle: Unsicherheit und Zuversicht. Nervosität und Frieden. Traurigkeit und gespannte Aufregung. In einem Punkt waren wir uns absolut einig: Die Liebe würde uns nicht einfach zufallen. Wir mussten etwas dafür tun. Wir waren fest entschlossen, unsere eigene, von Gott inspirierte Liebesgeschichte zu schreiben. Jeremys erster Brief war der Anfang unserer Liebesbriefjahre.

Liebe Audrey,

jetzt geht es los. Was für ein erstaunliches Gefühl! Ich bin ziemlich aufgeregt. Ich freue mich auf das nächste Kapitel unseres gemeinsamen Lebens, denn Gott ist bei uns. Ich werde für dich und für uns beten.

Bitte schreibe mir unbedingt, was du denkst. Ich will wissen, was du denkst. Denn dann geht es mir besser. Ich habe so lange nicht gewusst, was du wirklich denkst.

Wie immer gibt es so vieles, das ich dir sagen möchte, aber meine Gedanken sind im Moment ein wenig durcheinander. Das macht jedoch nichts. Wir können uns noch sehr viel schreiben. Und wir können skypen!

Ich möchte noch einmal betonen, wie wichtig es ist, dass wir in diesem Prozess offen sind. In den letzten zwei Jahren haben wir vieles für uns behalten. Das war wahrscheinlich auch besser so, aber es könnte sich auch zur Gewohnheit entwickelt haben. Jetzt sind wir ein Paar. Die Regeln haben sich geändert. Wenn dich etwas stört, dann sag es mir, bitte.

Wir hatten in diesem Sommer so viel Spaß, Auj. Es war unbeschreiblich schön, dich besser kennenzulernen. Irgendwann werden wir unsere Notizen und Gedanken zusammentragen und ein Theaterstück oder ein Buch daraus machen!

Dieser Brief fällt kurz aus, denn ich habe keine Zeit (du wirst gleich hier sein). Wenn du irgendwann etwas, das ich schreibe, nicht lesen kannst oder nicht verstehst, dann schicke mir eine Textnachricht oder wir klären es über Skype.

Du bist schön.

Wie alles begann

JEREMY

Zwei Jahre zuvor hätte ich mir die Gelegenheit, Audrey kennenzulernen, beinahe entgehen lassen. In den Winterferien meines ersten Jahres am College bekam ich von meinem alten Freund Mitch eine Textnachricht: *Jer, es gibt da ein Mädchen, das du unbedingt kennenlernen musst. Hast du am Samstag Zeit?*

Ich hatte mich zu diesem Zeitpunkt immer noch nicht ganz von einer Beziehung erholt, die nach drei Jahren gescheitert war. Es war nicht das erste Mal, dass ein Freund versuchte, mich zu verkuppeln. Ich hatte keine Lust, also antwortete ich: *Hey, Mitch. Schön, von dir zu hören. Nein, ich habe keine Zeit. Tut mir leid!*

Zu dieser Zeit befand sich *Little People, Big World*, eine Reality-Fernsehserie über meine Familie, die damals schon seit fünf Jahren ausgestrahlt wurde, auf dem Höhepunkt. Ich hatte mich daran gewöhnt, dass mich Leute einluden, weil mich ihre Freunde und Freunde von ihren Freunden kennenlernen wollten. Ich war mir nie ganz sicher, mit welcher Motivation ich eingeladen wurde, und nahm solche Einladungen deshalb nur selten an. Aber Mitch war ein guter Freund, den ich schon lange kannte und dem ich vertraute, und er ließ nicht locker.

Widerstrebend stimmte ich einem Blind Date mit einem Mädchen zu, das Audrey hieß. Warum ich zugesagt habe? Ich weiß es nicht. In den folgenden Tagen suchte ich auf jeden Fall nach Ausreden, um aus der Sache wieder herauszukommen. Ich überlegte bis zur letzten Minute. Bevor ich jedoch absagen konnte, schickte mir Mitch die Adresse von Audreys Familie. In zwei Stunden wollten wir uns treffen. Es war zu spät, um jetzt noch einen Rückzieher zu machen.

An diesem Abend probierte ich fünf verschiedene Outfits an, bevor ich in *OhSo*, meinen kleinen, orangefarbenen BMW 2002 Baujahr 1971, stieg und im Nieselregen losfuhr. Obwohl ich mich nur widerwillig darauf einließ, war es irgendwie spannend, sich mit einem Mädchen zu treffen, von dem man nichts weiß. Ich wollte einen guten Eindruck machen. Ich kam zehn Minuten zu früh an und stellte mein Auto gegenüber von Audreys Elternhaus am Straßenrand ab. Der Rasen vor dem Haus war perfekt gemäht. Ein hoher, gemauerter Bogen umrahmte die Haustür, die mit Weihnachtsdeko geschmückt war. Ein weißer Kater saß oben an einem Fenster und blickte auf mich herab, als wollte er mich warnen, dass ich mich auf etwas gefasst machen müsste. Alles wirkte viel zu sauber.

Meine Güte, sie ist wahrscheinlich eine Einserschülerin, dachte ich. *Langweilig. Unsicher. Anstrengend.* Meine Vorsicht wuchs.

Ich war noch nie zuvor zu einem Blind Date gegangen. Ehrlich gesagt, fand ich es richtig peinlich. Ich war nicht verzweifelt. Ich tat dies nur wegen meines Freundes, der nicht lockergelassen hatte, denn ich war überzeugt, dass es zwischen uns bestimmt nicht funken würde. Die Wahrscheinlichkeit, dass ich mit irgendeinem Vorstadtmädchen das große Los ziehen würde, war gleich null.

Ich ging zur Haustür, klopfte und wartete. Keine Antwort, kein Geräusch, keine Bewegung, nichts. Ich hob die Hand, um noch einmal zu klopfen, als – *tara!* – die Tür mit einem Schwung aufgerissen wurde. Meine Hand hing noch in der Luft. Vor mir stand ein Mädchen mit eng sitzender Jogginghose und Sport-BH. Ihre zierliche Figur war schweißgebadet und mit Matsch bespritzt.

Welches Mädchen öffnet in dieser Aufmachung einem völlig Fremden die Haustür?

Sie war schlank und hübsch und schaute mich mit einem breiten Lächeln an. Ich vermutete, dass sie mit Kelcey gerechnet hatte. Kelcey war Mitchs Freundin und gleichzeitig eine von Audreys besten Freundinnen. Sie wollte an diesem Abend auch dabei sein.

„Hi", sagte ich, „bist du Audrey?" Irgendwie hoffte ich, dieses chaotische Mädchen wäre Audreys Schwester oder so.

„Ja, hallo!", antwortete sie. „Du bist Jeremy. Freut mich, dich kennenzulernen. Tut mir leid, ich bin ein wenig zu spät dran. Kelcey und Mitch sind noch nicht da. Aber komm bitte rein." Die Worte kamen fast genauso schnell aus ihrem Mund, wie sie wahrscheinlich kurz zuvor gelaufen war.

„Kein Problem. Ich weiß, dass ich ein bisschen zu früh dran bin."

Ich hatte diese Worte kaum ausgesprochen, als sie sich auch schon umdrehte, die Treppe hinaufstürmte und mir zurief: „Ich bin in ein paar Minuten fertig. Warte in der Küche und …"

Mehr hörte ich nicht, da sie um eine Ecke bog und verschwand. Ich stand immer noch im Türrahmen. Also betrat ich das Haus, zog meine Schuhe aus und stellte sie sauber neben die anderen unter die Bank in der Garderobe. Ich fand die Küche und setzte mich. *Das ist wirklich seltsam.*

Während ich mich im Haus umschaute, kam ich zu dem Schluss, dass die Familie ganz normal zu sein schien. Das Haus war sauber und aufgeräumt; Sporttrophäen säumten die Regale; Karten mit Bibelversen hingen am Kühlschrank; und ein Tablett mit selbst gemachten Marmeladen stand auf der Arbeitsplatte. *Okay, vielleicht wird der Abend doch nicht so schlimm.*

Ein paar Minuten später klopfte es zu meiner Erleichterung an der Tür. Bevor ich aufstehen konnte, hörte ich, wie die Tür auf- und wieder zuging und jemand seine Schuhe auszog. Eine Sekunde später kam Kelcey um die Ecke. Ich hatte schon von Kelcey gehört, sie aber noch nicht persönlich getroffen. Mitch und Kelcey waren bereits eine Weile miteinander befreundet und beide waren mit Audrey zur Highschool gegangen. Kelcey gehörte zu Audreys besten Freunden, einem Kreis enger Freunde, den ich später unter dem Namen *God Squad* (Gottes Truppe) kennenlernte.

Mitch tauchte einige Minuten später auf und setzte sich zu uns an den Küchentisch. Während wir über die Pläne für den Abend sprachen, bekam ich den Eindruck, dass Mitch und Kelcey höhere Erwartungen hatten als ich. Geplant war, dass wir im *Macaroni Grill* essen gehen und uns angeregt unterhalten würden. Danach wollten wir zum Eröffnungsgottesdienst eines neuen Gebäudes von *Solid Rock* in der Innenstadt von Portland gehen. *Solid Rock* war die Gemeinde, die sie alle besuchten. Ich war hin und wieder auch schon einmal dort gewesen, aber ich befand mich gerade in einer Phase geistlicher Selbstzufriedenheit und las weder regelmäßig in der Bibel, noch engagierte ich mich in einer christlichen Gemeinde.

Schließlich kam Audrey die Treppe herab. Ich betrachtete sie interessiert, als sie zu uns in die Küche kam. Ihr schönes rotes

Haar fiel in Wellen über ihre geblümte Rüschenbluse. Sie trug schwarze Leggings, die ihre sportlichen Beine betonten, und schwarze, geschnürte Stiefel. Auf ihren Lippen glänzte ein großzügig aufgetragener roter Lippenstift. *Okay, sie sieht heiß aus.*

Schließlich stiegen wir alle in Audreys roten Mazda und fuhren zum Essen. Als die Bedienung kam, um unsere Getränkebestellung entgegenzunehmen, blickte Audrey beiläufig von ihrer Speisekarte auf und sagte: „Ich nehme ein Glas Milch."

Milch? Wer ist dieses Mädchen? Wer bestellt in einem Restaurant Milch? Und das auch noch bei einem Blind Date!

Beim Essen unterhielten wir uns über die verschiedensten Themen. Ich fand Audrey gleichzeitig verblüffend und reizvoll. Ihre Gedanken, Interessen und ihr Benehmen passten in kein Schema. Ich konnte sie nicht durchschauen. Sie war anders als alle Mädchen, die ich bis dahin kennengelernt hatte. Diese Neugier beruhte auf Gegenseitigkeit. Später erzählte sie mir, dass sie das Gefühl gehabt hatte, die männliche Version von sich selbst gefunden zu haben. Sie fand, dass ich genauso spleenig war wie sie und dass wir viele gemeinsame Interessen hatten.

Von Mitch angeregt, stellten wir fest, dass wir sogar den gleichen Lieblingsfilm hatten: *Stand by Me – Das Geheimnis eines Sommers*. Es gab keine Schublade, in die ich dieses Mädchen hätte stecken können. *Little People, Big World* erwähnte sie mit keiner Silbe. Die Reality-Serie war normalerweise das Erste – und manchmal das Einzige –, worüber Leute, die ich zum ersten Mal traf, mit mir sprechen wollten. Allein das überraschte mich schon und machte mich neugierig.

Nach dem Essen fuhren wir zum Gottesdienst, wo ich den Rest der *God Squad* kennenlernte. Als ich mich erkundigte, wie sie ausgerechnet auf diesen Namen gekommen waren, erklärten sie mir, dass ein Junge in der Schule sie scherzhaft so genannt hätte. Irgendwie waren sie dann bei diesem Namen geblieben.

Der Gottesdienst lief wie üblich ab – beten, singen, Predigt hören, noch einmal beten –, aber gleichzeitig verspürte ich in dem Raum sehr viel Energie. Alle waren begeistert, dass sie die Eröffnung dieses neuen Gebäudes feiern konnten. Doch ich war in Gedanken mehr bei diesem ungewöhnlichen Mädchen. Und gleichzeitig war ich ein wenig befangen, weil ich wusste, dass ihre besten Freundinnen genauso wie Mitch und Kelcey ständig in unsere Richtung blickten. Sie waren neugierig und wollten sehen, ob Audrey und ich uns gut verstanden.

Nach dem Gottesdienst fuhren wir zu Audrey zurück und verabschiedeten uns voneinander. An diesem Abend hatte es nicht zwischen uns gefunkt. Trotzdem hatte ich das Gefühl, dass der Abend gut gewesen war.

Ich war neugierig, wer dieses Mädchen war. Sie machte, was sie wollte, und ließ sich nichts vorschreiben. Das gefiel mir. Ihr Selbstvertrauen und ihr Selbstbewusstsein waren erfrischend. Irgendwie hatte ich das Gefühl, es *sollte so sein*, dass wir uns kennengelernt hatten. Auch wenn ich sie nicht ganz durchschauen konnte, hatte es verblüffende Augenblicke gegeben, in denen ich mich tief mit ihr verbunden fühlte und mich nach mehr sehnte.

Wer ist dieses Mädchen?

Ich beschloss nicht lockerzulassen und wollte mehr über sie erfahren. Nach diesem Blind Date folgte eine lange Zeit, in der ich mich mit viel Geduld um Audrey Mirabella Botti bemühte.

Geduldig erobern

AUDREY

Ich musste immer wieder an den Jungen in der hautengen Jeans denken, der Taylor Swift liebt, alte Autos fährt und auf einer Farm lebt. Seit unserem Blind Date im *Macaroni Grill* waren einige Monate vergangen. Obwohl ich nicht zu einer ernsten Beziehung bereit war, war ich definitiv neugierig und wollte mehr über diesen Jungen erfahren.

Jedes Mal, wenn ich in den nächsten Monaten an den Wochenenden vom College zu Hause war, trafen Jeremy und ich uns in der Gemeinde. Manchmal trafen wir uns mit meinen Freunden und fuhren gemeinsam zum Gottesdienst. Manchmal ging er nach der Gemeindeveranstaltung noch mit uns essen. In der Zeit, in der ich am College war, schickte mir Jeremy hin und wieder eine Nachricht mit einem Link zu einem Film, Podcast oder Lied, aber wir hatten kein zweites Date und unternahmen nichts zu zweit allein. Als ich zu den Sommerferien nach Hause kam und es warm genug war, um den Abend im Freien zu verbringen, lud er mich zum ersten Mal auf die Farm ein.

Ich fuhr auf der Helvetia Road auf das Schild mit der Aufschrift *Roloff Farm* zu. Diese Farm hatte Kultcharakter. An dem Schild bog ich auf die geschotterte Zufahrt ein und fuhr zum schwach beleuchteten Sicherheitstor weiter. Ich warf einen Blick auf mein Smartphone und las noch einmal die Zahlenkombination, die mir Jeremy geschickt hatte. Nachdem ich einige Tasten gedrückt hatte, meldete sich Jeremys Stimme über die knisternde Sprechanlage.

„Auj?“

„Ja, ich bin hier!“

„Zugang gewährt“, verkündete eine Computerstimme und das Tor ging auf. Ich hatte das Gefühl, dass ich in diesem Moment Jeremy irgendwie Zugang zu meinem Herzen gewährte.

Ich fuhr durch einen Tunnel aus Bäumen weiter. Die Straße führte zu einem riesigen Bauernhaus. Als ich dort vorfuhr, kletterte gerade eine große Gruppe Jungs und Mädels auf die Ladefläche eines riesigen Pick-ups und raste davon. Ich atmete in der Komfortzone meines Autos einige Male tief durch, bevor ich ausstieg. Jeremy stand im Hof und bedeutete mir, mit ihm in einen kleineren Geländewagen zu steigen.

„Spring aufs Maultier“, sagte er. „Wir fahren zum Lagerfeuerplatz.“

Maultier? Ich wusste, dass er den Geländewagen meinen musste, aber ich kam mir irgendwie dumm vor, weil ich den Farmjargon nicht besser beherrschte. Also stieg ich mit aufs Maultier, und wir sausten an Ställen, landwirtschaftlichen Maschinen, Tieren und Gebäuden, die ich in der Dunkelheit nicht richtig erkennen konnte, vorbei.

Wir kamen an der Lagerfeuerstelle an. Hier erklärte uns Zach, Jeremys Zwillingsbruder, die Regeln. Wer die Serie *Little People, Big World* nicht kennt, käme nie auf die Idee, dass Zach Jeremys Zwillingsbruder ist. Sie sind in ihrem Aussehen und in ihrem Verhalten völlig verschieden.

Wir hatten vor, *Auf der Flucht zu* spielen, aber es war ganz anders als die Version dieses Spiels, die ich mit meinen Freunden in der Vorstadt spielte. Für uns Vorstadtkinder war *Auf der Flucht* im Grunde ein riesiges Fangenspiel, bei dem die Fänger *Polizisten* sind und Auto fahren. Normalerweise bestimmten wir vier Polizeiautos, in denen jeweils mehrere Leute saßen. Alle anderen waren *auf der Flucht.* Ziel der Flüchtigen war es, vom Startpunkt (normalerweise einem Schulparkplatz) zum Ziel (normalerweise ein anderer Schulparkplatz) zu laufen, ohne von den *Polizisten* erwischt zu werden. Manchmal musste man dazu durch die Straßen und Parks der Umgebung laufen, um nicht entdeckt zu werden. Um einen Flüchtigen offiziell zu fangen, mussten die *Polizisten* das Auto anhalten, aussteigen und ihn verhaften. Flüchtige, die von den *Polizisten* erwischt wurden, verwandelten sich ebenfalls in *Polizisten* und mussten helfen, die anderen Flüchtigen zu fangen. Der Erste, der das Ziel erreichte, ohne erwischt zu werden, war Sieger.

Ich war auf mein Können bei diesem Spiel stolz. Selbst wenn ich entdeckt wurde, konnte ich vor den *Polizisten* immer schnell weglaufen. Aber ich erfuhr, dass auf einer Farm völlig andere Spielregeln galten. Wenn man auf 140 000 Quadratmetern aufwächst, braucht man bei diesem Spiel nicht durch fremde Gärten und Wohnblöcke zu laufen. Statt in Polizeiautos fuhr Zach auf seinem Maultier herum, während wir anderen auf der Flucht waren und von einem Ende der Farm zum anderen und dann wieder zurückliefen. Statt auszusteigen und uns zu fangen, musste Zach nur unsere Namen rufen. Das bedeutete, dass Geschicklichkeit wichtiger war als Geschwindigkeit.

Während Zach die Regeln erklärte, schwand meine Zuversicht immer mehr. Offenbar sollten wir alle von der Lagerfeuerstelle zur Kürbisscheune laufen, die ein Ruhehaus war, und dann wieder zurück zur Lagerfeuerstelle. Leider hatte ich keine blasse Ahnung, wo die Kürbisscheune war.

Bevor ich irgendwelche Fragen stellen konnte, begann Zach schon mit dem Countdown, und alle rannten los. Ich folgte Jeremy in den dunklen Wald und verlor sofort jedes Orientierungsgefühl. Ungefähr eine Minute später hörten wir, dass das Maultier näher kam. Jeremy und sein Freund Mueller kletterten schnell über einen Zaun. Ich brauchte viel länger als die beiden, um den Zaun zu überwinden. Als ich auf der anderen Seite stand, waren die Jungs längst fort, und ich musste mich allein auf der *Roloff Farm* zurechtfinden.

Die *Roloff Farm* ist keine gewöhnliche Farm. Ich kam mir vor, als liefe ich durch eine ländliche Version von Disneyland. Mein Weg führte vorbei an einem Fort, über einen Hügel mit Schafen, Ziegen und Kühen, vorbei an einer Nachbildung der Arche Noah, durch eine Miniaturausgabe einer Cowboystadt, vorbei an einem Piratenschiff und einem riesigen Baumhaus, dann vorbei an einer Burg und einer Sportarena und weiter über Felder mit Gras, Beeren und Blumen. Selbst in der Dunkelheit fand ich das alles einfach zum Verlieben.

Eine Weile fragte ich mich, ob ich die Kürbisscheune vor Tagesanbruch finden würde, aber irgendwann konnte ich in der Dunkelheit tatsächlich Kürbisse, ein paar Schilder für Führungen und ein Labyrinth aus Holzzäunen entdecken, die vermutlich den Besucherandrang für das Kürbisgeschäft in die richtigen Bahnen lenken sollten. Als ich endlich das Ruhehaus – die Scheune – erreichte, gratulierten mir Jeremy und Mueller.

„Auj, du hast es geschafft! Wir laufen die High Road hinauf. Komm mit!“

Sobald Zachs Maultier den *Roloff Mountain* überquerte und hinter *Stall Drei* abtauchte, sprinteten wir durch die Kürbisarena und dann einen steilen Hügel hinauf, der, wie ich vermutete, zum Rand des Grundstücks führte. Obwohl ich schwer keuchte, konnte ich mir ein Lächeln nicht verkneifen. Der Reiz dieses Geländes und die Faszination dieses Farmjungen fingen bereits an, mein Herz zu erobern.

Wir kamen unentdeckt und unbeschadet an der Lagerfeuerstelle an. Wir hatten gewonnen! Kurz darauf kamen auch die anderen Flüchtigen. Sie waren jedoch alle entdeckt worden und hatten sich dadurch in *Polizisten* verwandelt. Wir lachten, erzählten, wie wir entkommen oder erwischt worden waren, und verbrachten eine gemütliche Zeit am Lagerfeuer. Als alle anderen nach Hause fuhren, blieb ich noch eine Weile, und aus Minuten wurden Stunden.

Jeremy und ich schauten ins Lagerfeuer und unterhielten uns. Gelegentlich sahen wir uns über die Flammen hinweg an. Ich fragte ihn nach den vielen ungewöhnlichen Gebäuden, die ich auf der Flucht gesehen hatte, und er klärte mich über die Entstehung der Farm und die Geschichte hinter den einzelnen Bauwerken auf.

„Hat von diesen Dingen schon etwas gestanden, als deine Eltern die Farm kauften?“, fragte ich. „Wie kamen deine Eltern auf die Idee, diesen riesigen Spielplatz anzulegen?“

Bei dieser Frage begannen Jeremys Augen zu leuchten. Er richtete sich auf und erzählte mir die Geschichte: „Mein Vater wurde als Kind mehrmals an den Beinen operiert. Während er im Krankenhaus lag, träumte er von Abenteuern mit Cowboys, Indianern, Rittern und Piraten. Als er und meine Mutter die Farm kauften, konnte er dann diese Kindheitsträume verwirklichen.

Zach, Molly, Jacob und ich konnten als Kinder in einer kleinen Cowboystadt Cowboy und Indianer spielen, wir konnten in der Burg Ritter spielen, auf dem Piratenschiff turnen und in unserem Baumhaus schlafen."

Während er das erzählte, lächelte er. Ich sah ihm an, wie sehr er diese Farm liebte.

„Wow, das ist ja Wahnsinn!", sagte ich und konnte es nicht erwarten, den Rest der Geschichte zu hören.

Die Kindheit, die Jeremy beschrieb, war der Traum eines jeden Kindes. Seine Eltern, die beide kleinwüchsig sind, kauften die Farm, als seine Mutter mit Jeremy und seinem Zwillingsbruder schwanger war. Damals war es nur ein weitläufiges, großes Grundstück auf dem Land, aber Jeremys Vater hatte eine Vision, was eines Tages darauf entstehen sollte.

Während Jeremys Kindheit bauten seine Eltern nicht nur den riesigen Spielplatz und die Touristenattraktionen, die jetzt als *Roloff Farm* bekannt sind. Sie renovierten auch das alte Bauernhaus und begannen mit dem Kürbisgeschäft. Dass sie als Kleinwüchsige eine riesige Farm aufbauten und managten und dabei gleichzeitig vier Kinder großzogen, erregte irgendwann die Aufmerksamkeit eines Fernsehsenders. Ich hatte angenommen, dass die Fernsehserie dazu beigetragen hatte, all das aufzubauen, was es auf der Farm gab, aber genau das Gegenteil war der Fall: Alles auf der Farm hatte dazu beigetragen, die Aufmerksamkeit des Fernsehsenders zu erregen.

„Es ist einfach ein zauberhafter Ort", sagte Jeremy mit unüberhörbarer Dankbarkeit in der Stimme. „Die Farm war für mich wirklich immer wie ein dritter Elternteil. Ich habe von ihr so viel gelernt und bin durch sie zu dem Menschen geworden, der ich heute bin."

Ich wollte unbedingt mehr hören: über die Farm und über den Jungen, auf den sie eine so große Wirkung hatte. Das war der erste von vielen Abenden in jenem Sommer, die wir miteinander am Lagerfeuer verbrachten. Trotzdem war ich nicht auf der Suche nach einer ernsten Beziehung. Ich hatte andere Prioritäten. Mich zu verlieben war nicht geplant. Ich sehnte mich nicht besonders danach, mit einem Jungen zusammen zu sein oder die Aufmerksamkeit von Jungen zu erregen. Ich war auch ohne Jungen um mich herum zufrieden, und ich war auf meine Unabhängigkeit stolz. Vielleicht ein wenig zu stolz.

Ich fand es gut, dass mein Beziehungsstatus kein Indikator dafür war, ob ich glücklich war oder mich wohlfühlte. Aber je mehr Zeit ich mit Jeremy verbrachte, umso mehr begann ich, mich zu fragen, ob daraus jemals mehr als eine Freundschaft werden könnte. Ich weiß noch, dass ich dachte: *Falls sich daraus jemals mehr entwickelt, können wir eine erstaunliche Geschichte erzählen!*

JEREMY

Ich wusste von Anfang an, dass Audrey ein besonderes Mädchen war, das ich erobern wollte und mit dem ich hoffentlich eine Liebesgeschichte beginnen könnte. Sie schien über die Früchte des Geistes zu verfügen, die der Apostel Paulus in Galater 5 beschreibt: Liebe, Freude und Frieden; Geduld, Freundlichkeit und Güte; Treue, Nachsicht und Selbstbeherrschung. Aber ich wusste auch, dass ich mich anstrengen musste, wenn ich sie erobern wollte. Wenn ich eine Chance haben wollte, dieses Mädchen für mich zu gewinnen, musste ich mich zu einem Mann entwickeln, der ihrer würdig war. In dieser Zeit war ich irgendwie faul, und ich hatte aus den Augen verloren, wer ich werden wollte. Dass ich Audrey kennenlernte, machte mir bewusst, dass ich an mir arbeiten musste.

Ich staubte meine Bibel ab und setzte mich mit Aussagen über den Menschen, der ich werden wollte, auseinander: ein Mann mit Disziplin, Selbstbeherrschung und Führungsqualitäten, der sich um eine tiefere Beziehung zu Jesus bemüht. Vor Audrey war ich nie einer Person begegnet, die mir allein durch die Art, wie sie lebte, einen Spiegel vorhielt. Das Licht in ihrem Leben zeigte mir nicht nur, wer ich war, sondern auch, wer ich sein wollte. Sie inspirierte mich, ein besserer Mensch werden zu wollen. Mein Ehrgeiz war geweckt.

Der Himmel war klar und das Wetter war warm. Der Frühling hatte Einzug gehalten, und unsere Clique fand, dass es ein guter Abend war, um zur Lichtung hinauszufahren und ein Lagerfeuer zu machen. Die Lichtung lag auf einem Hügel, auf dem die Bäume zum Teil gefällt waren. Die Ostseite dieses Hügels mit Blick auf Portland ist schön und erlaubt einen atemberaubenden Blick auf die Stelle, wo sich der *Willamette River* um die *Sauvie*-Insel schlängelt.

Ich wollte Audrey einen schönen Abend bereiten, weshalb ich sie anrief und fragte, ob sie mitkommen wolle. „Ich will dir etwas zeigen. Kommst du heute Abend zu uns auf die Farm?“

Sie fragte nur: „Um wie viel Uhr?“

Mir gefiel ihre unkomplizierte Art, sich auf Neues einzulassen, und ihre Bereitschaft, sich überraschen zu lassen.

Als sie auf der Farm ankam, saßen wir anderen schon alle auf dem Pick-up. Zach saß am Steuer; Roth und Scott saßen auf dem Vordersitz; Dan und Jake saßen auf dem Rücksitz; und Mueller und ich saßen auf der Ladefläche. Farmregel Nummer 37 lautet: „Lass dir nie eine Gelegenheit entgehen, auf der Ladefläche eines Pick-ups mitzufahren." Also sprang Audrey hinten auf die Ladefläche und ich rief Zach zu: „Es kann losgehen!"

Der Pick-up war mit allem beladen, was man für einen guten Abend braucht: Brennholz, Decken und eine volle Kühlbox. Wir nahmen auch eine Gitarre mit, da wir hofften, Roth, unser Musiker, würde uns ein paar Lieder vorspielen. Als wir auf der Lichtung ankamen, gingen wir den Pfad hinauf zu der Stelle, an der sich der Weg gabelt. Der typische Wanderer entscheidet sich immer, an der Gabelung geradeaus zu gehen, aber wir bogen nach rechts ab. Dieser Weg führte zu einer versteckten Stelle, die wir im letzten Sommer entdeckt hatten.

Schon nach wenigen Minuten brannte das Feuer, waren die Decken ausgebreitet und irgendwann ging die Sonne unter. Wir unterhielten uns bis tief in die Nacht. Mueller erzählte von seiner letzten Freundin; Roth erzählte Geschichten von seinen Kunden im Haushaltswarengeschäft in der Stadt; Zach regte sich über ein Fußballspiel auf; und wir zogen ihn wegen seiner Unmengen an *Mountain Dew*-Dosen auf, die er in sich reinkippte. Der Abend war fröhlich und wir fühlten uns jung und frei.

Irgendwann ging ich ungefähr 30 Meter den Hang hinab, um zu pinkeln. Als ich zurückging, kam mir Audrey entgegen. Mein Herz schlug höher, als ich sie erblickte, und ich wurde plötzlich nervös. Mit ihr ganz allein zu sein versetzte mir einen regelrechten Stromstoß.

„Hey, wie gefällt dir der Abend?", fragte ich sie. Etwas Besseres fiel mir spontan nicht ein.

„Er gefällt mir gut", sagte sie, „aber ich muss auch auf die Toilette!"

Ich begann, ihr zu erklären, dass es hier keine Toilette gab, aber sie fiel mir schnell ins Wort. Offenbar hatte sie es eilig.

„Ich brauche keine“, sagte sie. „Kann ich dorthin gehen, wo du warst?“

So seltsam es sein mag, mich hat das beeindruckt. Ein Mädchen, das kein Problem damit hat, in den Wald zu pinkeln. Krass!

„Ja, natürlich!“, antwortete ich und deutete vage in die Richtung, aus der ich gekommen war. „Ich warte hinter der Kurve auf dich.“

Als sie aus dem Wald wieder auftauchte, schlenderten wir gemeinsam den Hang hinauf. Die Sterne erhellten uns den Weg, und wir blieben stehen, um den funkelnden Himmel zu bewundern. Ich schaute sie von der Seite an und flüsterte: „Das wollte ich dir zeigen.“ Wir standen schweigend da und ein tiefer Friede lag in der kühlen Abendluft.

Ich kann mich nicht erinnern, wie lange wir den Himmel bewunderten, aber schließlich gingen wir zum Lagerfeuer zurück, wo wir mit Johlen und lauten Rufen begrüßt wurden. Offenbar war unsere Abwesenheit nicht unbemerkt geblieben. Wir lachten, um unsere Verlegenheit zu überspielen, während wir zusammen mit den anderen das Feuer löschten und wieder in den Geländewagen stiegen.

Auf der Rückfahrt saßen scheinbar zufällig – obwohl so etwas selten zufällig geschieht – nur Audrey und ich auf der Ladefläche. Wir schwiegen fast die ganze Rückfahrt über, aber dieses Schweigen war nicht unangenehm. Im Gegenteil, ich spürte eine stumme Freude. Es musste nichts gesagt werden. Noch nie war Schweigen für mich so angenehm gewesen. Wir saßen einfach nebeneinander und lehnten an der Fahrerkabine des Pick-ups. Die Bäume zogen an uns vorüber, und hinter uns verschwand nach jeder Kurve die Straße.

Am liebsten hätte ich sie geküsst, aber wir hatten einander noch nicht einmal unsere Gefühle gestanden. Wenn ich sie küsste, würde ich ihr damit meine Gefühle zeigen, und das erschien mir zu früh. Mir war klar, dass ich dabei war, mich in sie zu verlieben, aber ich wusste auch, dass es weise ist, Geduld zu haben, wenn man sich um jemanden bemüht, den man nicht verlieren will. Ich wollte nicht, dass ein Kuss den Status unserer Beziehung festlegen oder meine Gefühle für sie verwirren würde. Ich brauchte keinen Kuss; das wusste ich. Wenn ich sie küsste, wollte ich das auf der Grundlage einer Freundschaft tun, und ich wusste, dass wir noch nicht so weit waren. Deshalb unterließ ich es, auch wenn es mir schwerfiel.

Unsere Beziehung machte an diesem Abend einen großen Schritt nach vorne. Wir waren Freunde, die einander ohne Druck kennenlernten. Wir wurden Freunde und gleichzeitig verliebten wir uns wahnsinnig – aber geduldig – ineinander.

Als der Frühling in den Sommer überging, verbrachten wir immer mehr Zeit miteinander. Was einige als *Friendzone* (platonische Beziehung) bezeichnen würden, nannte ich *geduldige Eroberung*. Ich lernte Audrey kennen, und sie lernte mich kennen. Das Vertrauen, die Freude, der Respekt und die Bewunderung füreinander wuchsen. Ich erfuhr, welches Verhältnis sie zu ihren Eltern hatte, wofür sie sich interessierte, was ihre Hoffnungen und Träume waren und wie stark ihr Glaube war. Wir entdeckten am anderen immer mehr. Ich tat alles, um sie zu gewinnen: Ich bastelte Geschenke für sie. Ich ging mit ihr aus und verbrachte mehr Zeit mit ihr.

Um ehrlich zu sein, war nicht alles, was ich zu diesem Zeitpunkt mit Audrey erlebte, positiv. Ich stellte fest, dass sie dicke Mauern um ihr Herz hochgezogen hatte. Diese Mauern wurden deutlich spürbar, als unsere Freundschaft wuchs. Sie schien mich zu mögen, aber sie wollte nicht – oder konnte nicht – mehr als eine Freundschaft zulassen.

Ich deutete es als gutes Zeichen, dass sie weiterhin viel Zeit mit mir verbrachte, aber Audrey war schwer zu knacken. Sie blieb auf Abstand und war nicht leicht zu durchschauen. Zu meiner geduldigen Eroberungsstrategie gehörte der Versuch, diese Mauern vorsichtig zu überwinden. Während wir viel Zeit miteinander verbrachten, bemühte ich mich kreativ und geduldig um sie. Ich denke, Audrey war schwer zu erobern, weil sie sich damals ganz allgemein nicht für Männer interessierte. Wenn überhaupt, dann interessierte sie sich für einen bestimmten Mann, und ich wollte dieser Mann sein, der Mann, der sich um ihr Herz bemühte.

Manchmal war das sehr schwer, aber ich bemühte mich weiterhin um sie, weil ich tief in meinem Herzen glaubte, dass unsere Gefühle auf Gegenseitigkeit beruhten und wir ineinander verliebt waren. Aber diese Gefühle machten uns verwundbar, weshalb wir vorsichtig miteinander umgingen, weil wir nichts kaputt machen wollten. Unsere Freundschaft erlaubte uns, das Fundament für eine Liebesgeschichte zu legen, ohne uns in einer Gefühlswolke aus körperlicher Intimität zu verlieren. Ich war überzeugt, dass Audrey ein Schatz war, auf den es sich zu warten lohnte.

Ein Wort an alle Jungs: Wenn ihr euch um ein Mädchen bemüht, das schwer zu erobern ist, gebt nicht auf! Das bedeutet, dass sie Maßstäbe hat und nicht gleich auf den nächstbesten Kerl hereinfällt, der ihr Herz-Emojis schickt. Wenn du es ernst meinst und mit ihr eine lebenslange Beziehung haben willst, solltest du dich geduldig um sie bemühen. Das zeigt, dass du reif für eine Ehe bist.

Eine Frau zu erobern ist Arbeit und auch die Ehe ist Arbeit. Wenn du lernst, sie zu erobern, bevor ihr vor dem Traualtar steht, wird dir dieses Können auch nach der Hochzeit weiterhelfen. Wenn du die Richtige findest, wird es ein Vergnügen sein, dich um sie zu bemühen. Ich wollte nichts mehr, als einen Weg zu Audreys Herz zu finden. Ich konnte es nicht erwarten, sie zu erobern. Das gab mir das Gefühl, lebendig zu sein. Ich wollte mehr.

Wenn du dieses Buch liest, willst du vielleicht auch mehr. Also geh ein Risiko ein und gib nicht auf! Aber pass auf, dass du dabei nicht sonderbar wirst. Du willst schließlich nicht, dass sie einen weiten Bogen um dich macht, weil sie dich peinlich findet. Bemühe dich höflich und ausdauernd um sie.

Mein geduldiges Bemühen um Audrey war das Beängstigendste, was ich je getan habe, aber es war auch das Beglückendste, was ich je getan habe. Es gab Momente, in denen ich versucht war, mich in einer Ecke zu verkriechen, weil ich Angst hatte, abgelehnt zu werden. Wenn ich das getan hätte, hätte ich sie verloren. Ich war bereit, mir bei Audrey hin und wieder einen Korb zu holen, wenn ich dafür die Chance bekam, sie zu lieben. Ablehnung ist vorübergehend; die Freude wahrer Liebe aber ist ewig!

Der weise König Salomo sagte: „Wer eine Frau gefunden hat, der hat es gut; es ist ein Zeichen der Güte des Herrn" (Sprüche 18,22). Aber er hat nie gesagt, dass es leicht werden würde! Nur sehr selten fällt uns eine Beziehung in den Schoß und Gott sagt: „Bitte sehr." Ähnlich war es, als ich Audrey kennenlernte. Es ergab sich irgendwie fast von selbst, aber unsere Beziehung entwickelte sich nicht von selbst. Dazu mussten wir einen weiten Weg zurücklegen und das eine oder andere unwegsame Gelände meistern – Täler der Ungewissheit und Berge des Zweifels. Das ist der Weg geduldiger Eroberung.

AUDREY

An diesem Morgen zog ich mich dreimal um. Aber ich versuchte nicht, mich zwischen verschiedenen Kleidern und Schmuckstücken zu entscheiden; ich überlegte, welche alten Klamotten und welche Wanderstiefel ich anziehen wollte. Ich hatte keine Ahnung, was ich tragen sollte, aber ich wollte nicht das ahnungslose Vorstadtmädchen sein, das fragte. Die Sonne schien kaum durch die Jalousien vor meinem Fenster, als Zachs Geländewagen, in dem mehrere Jungs vom Land saßen, vor dem Haus meiner Eltern vorfuhr. Neben Zach bestand die Gruppe aus Jeremy, Mueller, Roth und Jake.

Jeremy stieg aus und kam zur Haustür. Egal, ob er mich abholte oder nach Hause brachte, er kam *immer* zur Tür. So etwas war ich bei anderen Jungs nicht gewohnt, aber ich schätzte ihn sehr dafür. Nachdem ich zu den Jungs in den Wagen gestiegen war, erfuhr ich, dass wir unterwegs noch einen Zwischenstopp einlegen würden. Wir holten Tori, Zachs neue Freundin, ab. *Erleichterung!* Ich würde bei diesem Abenteuer nicht das einzige Mädchen sein.

Nachdem wir einige Stunden lang Country-Musik hörten, über andere Sommerexkursionen sprachen und von künftigen Ausflügen träumten, kamen wir an unserem Ziel an: am *Ape Cave.*[2] *Ape Cave* ist der längste fortlaufende Lavatunnel in den USA und der drittlängste (in seiner Gesamtlänge gemessen) in Nordamerika. Der Tunnel verläuft gleich nördlich von Mount St. Helens im Bundesstaat Washington und ist 4 km lang.

Ape Cave wird manchmal auch als *Ape Caves* (Plural) bezeichnet, weil der Haupteingang zwischen den zwei Enden des Lavatunnels liegt, die *Lower Cave* und die *Upper Cave*. Die *Upper Cave* ist ein 4 km langer Rundweg. Zuerst geht es auf glitschigem, dunklem, felsigem Gelände in einem Untergrundtunnel 2,5 km lang bergab. Schließlich führt der Tunnel zu einer Leiter, die zu einer Öffnung in der Höhlendecke, dem Ausgang, hinaufführt. Der Rückweg verläuft über einen 1,5 km langen Pfad, der sich durch den Wald zurück zum Haupteingang schlängelt.

Die *Lower Cave* ist nur ein 2,2 km langer Rundweg und deutlich leichter. Das Gelände ist flach, breit und hat einen Sand- und Lehmboden statt lockeren Fels. Als wir aus dem Auto stiegen und auf den Haupteingang zugingen, war es keine Frage: Wir steuerten geradewegs auf die *Upper Cave* zu.

Wir stießen sofort auf ein Gelände, das sowohl körperliches Geschick als auch Vorsicht erforderte – wenigstens für mich. Die Jungs hingegen liefen los, als wären sie *Super Mario*. In meinem Kopf lief unwillkürlich das legendäre Titellied des Computerspiels ab, als ich ihnen zuschaute, wie sie mit Volldampf über die Felsen sprangen. Für sie war es *Level 1* für Anfänger.

Ich war hin- und hergerissen. Einerseits wollte ich Jeremy beeindrucken und ebenfalls losspringen, aber ich wollte auch keine Probleme bekommen. Ich hatte keine Angst und war auch nicht ungeschickt, ich war einfach nur vorsichtig. Im Gegensatz zu den anderen stand für mich ein bisschen mehr auf dem Spiel. Ich durfte mich nicht verletzen. Falls ich auf einem Felsen ausrutschte oder mir den Knöchel verdrehte, konnte mich das meine Laufbahn in der College-Laufmannschaft kosten. Und so tappte ich vorsichtig in die Dunkelheit hinein, beugte mich vor und kroch manchmal fast wie ein Affe auf allen vieren weiter.

Je tiefer wir in die Höhle vordrangen, umso kälter und dunkler wurde es, bis Jeremy schließlich ein Streichholz anzündete und eine Laterne anmachte. Etwas an dieser Szene entfachte in mir einen Funken. Vielleicht habe ich aber auch einfach nur eine

Schwäche für Laternen. Ich hatte nie zuvor gesehen, wie eine echte altmodische Laterne angezündet wurde. Die Jungs an meiner Highschool besaßen so etwas nicht. Aber ich war begeistert, dass Jeremy statt einer Taschenlampe diese Laterne mitgebracht hatte. Er war auf unkonventionelle Art vorbereitet. Außerdem machte die Laterne unser Abenteuer noch reizvoller, und ohne die Laterne hätten wir unseren Weg nicht gefunden.

Wir wanderten ein wenig weiter und beschlossen dann, die Laterne auszumachen, um zu sehen, wie dunkel es tatsächlich war. Eine solch völlige Dunkelheit hatte ich noch nie erlebt. Ohne irgendetwas zu sehen, gingen wir wie Zombies mit ausgestreckten Armen herum, bis wir aneinanderstießen. Jeremy und ich berührten uns einen Moment. Ich wusste, dass er es war, weil ich die Laterne an meinem Bein fühlte. Es war eines der ersten Male, dass wir uns berührten. Es dauerte nur den Bruchteil einer Sekunde, aber selbst in der Dunkelheit verspürte ich die Chemie zwischen uns.

Und wenn er mich jetzt küsst? Niemand würde etwas merken, und wir würden nicht einmal die Reaktion des anderen sehen können! Jeremy war unvorhersehbar und charmant; es konnte also sein, dass er so etwas machen würde. Dieser Gedanke machte mich unglaublich nervös. Ich interessierte mich für Jeremy, aber dazu war ich definitiv noch nicht bereit.

Das war eine der vielen „Küssgelegenheiten", die wir in den kommenden eineinhalb Jahren, in denen wir *nur Freunde* waren, hatten. Aus jeder hätte eine einmalige Geschichte vom ersten Kuss werden können, aber wir hielten uns zurück. Unsere körperlichen Kontakte in jenen Jahren beschränkten sich darauf, dass wir uns in der *Ape Cave* anrempelten, Schulter an Schulter auf der Ladefläche des Pick-ups saßen und uns nach unserem Sieg bei *Auf der*

Flucht abklatschten. Selbst wenn wir uns zum Abschied von der Seite umarmten, achteten wir darauf, dass wir genug Platz für den Heiligen Geist ließen.

Vielleicht schmunzelst du jetzt, aber wir werden in späteren Kapiteln erzählen, wie wir es vermasselt haben. Ich denke, wenn wir sofort eine Beziehung begonnen hätten, wären wir viel eher versucht gewesen, sexuell intim zu werden. Aber in den zwei Jahren, bevor wir offiziell ein Paar waren, berührten wir uns kaum.

Jeremy zündete die Laterne wieder an und wir erreichten schließlich ohne nennenswerte Verletzungen das Ende des Tunnels. Wir kletterten die Leiter hinauf und begrüßten wie Neugeborene das Tageslicht und schauten mit zusammengekniffenen Augen ins Licht, um uns an die ungewohnte Helligkeit zu gewöhnen. Als wir zum Auto zurückwanderten, entwickelte sich zwischen Jeremy und mir ein ungezwungenes, tiefgründiges Gespräch.

So liefen unsere Abenteuer oft ab. Wir konzentrierten uns darauf, den Moment in vollen Zügen zu genießen. Später gab der Adrenalinrausch Raum für ehrliche, erfrischende, tief greifende Gespräche. Durch unsere Abenteuer und die Gespräche, die danach folgten, lernten wir sehr viel übereinander. Ob beim Geocaching, im Autokino, beim Radfahren oder in Jeremys alten orangefarbenem BMW, mit dem wir uns auf so mancher Fahrt verirrten, jedes Abenteuer war eine Gelegenheit, mehr über den Charakter des anderen zu erfahren. Wir wussten beide, dass starke Beziehungen durch starke Freundschaften entstehen. Deshalb arbeiteten wir weiter am Fundament für unsere Freundschaft.

Für mich war es auch eine Gelegenheit, mögliche Warnleuchten zu erkennen. Das bewahrte mich davor, mich blindlings zu verlieben: zu schnell eine Beziehung anzufangen, mich auf sexuelle Intimität einzulassen und mich emotional zu binden. Du weißt schon, wenn der andere *der begabteste, interessanteste und außergewöhnlichste Mensch im ganzen Universum* ist. (Wenn du diesen Spruch nicht kennst, dann schau dir bitte, wenn du dieses Kapitel gelesen hast, *The Lego Movie* an. Dieser Film wird alle deine Datingprobleme lösen.)

Nach einiger Zeit äußern deine Freunde und deine Familie vielleicht Bedenken, was diesen außergewöhnlichsten Menschen im ganzen Universum angeht, aber du hörst nicht auf sie, weil du einfach nicht siehst, was sie sehen. Das ist ein riesiges Problem. Eine Schlüsselvoraussetzung für eine gesunde Beziehung ist es, dass Leute, die dich lieben und denen du am Herzen liegst, dir großzügig ihre Meinung sagen.

Dazu kommt, dass ich nicht zu viel Zeit mit einem Jungen verbringen wollte, mit dem ich keine Zukunft sah. Denn wozu geht man letztendlich mit einem Jungen aus, wenn nicht mit dem Ziel, einen Partner fürs Leben zu finden? Mit den Worten des Autors Nicholas Sparks gesagt: „Wenn die Beziehung auf lange Sicht keine Chance hat, warum sollte ich dann meine Zeit und Energie dafür opfern?“[3]

Wenn man sich in jemanden verliebt, mit dem man keine Zukunft sieht, endet das immer mit einem gebrochenen Herzen. Als eine gute Freundin diesen Schmerz erlebte, hatte ich das Gefühl, dass mich Gott warnte: *Du hast keinen Einfluss darauf, in wen du dich verliebst. Aber du hast einen Einfluss darauf, mit wem du deine Zeit verbringst.*

*

Wenn du Single bist und einen lebenslangen Seelenverwandten suchst, dann *suche Freundschaft*. Jeder von uns hat eine Freundin – vielleicht bist du es auch selbst –, die jemanden kennenlernt, zu dem sie sich hingezogen fühlt und mit dem sie schon fünf Tage später liiert ist. Einige Monate vergehen und die Beziehung bröckelt. Warum? Weil das Fundament und die Infrastruktur fehlen, auf der die Beziehung aufbaut.

Wenn man liiert ist, ohne vorher befreundet zu sein, ist das so, als wollte man ein Sandwich machen und beginnt mit der Butter statt mit dem Brot. Es ist chaotisch, und es funktioniert einfach nicht. Du musst zuerst das Brot auf den Tisch legen. Dann hat die Butter eine Grundlage, auf der sie kleben bleiben kann, und darauf kann dann Wurst oder Käse gelegt werden. Okay, mir ist klar, dass das vielleicht nicht der tiefsinnigste Vergleich ist, aber du verstehst, was ich meine.

Die Sehnsucht nach Freundschaft und einer Beziehung liegt in unserer DNA. Freundschaft ist kein Mittel zum Zweck, sondern ein Schlüsselelement, um unsere tiefsten menschlichen Bedürfnisse nach Beziehung zu stillen. Deshalb sagen vielleicht so viele Ehepaare, dass sie ihren besten Freund/ihre beste Freundin geheiratet haben. Es ist viel leichter, einer Freundschaft körperliche Intimität hinzuzufügen, als eine starke Freundschaft zu entwickeln, wenn man schon körperlich intim war. Aus diesem Grund vertreten Jeremy und ich die Einstellung, dass zuerst die Freundschaft kommen muss.

Wir haben die Erfahrung gemacht, dass Freundschaft die Grundlage ist, auf der sich ein Mann auf gesunde Weise um eine Frau bemühen kann. Alle Single-Frauen, die das lesen, sollten gut aufpassen! Du gibst einem Mann nicht die Chance, dich zu erobern, wenn ihr die Sache mit der Freundschaft überspringt und gleich körperlich intim werdet oder wenn du jeden netten Mann, der dich ansieht, umgarnst. Noch ein anderer Gedanke: Wenn du diejenige bist, von der alles ausgeht, kann es gut sein, dass der Mann, auf den du es abgesehen hast, gar nicht umgarnt werden will oder *einfach nicht so wild auf dich ist.*

Freundschaft schenkt uns Zeit, um herauszufinden, ob die Person, die wir umwerben – oder von der wir umworben werden –, als Ehepartner infrage kommt, bevor die Beziehung durch sexuelle Intimität geprägt wird. Man findet heraus, ob der andere bereit ist, auch einmal eine Absage zu riskieren. Und man merkt, ob er entschlossen ist, ein einfühlsamer, treuer und loyaler Freund zu sein. Unsere Freundschaft hat Jeremy Gelegenheit gegeben, mich zu umwerben. Wir konnten dadurch eine starke Grundlage für später schaffen.

Ich möchte an dieser Stelle eine Lüge ansprechen, die sich jetzt vielleicht in dein Denken einschleichen will: *Es gibt keine Männer, die mich auf diese Art umwerben werden.* Wenn du diese Lüge glaubst, lebst du nach dieser Lüge. Jeremy ist *keine* Ausnahme. Das solltest du keine Sekunde lang glauben. Ich bin logischerweise ein wenig voreingenommen und finde natürlich, dass er ein einmaliger Mann ist. Aber er ist keine Anomalie.

Dadurch, dass wir zuerst Freunde waren, hatten Jeremy und ich die Freiheit, uns ohne Druck und ohne den berauschenden Nebel körperlicher Intimität kennenzulernen. Wenn man die Tür zu körperlicher Intimität öffnet, fühlt man sich immer mehr genötigt, in dieser Richtung sehr schnell weiterzugehen. Aber wenn du das nicht willst? Wenn ihr euch einfach erst einmal eine Weile kennenlernen wollt? Was ist, wenn du willst, dass der Nächste, mit dem du zusammen bist – oder der Einzige, mit dem du zusammen bist –, dein Ehepartner wird?

Die westliche Kultur übt viel zu viel sexuellen Druck auf das Dating aus. Und die christliche Kultur übt oft viel zu viel Druck darauf aus, *den Einen* zu finden. Allgemein gilt: Sobald Druck ausgeübt wird, wächst die Gefahr, verletzt zu werden. Ich denke, dieses Prinzip gilt genauso für Beziehungen wie für überkochendes Wasser oder einen zu stark aufgepumpten Reifen. Alles, worauf zu viel Druck ausgeübt wird, ist gefährlich. Beim Dating verschwindet der Druck, wenn man einfach Geduld hat.

Es gibt einen Grund, warum die besten intimen Beziehungen aus Freundschaften entstehen. Wenn der Ansturm der ersten, spannungsgeladenen Gefühle nachlässt, was irgendwann unausweichlich kommen wird, lebst du immer noch mit dem Menschen zusammen, mit dem du gern zusammen bist. Du hast einen Menschen, mit dem du lachen und Abenteuer erleben kannst. Einen Menschen, der deine Witze versteht. Du hast einen Freund.

Dass wir zuerst nur Freunde waren, hat uns das Fundament gegeben, das wir für eine gesunde Beziehung als Paar brauchten. Dadurch konnte Jeremy mich umwerben. Dadurch war der Druck weg. Dadurch ließen wir uns auf keine sexuelle Intimität ein. Und dadurch wurden wir nicht durch emotionale Euphorie geblendet. Unsere Freundschaft ermöglichte ein geduldiges Umwerben. Ähnlich wie die Laterne nötig war, damit wir uns in der *Ape Cave* zurechtfanden, war unsere Freundschaft nötig, um den Weg in die Ehe zu finden. Ähnlich wie die Sterne uns den Weg zur Lichtung gezeigt haben, strahlte unsere Freundschaft die Vorfreude auf das, was werden könnte, aus. Ähnlich wie das Lagerfeuer tief greifende Gespräche entfachte, war Freundschaft der Funke, der unsere Liebe entfachte. Der Schauspieler Bruce Lee hat zu diesem Thema geschrieben: „Liebe ist wie eine

Freundschaft, die Feuer fängt. Sehr schön, oft heiß und wild, aber trotzdem nur ein flackerndes Licht. Wenn die Liebe älter wird, reifen unsere Herzen, und unsere Liebe wird wie glühende Kohlen, die nie verlöschen."[4]

Keine Insel

JEREMY

Als ich vor Audrey einmal mit einem Mädchen zusammen war, sagten meine Freunde, dass wir nicht zusammenpassen. Wie konnten sie das wagen! Vielleicht, weil ich anfing, nur noch schwarze Klamotten zu tragen und mir depressive Musik anzuhören. Außerdem wiesen sie mich darauf hin, dass ich mich völlig anders benahm, wenn sie dabei war. Ich war irgendwie *düsterer* als sonst. Die missbilligenden, kritischen Bemerkungen meiner Freunde sorgten aber nur dafür, dass wir uns noch mehr abkapselten, was wiederum dazu führte, dass wir Fehler machten und dass dadurch einige Freundschaften auf eine sehr harte Probe gestellt wurden.

Hinterher ist man immer klüger. Ich hätte mir einigen Kummer ersparen können, wenn ich auf die Bedenken und Warnungen meiner Freunde gehört hätte. Ich habe dabei Folgendes gelernt: Wenn man sich als Paar von anderen abschottet, steckt dahinter selten etwas Gutes. Isolation kann eine Art sein, sich zu verstecken. Wir verstecken uns doch nur, wenn es etwas gibt, vor dem wir uns verstecken. Aber egal aus welchem Grund wir uns isolieren, öffnen wir damit einem unkontrollierten Verhalten Tür und Tor. Es kann sein, dass wir dadurch vor Problemen in unserem

Leben oder in unseren Beziehungen weglaufen. Genau das habe ich in dieser Beziehung getan. Allerdings muss ich zugeben, dass Isolation und Flucht Mechanismen waren, die ich auch sonst in meinem Leben anwandte; dazu mehr in einem späteren Kapitel.

Als ich Audrey kennenlernte, wollte ich diesen Fehler auf keinen Fall wiederholen. Deshalb achtete ich bewusst darauf, dass wir uns nicht von den anderen absonderten, sondern zusammen mit anderen etwas unternahmen. Dieses Mal gab es von meinem Umfeld keine Kritik und keine Warnungen.

*

Fünf Monate nachdem ich Audrey und ihre Clique das erste Mal getroffen hatte, saßen wir mit 15 Leuten im Wohnzimmer ihrer Eltern um eine Salatschüssel herum. Wir spielten ein Spiel, das *Fangfragen* heißt. Die Schüssel war mit Zetteln gefüllt, auf die wir die Antworten auf jeweils eine Frage geschrieben hatten. Die Fragen lauteten unter anderem: „Wie würdest du einen perfekten Sommertag beschreiben?“ – „Wenn du auf der Welt irgendwohin reisen könntest, wohin würdest du fahren wollen?“– „Wenn du mit irgendjemandem, egal, ob er noch lebt oder schon tot ist, essen gehen könntest, wen würdest du aussuchen?“ Nachdem jeder seine Antworten in die Schüssel gelegt hatte, las ein Mitspieler alle Antworten laut vor. Dann versuchten die anderen zu erraten, wer die jeweilige Antwort geschrieben hatte.

Audrey und ich haben an diesem Abend bei zwei Fragen genau die gleichen Antworten geschrieben! Unsere Antworten auf die Frage nach dem perfekten Sommertag lauteten Camping am See, und wir schrieben beide, dass wir gern in die Schweiz reisen würden! Dass unsere Antworten genau gleich ausfielen, war für alle überraschend, weil das bei diesem Spiel so gut wie nie vorkommt. Unsere Freunde lachten, weil diese Übereinstimmung nur bestätigte, was schon alle sahen: Wir waren Seelenverwandte. Das war zwar nur ein Spiel, aber dieser Abend war für mich eine von vielen Bestätigungen, dass wir zusammenpassten.

Man könnte meinen, dass Audrey nach solchen Hinweisen angefangen hätte, ihre Gefühle zu zeigen, aber nein! Mir war klar, dass ich Audreys Mauern nicht überwinden würde, wenn ich nur an die Tür klopfte. Ich konnte ihr Herz nur gewinnen, wenn sie die Tür freiwillig öffnete. Rückblickend hat uns das gutgetan, denn es zwang mich, sie geduldig zu umwerben. Und das gab uns wiederum viel Zeit, einander durch unsere Freunde auf den Zahn zu fühlen.

Audrey und ich bezogen auch unsere Familien in unsere Beziehung mit ein. Wir wollten ihnen Gelegenheit geben, wenn nötig, die Alarmglocken zu läuten. Als ich Audrey noch nicht lange kannte, kam ich in die Küche, wo meine Mutter gerade Kekse backte, und verkündete: „Mom, ich werde dieses Mädchen heiraten." Zu diesem Zeitpunkt hatten wir uns erst wenige Male gesehen und bis zu unserem ersten gemeinsamen Sommer waren es noch einige Monate.

Meine Mutter schob schmunzelnd das Backblech in den Ofen, aber als sie sich wieder zu mir umdrehte, sah sie meine Miene und begriff, dass es mir ernst war. Sie zog ihre Backhandschuhe aus und sagte, dass sie Audrey für *sehr nett* hielte und dass sie *mein Typ Mädchen* sei. Obwohl Audrey mit meiner Familie nicht so viel Zeit verbrachte wie ich mit ihrer, gefiel meinen Eltern, was ich ihnen über ihren Mumm erzählt hatte.

Außerdem verbrachten wir nicht nur viel Zeit mit ihrer Familie und unseren Freunden, sondern auch mit unseren Geschwistern.

An jenem Thanksgiving überredete ich meine Geschwister, nach unserem jährlichen Roloff-Indoor-Fußballspiel zu den Bottis zu fahren. Ich bin nicht sicher, warum sie mitkamen, aber ehe ich mich versah, saßen wir alle im Wohnzimmer der Bottis und spielten das berüchtigte *Fangfragen*-Spiel. Danach fragte ich Zach, Molly und Jacob, was sie von Audrey hielten und – was soll ich sagen – sie liebten sie und ihre Familie. Es war für mich eine Bestätigung meiner Freundschaft zu Audrey, dass die Menschen, denen ich in meinem Leben am meisten vertraute, meine Beziehung zu ihr positiv sahen und mich ermutigten.

Ich will auf keinen Fall eine Regel daraus ableiten, aber wir erlebten, dass sogar Fremde unsere Beziehung bestätigten. Als ich Audrey einmal in Corvallis besuchte, gingen wir ins *Broken Yolk Café* zu einem schnellen Frühstück, bevor ich die anderthalbstündige Rückfahrt nach Portland antreten musste. Wir waren noch nicht offiziell zusammen, aber wir hatten für uns die Regel aufgestellt, dass während des Essens niemand auf sein Handy schaut. Dadurch waren wir ganz beim anderen und schenkten uns mehr Aufmerksamkeit. Wir waren so in unser Gespräch vertieft, dass wir überhaupt nicht merkten, dass das Café eigentlich schon seit einer Stunde geschlossen war! Wir waren die letzten Gäste, die noch im Restaurant saßen, und der größte Teil des Personals war bereits nach Hause gegangen. Verlegen winkten wir die Kellnerin herbei, die noch aufräumte, um zu zahlen. Als wir uns entschuldigten, versicherte sie uns, dass das kein Problem sei.

„Ich konnte die Liebe zwischen euch beiden regelrecht spüren", sagte sie. „Da wollte ich nicht stören."

Wir bedankten uns für das Kompliment, doch keiner von uns brachte es übers Herz, ihr zu sagen: *Ach, wir sind nur Freunde.*

Wir sahen uns im Winter und Frühling gelegentlich am Wochenende, aber als Audrey in den Sommerferien zu Hause war, waren wir so viel wie möglich zusammen. Es sollte unser zweiter gemeinsamer Sommer werden, in dem wir nur Freunde waren und mehr übereinander und über die Freunde des anderen erfuhren.

Dieser Sommer war eine Mischung aus Routinetreffen und spontanen Abenteuern. Die meisten Sonntagabende verbrachten wir mit Freunden in der Gemeinde und fuhren danach meistens zu Audreys Familie, um Pfannkuchen zu essen. Es gab Ausflüge an Seen und Flüsse, wo wir Boot fuhren, schwammen und das Gelände erforschten. Und natürlich waren da die Abende, an denen wir alle auf der Farm am Lagerfeuer saßen, dem beruhigenden Knistern des Feuers lauschten und uns bis spät in die Nacht unterhielten.

Audrey und ich saßen uns meistens gegenüber und hatten das Lagerfeuer zwischen uns. Manchmal schaute ich sie über die Flammen hinweg an und wartete darauf, dass sie es merken würde. Sie erwiderte jedoch nur selten meinen Blick. Umgekehrt war es genauso. Wir wussten beide, dass wir das machten, selbst wenn es nur für eine Sekunde war. Kennt das nicht jeder, dass er die Person, in die er verknallt ist, anschaut, aber auf keinen Fall dabei erwischt werden will? Auch wenn die anderen alle aufs Maultier sprangen, um zum Haus zurückzufahren, blieben wir manchmal noch am Feuer sitzen. Manchmal saßen wir schweigend da; manchmal erzählten wir uns Geschichten aus unserem Leben und sprachen über unsere Pläne.

An den letzten Abend, bevor ich nach Santa Barbara aufbrach, erinnere ich mich noch besonders lebhaft. Meine Freunde und meine Familie waren alle zusammengekommen, um mich zu verabschieden. Neun Tage vorher hatten Audrey und ich unsere Schuhe über das Drahtseil geworfen, um eine Erinnerung an unseren gemeinsamen Sommer und an die Entscheidung, dass wir jetzt offiziell zusammen waren, zu haben. Ich wollte unbedingt noch einen letzten Abend am Lagerfeuer verbringen. Inmitten des Lachens, der fröhlichen Erinnerungen und des Abschieds trat ich ein Stück vom Feuer zurück und betrachtete die ganze Szene. Ich wollte mich an diese Szene erinnern und dachte an unsere Liebesgeschichte. Ich sah sowohl die Vorfreude als auch die Angst und war kurz davor, ein neues Kapitel meines Lebens aufzuschlagen.

Anschließend drehte ich mich um und schaute zum Nachthimmel hinauf. Wenige Augenblicke später legte mir mein Freund Dan, den ich seit meiner Kindheit kenne, eine Hand auf die Schulter und sagte: „So positiv wie mit ihr habe ich dich noch nie erlebt. Verliere sie nicht."

Diese Worte kamen von Dan, aber ich wusste, dass alle meine Freunde das Gleiche dachten. Allen war bewusst, dass ich mit Audrey etwas ganz Besonderes gefunden hatte. Damals hatte ich noch keine Ahnung, dass die Bestätigung unserer Freunde Audrey und mir helfen würde, die Kämpfe und Anfechtungen, die uns bevorstanden, zu meistern.

AUDREY

Etwas, das Jeremy und mich schon sehr früh miteinander verband, war unser ehrlicher Wunsch, einzigartig zu sein und unser Leben kreativ zu gestalten. Unsere Freunde zogen uns oft wegen unserer verrückten Eigenarten auf. Da wir so viel Zeit mit den Freunden des anderen verbrachten, sah ich die verdrehten Augen und die erstaunten Blicke von Jeremys Freunden, wenn er seine hautengen Jeans trug (das war, bevor hautenge Jeans in waren!) oder wenn er ein wenig zu nahe am Rand der Eisenbahnbrücke stand oder wenn er von der Straße abkam und um ein Haar das Maultier geschrottet hätte.

Genauso bekam er mit, wie sich meine Freundinnen über meine burschikosen Klamotten, meine Liebe zu McDonald's und meine absolute Unwissenheit auf dem Gebiet der Popkultur und des Promiklatschs amüsierten. Aber diese vielen Scherze über uns sorgten nur dafür, dass wir uns noch näher zueinander hingezogen fühlten.

Im ersten Winter, in dem wir zusammen waren, planten meine besten Freundinnen und ihre Freunde ein Schneewochenende auf der *Black Butte Ranch*, einer Ferienhaussiedlung, in der die Eltern einer Freundin ein Ferienhaus hatten. Mit dabei waren auch Kelcey und Mitch, die Freunde, die uns bei unserem ersten Blind Date zusammengebracht hatten. Das war das erste Mal, dass meine Freundinnen mehr als nur ein paar Stunden mit Jeremy verbringen würden. Ich war also gespannt, was sie nach einem ganzen Wochenende von ihm halten würden. Diesen Freundinnen vertraute ich sehr und deshalb war mir ihre Meinung wichtig.

Wir kamen in dem Ferienhaus an und belegten unsere Schlafplätze – die Mädchen oben, die Jungs unten. Und ja, wir haben wirklich getrennt geschlafen. Ich war dankbar, dass ich Freunde hatte, denen es auch wichtig war, vor der Ehe nicht miteinander zu schlafen.

Es war das letzte Wochenende vor Weihnachten, und wir hatten entsprechende Aktivitäten eingeplant, unter anderem einen

Pfefferkuchenhaus-Wettbewerb. Nachdem wir unser Gepäck ausgeladen hatten, fuhren wir zusammen in die Stadt, um die nötigen Zutaten zu kaufen. Jedes Paar hatte zehn Minuten Zeit, im Supermarkt das Material für sein Pfefferkuchenhaus zu suchen. Jeremy und ich wussten sofort, dass wir nicht das übliche Material wollten – Zuckerstangen, Marshmellows und Gummibärchen. Deshalb kauften wir kleine Bretzeln, Kekse mit Tiermotiven und Tortenkerzen. Wir bezahlten heimlich und versteckten unser Material vor den anderen Paaren.

Als wir im Ferienhaus zurück waren, begann der Wettbewerb. Jedes Paar befand sich in einer eigenen Ecke, damit unser jeweiliges Bauvorhaben vor Nachahmungstätern sicher war. Jeremy und ich bekamen einen erstklassigen Platz für unseren Hausbau: Wir durften auf dem Küchentisch arbeiten. Alle sollten eine halbe Stunde Zeit bekommen, um ihr Haus zu bauen und zu schmücken. Dann sollte über das beste Haus abgestimmt werden, wobei man sich beim eigenen Haus enthalten musste.

Jeremy und ich begannen mit einer dicken Schicht Zuckerguss. In den Zuckerguss wurden Kräcker als Veranda rund um das Haus gedrückt. Das Haus war ein Bauernhaus aus den 1920er-Jahren mit einer riesigen Terrasse, auf der runde Keks-Gartenstühle standen und eine Schokobananen-Rutsche vom Dach herabführte. Der Garten war großzügig mit grünen Zuckerstreuseln bedeckt, auf denen eine Herde Keks-Schafe stand. Am Rand des Gartens befand sich ein Feuerplatz mit Holzstücken aus Salzstangen und einigen Tortenkerzen in der Mitte. Schokobananen bildeten die Sitzplätze um die Feuerstelle. Ein Erdnussbutter-Weg, der von Salatsträuchern gesäumt war, führte zur Haustür. Warum wir uns für das Dach aus roter Lakritz entschieden haben, weiß ich nicht mehr genau.

Unmittelbar vor der großen Präsentation zündete Jeremy die Tortenkerzen an, die wir an der Feuerstelle und im Kamin angebracht hatten. Unser Haus würde sicher gewinnen – immerhin brannten bei uns die Lichter! Während wir unsere Genialität voll Stolz bewunderten, lachten unsere Freunde nur. Unser Haus erregte definitiv Aufmerksamkeit, aber nicht wegen seiner Schönheit oder Symmetrie. Wir gewannen nicht den Preis für den *kreativsten Gesamteindruck*, aber wir haben unser Haus *sehr kreativ* zerstört. Genauso lief es mit unserer Liebesgeschichte. Sie war alles andere als perfekt, aber sie war einladend, kreativ und sie hatte Feuer.

Unser Wochenende in Black Butte gab unseren Freunden Gelegenheit, unsere Beziehung zu bestätigen oder uns davon abzuraten. Wir legten sehr viel Wert darauf, mit anderen zusammen zu sein, statt uns abzusondern. Am Ende dieses Wochenendes war klar, dass meine Freundinnen mit Jeremy einverstanden waren. Sie fanden es gleichzeitig komisch und schockierend, dass ich jemanden gefunden hatte, dessen Verhalten meine schräge Art ergänzte und dessen Persönlichkeit genau zu mir passte.

JEREMY

Audrey hatte einige hartnäckige Mauern um sich aufgebaut. Wenn ich eine Chance haben wollte, von ihr beachtet zu werden, musste ich ihre Freunde und ihre Familie kennenlernen. Ich denke, Audrey wollte, dass sie sich ein Bild von mir machen konnten. Sowohl Audrey als auch ich hatten die feste Absicht, einander unseren Freunden und unserer Familie vorzustellen und sie später nach ihrer Meinung zu fragen. Ehrlich gesagt, wollten wir beide den anderen zeigen, mit wem wir zusammen waren. Es war, als wären wir aufeinander stolz und wollten miteinander angeben. Und wir wollten nicht aus Angst, dass die anderen uns abraten würden, unsere Beziehung geheim halten. Zum Glück waren meine Freunde und meine Familie mit Audrey vorbehaltlos einverstanden.

Mir ist bewusst, dass dies nicht bei jedem so ist. Vertrauenswürdige Freunde zu finden kann schwer sein. Dan kannte ich schon seit meiner Kindheit. Er half mir, mich von den falschen Mädchen fernzuhalten – auch wenn ich nicht auf ihn hören wollte –, und legte mir bestätigend die Hand auf die Schulter, als das richtige Mädchen kam. Er war jemand, dem ich vertraute und den ich um Rat fragen konnte.

Eine meiner Lieblingsbibelstellen erläutert, wie wichtig es ist, andere Menschen in unserem Leben zu haben. „Wo nicht weiser Rat ist, da geht das Volk unter; wo aber viele Ratgeber sind, findet sich Hilfe" (Sprüche 11,14; LUT).

Egal, in welchem Stadium ihr in eurer Beziehung seid, solltest du dir eine Minute Zeit nehmen und über dein soziales Umfeld nachdenken: Gibst du den anderen Gelegenheit, eure Beziehung zu bestätigen oder die Alarmglocken zu läuten? Erlaubst du ihnen, dir eine Hand auf die Schulter zu legen und dich zu ermutigen oder dir zu raten, vorsichtig zu sein? Gibst du deinen Freunden und deiner Familie Gelegenheit, ihre Meinung zu äußern? Das geht nicht, wenn wir uns selbst oder unsere Beziehung wie eine Insel behandeln.

Vielleicht denkst du jetzt: *Okay, Jeremy, ich bin nicht in einer Beziehung, also…* Trotzdem kann jeder von uns ein weiser Ratgeber *sein.* Manchmal bedeutet das, die anderen zu bestätigen;

manchmal bedeutet es, die Alarmglocke zu läuten. Gibt es in deinem Leben ein Paar, das du zutiefst respektierst und zu dem du aufblickst, und trotzdem hast du ihnen noch nie gesagt, wie sehr du ihre Liebe bewunderst? Vielleicht hast du Gelegenheit, ihnen bestätigend die Hand auf die Schulter zu legen. Ich möchte dich ermutigen, dass du ihnen schreibst oder sie anrufst, wenn du dieses Kapitel zu Ende gelesen hast.

Oder hast du womöglich Freunde, die in einer ungesunden Beziehung sind? Vielleicht hast du einen Freund, der sich plötzlich stark abgesondert hat, seitdem er eine neue Freundin hat? Und Gott fordert dich auf, ihm mutig und mitfühlend die Wahrheit zu sagen. In Liebe die Wahrheit zu sagen ist nicht leicht. Es ist nicht angenehm, die Alarmglocken zu läuten, aber bestimmt ist es das Beste, was du für deinen Freund tun kannst. Oder willst du zusehen, wie deine Freunde verletzt werden, obwohl du weißt, dass du sie vor diesem Schmerz hättest bewahren können, wenn du sie rechtzeitig gewarnt hättest?

Wenn unsere Freunde und Familien, denen wir vertrauten, ernsthafte Bedenken geäußert hätten, hätte unsere Beziehung wahrscheinlich nicht lange gehalten. Es ist, wie Audrey im letzten Kapitel geschrieben hat: Gefühle sind schön, aber sie können uns auch blind machen. Wir können uns im Nebel der Gefühle verirren. Wenn dieser gefährliche Nebel aufzieht, sind Freunde unser Leuchtturm am Ufer, der uns mit seinem hellen Lichtstrahl hilft, unser Schiff sicher zu steuern.

Jede Mauer muss fallen

AUDREY

Ich war an der Highschool ziemlich burschikos: Ich kleidete, kämpfte und benahm mich wie ein Junge und ich war im Umgang mit Jungs überhaupt nicht mädchenhaft. Ich war *nicht* das Mädchen, das immer einen Freund hatte. Mit einem Jungen auszugehen machte mir Spaß, mehr aber auch nicht. Es machte mir Spaß zu lernen, ein Auto mit Gangschaltung zu fahren, ich ließ mich gern zum Eis einladen und ich ging auch gern ins Kino, aber das war für mich auch schon alles. Ich war noch nicht bereit für eine Ehe, deshalb war ich vorsichtig und wollte mich nicht zu früh auf eine ernste Beziehung einlassen.

Ich hatte in meiner Schulzeit hin und wieder für kurze Zeit einen Freund, aber wir klatschten uns mehr ab, als dass wir uns umarmten. Pünktlich wie ein Uhrwerk machte ich immer nach zwei Monaten per Textnachricht Schluss. Meistens deshalb, weil er mehr Zeit mit mir verbringen oder körperlich werden wollte. Doch ich war nicht bereit, Zeit mit meinen Freundinnen, meiner Familie und meinen Mannschaftskameraden zu opfern, um mit ihm auf der Couch herumzumachen.

Nach jeder Trennung fühlte ich mich frei und erleichtert. Mir gefiel das Gefühl nicht, vor jemandem Rechenschaft ablegen zu müssen. Wahrscheinlich wirkte ich auf die meisten Jungen abweisend, kalt und einschüchternd. Weil mir klar war, dass es mich viel kosten würde, meine geliebte Unabhängigkeit aufzugeben, legte ich jedem potenziellen Freund gegenüber eine abweisende Haltung an den Tag.

Vor Jeremy hatte ich nur einen einzigen richtigen Freund gehabt. Wir waren ab dem Ende der elften Klasse zwei Jahre zusammen, und es war das, was in christlichen Kreisen manchmal als *missionarisches* Dating bezeichnet wird. Es begann damit, dass ich ihn zu Jesus führen wollte. Erst später erkannte ich, wie ungesund dieses Vorhaben war. Irgendwann begann mein Freund, Jesus nachzufolgen, und ich war total begeistert.

Er ging in die Gemeinde und respektierte meinen Glauben, aber je länger unsere Beziehung dauerte, umso mehr hinterfragte ich seinen Glauben. Ich war immer diejenige, die auf körperlichem Gebiet die Grenzen zog. Ich war diejenige, die darauf drängte, dass wir zum Gottesdienst gingen, und die ihm Bibelverse schickte oder Bücher empfahl, die er lesen sollte. Er war wirklich ein netter Kerl, aber ich fragte mich immer mehr, ob er Jesus nur nachfolgte, um mit mir zusammen zu sein. Rückblickend muss ich sagen, dass er anscheinend mich auf den Thron seines Lebens gesetzt hatte und nicht Jesus, und das ist für jede Beziehung ein deutliches Warnsignal.

Wenn wir uns verlieben, erleben wir einen emotionalen Höhenflug. Dabei kann es leicht passieren, dass wir unsere irdische Liebesgeschichte über Gottes ewige Liebesgeschichte stellen und die Liebe unseres Lebens über den Herrn unseres Lebens erheben. Gott will, dass wir ihn anbeten. Wir sollen niemand anderen anbeten und niemanden über ihn stellen. Das bedeutet jedoch nicht, dass unsere Liebe zu Gott unsere Liebe zu anderen schmälern würde. Ganz im Gegenteil! Wenn wir uns bemühen, Jesus mehr zu lieben und ihn mehr anzubeten, sind wir in der Lage, andere Menschen kreativer, geduldiger, selbstloser und bedingungsloser zu lieben. Wir können unseren Freund, unsere Freundin, unseren Ehepartner am besten lieben, wenn wir zuerst Gott lieben.

Angenommen, die Person, mit der du zurzeit zusammen bist, hat nicht die gleiche Liebe zu Jesus und die gleiche Hingabe zu Gottes Wort wie du. Angenommen, diese Person könnte deiner Meinung nach das Potenzial für deinen künftigen Ehepartner haben und deshalb ignorierst du, dass ihm der Glaube nicht so wichtig ist wie dir. Falls das in deiner aktuellen Beziehung zutrifft, solltest du dich fragen: Würde die Person, mit der du zusammen bist, Jesus auch dann noch treu nachfolgen, wenn du morgen mit ihr Schluss machen würdest? Wie sieht es bei dir selbst aus?

Wie du dir denken kannst, haben einige Alarmglocken bei mir geläutet, als ich mit diesem Freund zusammen war. Besonders was körperliche Grenzen anging. Ich wollte mit Sex bis zur Ehe warten. Er respektierte meine Einstellung und setzte mich nie unter Druck, dass ich mit ihm körperlich intim sein sollte. Aber die Grenze musste immer ich ziehen.

Da wir unseren Glauben unterschiedlich ernst nahmen, sahen wir auch die Frage nach körperlichen Grenzen verschieden. Also gingen wir oft bis knapp an die Grenze. Das löste bei mir Schuldgefühle und Scham aus und bei ihm weckte es den Wunsch nach mehr. Man kann jemanden viel leichter nach unten als nach oben ziehen. Das ist ein physikalisches Grundgesetz. Denk einmal darüber nach.

Kurz gesagt, nach monatelangem Kampf und nachdem mir immer bewusster wurde, dass er den Glauben nicht so ernst nahm wie ich, machte mir der Heilige Geist sehr deutlich, was ich zu tun hatte. Ich wusste, dass ich gegen mein Gewissen sündigte, wenn ich meine Überzeugungen ignorierte (Jakobusbrief 4,17). Außerdem war mir wichtig, dass der Mann die geistliche Leitung in der Ehe hat (Epheser 5,22–23), und das war in meiner damaligen Beziehung absolut nicht der Fall.

Obwohl ich hin- und hergerissen war, hatte ich den starken Eindruck, dass ich mit ihm Schluss machen sollte. Manchmal sollte man sich nicht mit etwas begnügen, auch wenn es gut ist. Denn es gibt eindeutig etwas Besseres. Obwohl das, was ich damals mit meinem Freund hatte, gut war, hielt es mich davon ab, das Bessere, was Gott mir geben wollte, zu erleben: eine Beziehung, in der Jesus der Mittelpunkt ist, und einen Mann, der Gott mehr liebt als mich. Außerdem hatte ich das Gefühl, dass Gott mich aufforderte, ihm zu vertrauen. Ich hatte das Gefühl, dass diese Trennung eine Prüfung meines Glaubens war: Ich sollte meine Liebesgeschichte Gottes treuer Führung überlassen.

Inzwischen hatten wir beide zu studieren begonnen und unsere Studienorte lagen einige Stunden auseinander. Deshalb wartete ich, bis wir in den Winterferien zu Hause waren, um mit ihm Schluss zu machen. Im Gegensatz zu früher fühlte ich mich danach nicht frei und erleichtert, sondern ich weinte vor Liebeskummer und rang mit Zweifeln und Fragen. *Wird mein gebrochenes Herz jemals heilen? Habe ich einfach zu hohe Ansprüche? Wir hatten so viele gemeinsame Freunde – würde jetzt einer von uns aus dem Freundeskreis ausgeschlossen werden? Werde ich je einen Jungen finden, der Jesus genauso sehr liebt wie ich?*

Es war hart und es tat weh, aber ich fühlte mich bald bestätigt, dass es die richtige Entscheidung war. Ich erlebte in der Zeit danach, in der ich Single war, so viel Segen. Ich weiß, dass sich das vielleicht nach einem christlichen Klischee anhört, aber ich hatte wirklich das Gefühl, dass mich Gott ermutigte, mich mehr darauf zu konzentrieren, eine gottesfürchtige Frau zu werden, als darauf, einen gottesfürchtigen Mann zu finden. Also verlagerte ich meinen Blick mehr darauf, mein eigenes Herz zu erforschen, als das Herz eines anderen Menschen zu gewinnen.

Gott hat wirklich Humor: Eine Woche nachdem ich mit meinem Freund Schluss gemacht hatte, schickte mir Mitch, der mit meiner Freundin Kelcey zusammen war, eine Textnachricht, in der er mich einlud, mit ihm, Kelcey und einem Freund aus seiner früheren Fußballmannschaft auszugehen. *Soll das ein Witz sein? Ich war noch nie bei einem Blind Date. Und ich bin unmöglich schon bereit, mich auf einen anderen Jungen einzulassen.*

Mein Herz war mit fensterlosen Betonmauern verbarrikadiert, die bestimmt nicht so schnell niedergerissen werden würden. Mein Bauchgefühl sagte mir, dass ich die Einladung ausschlagen sollte, aber etwas drängte mich, Ja zu sagen. Auch meine Freunde drängten mich dazu. Ich vertraute darauf, dass Kelcey und Mitch dafür sorgen würden, dass es nicht unangenehm werden würde. Sie wussten schließlich beide, dass ich gerade mit meinem Freund Schluss gemacht hatte.

Für den Fall, dass du es nicht kommen gesehen hast: Das war der Abend, an dem ich Jeremy zum ersten Mal sah.

Ich bin fest davon überzeugt, dass ich Jeremy nie kennengelernt hätte, wenn ich es auch nur eine Woche länger vor mir hergeschoben hätte, mit meinem damaligen Freund Schluss zu machen. Ich wäre wieder ans College zurückgefahren und hätte meine Chance verpasst. Erst als ich mich entschied, bei der Trennung von meinem damaligen Freund Jesus zu vertrauen – und vorübergehende Traurigkeit riskierte, um seinem Willen zu gehorchen –, war ich frei, um meinen künftigen Mann kennenzulernen.

Es versteht sich von selbst, dass ich immer noch sehr vorsichtig war, als ich Jeremy kennenlernte. Und es kostete viel Zeit und Vertrauen, bis die Mauern, die ich aufgebaut hatte, eingerissen wurden.

*

Der 1. August 2011 war ein Wendepunkt in unserer Liebesgeschichte. Ab diesem Tag waren wir mehr als nur Freunde und ab diesem Tag arbeitete Gott daran, meine hartnäckigen Mauern einzureißen. Jeremy und ich trafen uns am Spätnachmittag zu unserem Zehn-Meilen-Lauf. Ich war Mannschaftskapitänin meines Querfeldein-Teams, weshalb ich in diesem Sommer jede Woche 80 Kilometer lief. Es traf sich gut, dass sich Jeremy in diesem Sommer zum Ziel gesetzt hatte, mein Herz zu erobern, und so fuhr er auf seinem Fahrrad neben mir her, während ich stundenlang in der glühenden Hitze über den Asphalt und querfeldein über die Hügel von Portland lief.

Unser *Run and Ride*, wie wir es bezeichneten, war das Vorprogramm zu unseren abendlichen Abenteuern. Wenn wir uns auf der Strecke unterhielten, ging es normalerweise um die Predigt der letzten Woche, die Bücher, die wir lasen, unsere Reiseträume oder unsere Liste der Dinge, die wir im Sommer unternehmen wollten. Wir sprachen nie darüber, dass Jeremy am Ende des Sommers nach Kalifornien ziehen würde, obwohl das immer in unserem Hinterkopf saß.

An diesem Nachmittag blickten wir voll Nostalgie auf alles zurück, was wir in diesem Sommer schon auf unserer Liste abgehakt hatten. Auf der Liste stand nur noch eine Sache, die wir uns beide vorgenommen hatten: über die Eisenbahnbrücke zu gehen.

Mit einer Höhe von 30 Metern und einer Länge von 400 Metern ist sie die größte Holzbrücke für Eisenbahnen, die in den Vereinigten Staaten noch in Betrieb ist. Die Schienen laufen über das Gelände der *Roloff Farm*, und die Brücke war nur einen Kilometer vom Haus entfernt.

Als wir vom Laufen und Radfahren zurückkamen, schlüpften wir schnell in saubere Klamotten, nahmen uns aus dem Kühlschrank der Roloffs etwas zu essen und brachen auf, um auf den Holzschwellen zwischen den Eisenbahnschienen die Brücke zu überqueren.

Als wir den Anfang der Brücke erreichten, ging Jeremy unbeirrt weiter. Er marschierte über die Holzschwellen, als hätte er festen Boden unter den Füßen. Ich folgte ihm nervös und versuchte, meine Angst mit einem zuversichtlichen, furchtlosen Auftreten zu tarnen. Bei jedem Schritt wurde der Abstand zur Erde größer. Ich habe keine Höhenangst, aber in dieser Situation hat man nicht die Möglichkeit, nicht nach unten zu schauen. Also konzentrierte ich meinen Blick auf die Holzschwellen und setzte vorsichtig einen Fuß vor den anderen.

Am höchsten Punkt der Brücke blieben wir stehen, um uns zu setzen und die Schönheit des Sonnenuntergangs in Helvetia zu bewundern. Ich war erstaunlich ruhig, obwohl wir uns in schwindelerregender Höhe befanden. Wenn ich mit Jeremy zusammen war, fühlte ich mich immer sicher. Er war wagemutig, aber nicht unvorsichtig. Er hatte Selbstvertrauen, aber er gab nicht damit an. Er konnte Situationen gut einschätzen und beurteilen. Mein Vertrauen in seine Stärken half mir, meine Beziehungsängste und meine Unsicherheit zu vertreiben.

Wir setzten uns eine Weile mitten auf die Brücke und unterhielten uns. Für meine zittrigen Beine war das eine willkommene

Pause. Als unser Gespräch verebbte, stand Jeremy ohne Vorwarnung auf und trat einen Schritt über den Rand hinaus. Ich erstarrte vor Staunen und Angst. Wie durch ein Wunder stürzte er nicht ab. Es war ein Stunt, den er sich bei Tom Sawyer abgeguckt hatte, denn er war einfach auf einen Vorsprung der Stützbalken, die unter der Brücke verlaufen, getreten. Er stand immer noch da draußen, als er sich mit einem leichten Grinsen und hochgezogener Braue zu mir umdrehte. Ich löste meinen verkrampften Griff von der Schiene und erwiderte sein Grinsen. Wir waren definitiv seelenverwandt.

Jeremy deutete auf die andere Seite der Brücke und marschierte über den Holzschwellen weiter. Ich folgte ihm vorsichtig. Die ganze Szene war direkt aus dem Film *Stand by Me.* Allerdings suchten wir keinen Toten und wurden auch von keinem Zug verfolgt. Vielmehr versuchten wir beide auf subtile Weise, einander unsere Zuneigung zu zeigen. Wir waren nervös, weil wir wussten, dass wir damit unsere Freundschaft aufs Spiel setzten.

Als wir die andere Seite der Brücke erreichten, zog Jeremy seine Mundharmonika heraus und begann zu spielen. In diesem Sommer fanden wir heraus, dass wir beide lernen wollten, Mundharmonika zu spielen. Ich hatte meine Mundharmonika in meinem Rucksack, also holte ich sie ebenfalls heraus und stimmte in die Melodie mit ein.

Wir versuchten, *Amazing Grace* zu spielen, während wir auf den Eisenbahnschwellen weitergingen. Vielleicht findest du das verrückt und schräg, aber wir empfanden es nicht als sonderbar oder verrückt. Es war erfrischend, mit jemandem zusammen zu sein, der mich in meiner unabhängigen Art ergänzte, statt sich über meine verrückten Ideen lustig zu machen.

Nachdem wir einige Minuten unser neues Hobby praktiziert hatten, hörten wir in der Ferne ein Heulen. Unsere Kinnladen fielen nach unten und wir schauten uns begeistert an. Die Kojoten stimmten in unsere Musik ein! Wir blieben stehen und genossen staunend ihre Antwort. Dann spielten wir weiter und legten hin und wieder eine Pause ein, um den Kojoten ihren Soloauftritt zu ermöglichen. Es war ein schöner, surrealer Moment.

Wir waren so fasziniert, dass uns gar nicht auffiel, wie weit wir auf den Gleisen gegangen waren. Als wir merkten, wo wir angelangt waren, kehrten wir um und traten den Rückweg an. Als wir die Brücke erreichten, um sie zum zweiten Mal zu überqueren, blieb Jeremy stehen und schaute mich an.

„So etwas Romantisches habe ich noch nie mit einem Mädchen gemacht“, sagte er. Dann fügte er noch hinzu: „Damit will ich natürlich nicht zu weit gehen …“

Meine Antwort kam wie von selbst: „Du kannst gerne weitergehen.“ Ich errötete bei meinen eigenen Worten. Damit hatte ich das *Zutritt verboten*-Schild von meinem Herzen entfernt.

Ich hob den Blick von den Eisenbahnschwellen und schaute ihn an. Seine Gesichtsfarbe ähnelte den sonnengewärmten Kirschen, die wir bei unserem *Run and Ride* gepflückt hatten. Ich konnte die Erleichterung und Aufregung in seinen Augen sehen. Wir lächelten uns verliebt an und gingen über die Brücke zurück. Die Worte, die wir gerade ausgesprochen hatten, und das prickelnde Schweigen, das danach folgte, waren berauschend.

In diesem Moment klingelte Jeremys Handy. Sein Vater rief aus irgendeinem Grund an, den ich längst vergessen habe. Aber als er fragte, wo Jeremy sei, und hörte, dass wir bei der Brücke waren, sagte er: „Ich bin mit dem Maultier gerade zur Brücke unterwegs. Ich will sie ein paar Freunden zeigen. Wollt ihr mit zurückfahren?“

Jer schaute mich fragend an. Ich zuckte die Achseln, um ihm zu verstehen zu geben, dass ich für alles offen war.

„Ja, super!“, antwortete er seinem Vater.

Wir waren noch oben auf der Brücke, als wir das Maultier und Jers Vater mit seinen Freunden unten sahen. Wir winkten und sie bedeuteten uns, zu ihnen nach unten zu kommen. Am Ende der Brücke verließen wir die Eisenbahnschwellen und bahnten uns einen Weg durch das hohe Gras, in dem Margeriten wuchsen.

Als wir unten ankamen, machte Jers Vater ein Foto von uns. Obwohl es verwackelt ist, ist es für uns eine schöne Erinnerung an diesen Tag. Wir halten beide unsere Mundharmonika in der Hand und sind von den vielen Tagen in der Sonne gebräunt. Jeremy trägt aus irgendeinem Grund eine Schutzbrille auf dem Kopf (später hat er mir verraten, dass er das lustig fand), und ich halte einen Strauß mit Margeriten in der Hand, die ich auf dem Weg nach unten gepflückt habe.

Dieses Foto markiert das Ende der Phase, in der wir nur Freunde waren, und den Anfang der Zeit, in der die Mauern eingerissen wurden. Ich hatte Mauern, die uns Jahre beschäftigen würden. Und – Spoiler-Alarm! – Jeremy hatte auch so einige Mauern!

Wir kletterten auf die Ladefläche des Maultiers und ich flocht auf dem Rückweg zur Farm eine Blumenkrone. Bis heute nennt mich Jeremy deswegen *Daisy Braids* (Margeritenzöpfe).

*

Ein paar Wochen nachdem ich *Daisy Braids* wurde, wurden wir ein Paar: am 25. August 2011. Wie du am Anfang dieses Buches gelesen hast, war das der Tag, an dem wir unsere Schuhe über das Drahtseil unter der Brücke warfen.

In diesen zwei Wochen versuchte Jeremy, mich zum ersten Mal zu küssen. Offenbar hatte ich ihm mit meiner Erlaubnis, dass er weitergehen könne, dazu ermutigt. Am Abend nach unserem Abenteuer auf der Brücke lagen wir am Lagerfeuer, und er ergriff dabei zum ersten Mal meine Hand. Wir lagen still und schweigend da und genossen den Moment.

Dann stützte er sich auf einen Ellbogen. Ich konnte es kommen sehen, und ich war von den Schmetterlingen, die in meinem Bauch tanzten, wie gelähmt. Mein erster Gedanke war: *Ich küsse ihn jetzt nicht. Wir sind nicht einmal ein Paar!* Er beugte sich über mich und wartete darauf, dass ich ihm entgegenkäme. Aber ich senkte stattdessen den Blick und so küsste er mich auf die Stirn, um sich von dieser Abfuhr zu erholen.

Nach zwei Jahren Freundschaft hätte man eigentlich meinen können, ich wäre endlich bereit gewesen, ihm zu erlauben, mich besser kennenzulernen, mich zu lieben und mich zu küssen. Ich würde endlich meine Mauern einreißen. Aber ich war dazu nicht bereit. Ja, wir waren sogar schon einige Tage ein Paar, als ich endlich zu unserem ersten Kuss bereit war. Doch diese Geschichte darf Jeremy erzählen.

JEREMY

Das Lagerfeuer war niedergebrannt und die kalte Nachtluft erinnerte uns daran, dass es Zeit wurde, nach Hause zu gehen. Als wir durch den Wald zurückschlenderten, entdeckte ich eine freie Stelle zwischen den Bäumen, die vom Mondlicht beschienen wurde. Mein Herz begann, schneller zu schlagen. Genau an der mondbeschienenen Stelle blieb ich stehen und zog Audrey in meine Arme. Es war gerade so hell, dass ich ihr Gesicht sehen konnte, und wir küssten uns. Es fühlte sich zu diesem Zeitpunkt absolut richtig an. Eine tiefe Liebe, die durch einen einfachen, aber tief empfundenen Kuss ausgedrückt wurde. Auf dem Rückweg küsste ich sie noch einige Male, und dabei sprachen wir belustigt darüber, wie lang wir bis zu unserem ersten Kuss gebraucht hatten.

*

Als die Vorlesungszeit an unseren Unis begann, sahen wir uns erst mal zwei Monate gar nicht. Im Oktober beschloss Jeremy jedoch, für ein Wochenende von Kalifornien nach Hause zu fahren, um bei der Kürbisernte auf der *Roloff Farm* zu helfen. Ich ging in Corvallis ans College, was zwar auf seinem Weg lag, aber trotzdem 13 Stunden von Santa Barbara entfernt war. Also fuhr er die Nacht durch, damit wir einen ganzen Tag zusammen hatten, bevor er zur Farm weiterfahren würde.

An diesem Tag zeigte ich ihm meine Lieblingsplätze in Corvallis und am Abend gingen wir miteinander essen. Weil ich zusammen mit sechs Kommilitoninnen in einem großen Haus gleich neben dem Campus wohnte, konnte Jeremy dann auf unserem Wohnzimmersofa schlafen, bevor er zur Farm weiterfuhr. Wir gaben uns also einen Gutenachtkuss und gingen schlafen, doch einige Minuten später hörte ich, dass jemand die Treppe hochkam, und dann wurde leise an meine Tür geklopft.

„Auj, ich brauche noch einen Gutenachtkuss“, sagte er, während er auf Zehenspitzen in mein Zimmer schlich.

Also stand ich auf und ich gab ihm den gewünschten Kuss. Nach einer langen Umarmung schaute er mich an und sagte: „Audrey, ich liebe dich."

Ich freute mich über diese Liebeserklärung, konnte meine Lippen jedoch nicht bewegen, und mein Körper verkrampfte sich. Ich war noch nicht bereit, das Wort „Liebe" auszusprechen, aber er sollte auch nicht denken, ich würde ihn *nicht* lieben. Ich war hin- und hergerissen und wusste nicht, was ich sagen sollte.

Nach einer unangenehmen Stille sagte Jeremy: „Das ist okay; du brauchst nichts zu sagen, wenn du dazu noch nicht bereit bist. Aber ich musste es dir einfach sagen."

Ich war wirklich noch nicht dazu bereit, und das blieb noch ein ganzes Jahr so. Ich bin furchtbar, ich weiß. Es dauerte höchstens noch einen Monat, bis ich mit Sicherheit wusste, dass ich ihn wirklich liebte, aber ich war trotzdem immer noch nicht bereit, es laut auszusprechen. Ich wollte nicht „Ich liebe dich" sagen, solange ich nicht absolut sicher war, dass ich den Mann, zu dem ich diese Worte sagte, irgendwann heiraten würde.

Wenn ich jetzt zurückblicke, kann ich nicht verstehen, dass Jeremy weiter mit mir zusammenblieb, dass er sich weiter um mich bemühte und dass er mich weiterhin liebte. Er hatte schon ein ganzes Jahr geduldig darauf gewartet, dass ich meine Mauern einreißen würde.

JEREMY

Ein paar Monate später war ich zu Thanksgiving wieder zu Hause. Unsere Freunde hatten geplant, in die Innenstadt von Portland zu fahren, wo die Lichter am Weihnachtsbaum feierlich entzündet werden sollten. Also trafen wir uns in einem Café in der Nähe des Pioneer Square, auf dem die Veranstaltung stattfinden würde. Nachdem wir unseren Kaffee getrunken hatten, packten wir uns warm ein und machten uns auf den Weg.

Unterwegs seilten sich Audrey und eine Freundin von der Gruppe ab, und ich blieb allein bei den anderen zurück. Es war nicht das erste Mal, dass sie so etwas machte. Das erlebte ich immer wieder, und es gefiel mir überhaupt nicht. Wir waren seit mehreren Monaten ein Paar, und ich hatte angenommen, dass unser neuer Beziehungsstatus etwas in ihrem Verhalten ändern würde. So war es aber nicht.

Ich halte mich nicht für einen besonders anhänglichen Menschen, aber ich hatte trotzdem gewisse Erwartungen. Unter anderem erwartete ich, dass sie nicht einfach wortlos verschwand, nachdem ich ihr eine Tasse Kaffee bezahlt hatte. Ganz offen gesagt, war das einfach unhöflich. Besonders weil wir aufgrund der großen Entfernung nicht viele Gelegenheiten hatten, Zeit miteinander zu verbringen.

Dass sie mit ihren Freundinnen etwas unternahm, war nicht das Problem. Mein Problem war, dass sie mit mir anscheinend nicht darüber sprechen wollte. Sie benahm sich, als wäre ich ihr völlig gleichgültig. Sie hatte irgendwie nicht das nötige Feingefühl und die emotionale Bindung, um zu sehen, wie lieblos ihr Verhalten war. Ich bekam immer mehr das Gefühl, für sie mehr ein Anhängsel als ein Freund zu sein, geschweige denn ihr Freund.

Natürlich möchte niemand als anhänglich bezeichnet werden. Bevor Audrey und ich ein Paar wurden, wollte keiner von uns bedürftig oder anhänglich wirken. Keiner wollte den anderen mit seinen Wunden, Verletzungen und inneren Kämpfen belasten, und wir wollten definitiv nicht als fordernd oder klammernd wahrgenommen werden. Jeder wollte liebenswert und lustig sein. Ich denke, so geht es vielen. Unseren Mut zusammenzunehmen und dem anderen zu sagen, was wir in einer Beziehung brauchen, ist ähnlich, wie jemanden zum Tanzen aufzufordern. Vor Angst, einen Korb zu bekommen, bleiben unsere Füße wie angewurzelt stehen. Aber wenn man wahre Liebe finden will, muss man sich auf die Tanzfläche wagen.

Es ist nichts falsch daran, liebenswert und lustig sein zu wollen, aber dieser Wunsch darf uns nicht daran hindern, verwundbar und ehrlich zu sein. Die meisten wollen in ihrer Beziehung oder Ehe nicht als bedürftig abgestempelt werden, doch jeder Mensch hat nun mal bestimmte Bedürfnisse. Diese Bedürfnisse sehen bei jedem anders aus, weil jeder auf andere Weise Liebe gibt und empfängt. Wenn wir es aber versäumen, über unsere Bedürfnisse zu sprechen, kann das dazu führen, dass wir frustriert, bitter oder sauer auf den anderen sind.

Wenn ich von Bedürfnissen spreche, soll das auf keinen Fall heißen, dass der andere dafür verantwortlich ist, alle diese Bedürfnisse zu befriedigen. Das wäre unrealistisch und ungesund. Mir geht es darum, dass es gesund und hilfreich ist, wenn wir uns bewusst machen, wie wir uns am meisten geliebt fühlen.

Ich wusste, dass ich eine Wahl hatte: Ich konnte entweder meine Erwartungen zurückschrauben, oder ich sprach mit Audrey über meine Bedürfnisse und hoffte, dass sie bereit wäre, sich zu ändern. Die Alternative wäre gewesen, unsere Beziehung zu beenden. Das wollte ich natürlich nicht, aber ich konnte diese Möglichkeit auch nicht völlig ausschließen. Weil wir schon eine ganze Weile Freunde waren, wusste ich, dass Audrey einige dicke Mauern um ihr Herz errichtet hatte, und nun begriff ich nach und nach, dass diese Mauern nicht einfach weg waren, nur weil sich unser Beziehungsstatus geändert hatte. Also beschloss ich, sie noch vor meiner Rückkehr nach Santa Barbara darauf anzusprechen.

Ich wusste, dass Audrey sehr unabhängig war; das gefiel mir an ihr. Aber jetzt erkannte ich, dass mehr als ihr Unabhängigkeitsstreben im Spiel war. Dieses Verhalten hatte nicht erst bei mir begonnen. Dadurch, dass ich Zeit mit ihren Freunden verbrachte, wusste ich, dass Audrey in dem Ruf stand, keine Zuneigung zu zeigen und sich zu verhalten, als wären ihr andere Menschen egal. Sie war dafür bekannt, dass sie ihre Gefühle verbarg, Jungs, mit denen sie ausging, vor den Kopf stieß und mit früheren Freunden Schluss gemacht hatte, ohne mit der Wimper zu zucken.

Das war mehr als nur Unabhängigkeit; es war eine emotionale Mauer aus Selbstschutz und Stolz. Da mir das bewusst war, musste ich mit Vorsicht vorgehen. Ich wusste, wenn Audrey nicht bereit wäre, einen Teil ihrer Unabhängigkeit aufzugeben, würden wir bald auf massive Probleme stoßen. Ich entschied mich dazu, diese Dinge anzusprechen, und ich wusste, dass es das Risiko wert war. Es ist einfach immer besser, wenn man unangenehme Gespräche nicht auf die lange Bank schiebt. Zunächst einmal können solche Gespräche beängstigend sein, aber langfristig können sie uns vor Verletzungen und Schmerz bewahren.

Also sprach ich Audrey ein paar Tage nach Thanksgiving auf ihr Verhalten an. Ich bemühte mich um die richtigen Worte und begann: „Hey, Babe, können wir über das sprechen, was beim Weihnachtsbaumentzünden passiert ist?"

„Wovon sprichst du?", fragte Audrey.

„Davon, dass du mich einfach stehen gelassen hast und mit Ellen verschwunden bist, ohne mir zu sagen, wohin du gehst. Du hast mich einfach bei deinen Freunden zurückgelassen, ohne dich zu verabschieden. Ich spreche das an, weil es nicht das erste Mal war, dass so etwas passiert ist. Ich fühle mich, ehrlich gesagt, nicht von dir respektiert, wenn du das machst."

Dieses Gespräch fiel mir nicht leicht. Ich machte mich verwundbar und sprach bei ihr einen wunden Punkt an. Was würde ich machen, wenn sie nicht einsehen wollte, dass sie sich falsch verhalten hatte?

„Oh! Das tut mir leid. Ich weiß, dass ich bei meinem Unabhängigkeitsstreben manchmal zu weit gehe" war jedoch ihre Antwort. Ich war erleichtert, dass sie so reagierte. Sie dankte mir für meine Ehrlichkeit und sagte, dass sie sich ändern wolle.

Zu meiner Überraschung löste dieses Gespräch bei Audrey viel schneller Veränderungen aus, als ich erwartet hatte. Sie zeigte mir immer mehr ihre Zuneigung und begann, offen über ihre Gefühle zu sprechen. Es war, als wäre ein verschlossener Raum ihres Herzens plötzlich weit aufgerissen worden. Ich denke, hinter so hohen Mauern eingesperrt zu sein, muss für sie schmerzhaft gewesen sein.

Die Autoren und Psychologen Henry Cloud und John Townsend schreiben zu diesem Thema: „Wir ändern unser Verhalten dann, wenn es schmerzhafter ist, so zu bleiben, wie wir sind, als uns zu ändern."[5] Audrey war bereit, sich zu ändern.

Im Rückblick stellen wir fest, dass dieses Gespräch ein wichtiger Schritt in unserer Beziehung war. Es war der Beginn einer neuen Ära für uns. Unsere Freundschaft war für dieses Gespräch die entscheidende Grundlage. Dank unserer Freundschaft hatte ich das Verständnis, die Zuversicht und die Autorität, dieses Thema anzusprechen und Gott zu vertrauen, dass es gut ausgehen würde. Dieses Gespräch half, Audreys Mauern einzureißen, aber ich selbst hatte auch einige Mauern. Später in unserer Beziehung sollten die Rollen vertauscht sein, und Audrey würde mich auf einige Fehler in meinem Verhalten hinweisen müssen.

AUDREY

Kennst du die Fernsehserie *Fixer Upper – umbauen, einrichten, einziehen*? In dieser beliebten Hausumbau-Serie verwandeln Chip und Joanna Gaines alte heruntergekommene Wohnungen in wunderschöne Wohnungen. Wenn die beiden ein Renovierungsprojekt betreten, sagen sie meist: „Wir reißen diese Wand ein, damit der Raum größer wird." Einige Werbespots später sieht man, wie Chip mit einem Presslufthammer eine Wand einreißt.

Es erstaunt mich immer wieder, dass die Eigentümer damit einverstanden sind. Nur selten wehrt sich jemand gegen die Vision, den Wohnraum großzügiger zu gestalten. Selbst wenn die Bewohner nervös sind, was hinter diesen Wänden liegen könnte oder auf welche möglichen Probleme sie stoßen könnten, vertrauen sie darauf, dass das Endergebnis es wert ist, dieses Chaos und die Ungewissheit auf sich zu nehmen. Sie wissen, dass Chip das richtige Werkzeug hat und dass er weiß, was er tut. Einige Mauern sind Stützmauern und können nicht einfach eingerissen werden, aber andere können problemlos beseitigt werden. Chip kennt den Unterschied. Außerdem sind normalerweise Genehmigungen einzuholen, bevor Mauern entfernt werden dürfen, auch wenn das im Fernsehen nicht gezeigt wird. Mauern richtig einzureißen muss gelernt sein. Dazu braucht man Wissen, Können, das richtige Werkzeug und Genehmigungen.

Verstehst du, worauf ich hinauswill? Jeder geht mit emotionalen Mauern in eine Beziehung hinein. Bei einigen sind diese Mauern relativ leicht einzureißen; andere haben Mauern, für deren Beseitigung besonders viel Sorgfalt nötig ist und zeitaufwendige Genehmigungen eingeholt werden müssen. Bei den meisten Menschen ist es eine Mischung aus beidem. Früher oder später erteilt dir die Person, mit der du in einer Beziehung bist, die nötige Genehmigung. Dann hast du die Wahl: Entweder du öffnest dich für Veränderungen oder du versteckst dich weiter hinter einer Mauer, die immer wieder ausgebessert oder repariert werden muss. Emotionale Mauern einzureißen ist nicht leicht. Dazu sind Verwundbarkeit, Ehrlichkeit und Vertrauen nötig.

Wenn du einen Menschen findest, den du dir als künftigen Ehepartner vorstellen kannst, wird es Zeit, deine Mauern einzureißen. Unsere Kultur sagt jedoch, dass es nicht richtig ist, dass wir uns für einen anderen Menschen ändern. „Sei ganz du selbst!", lautet das Motto unserer Zeit. Aber ich frage mich, wie viele Beziehungen scheitern, weil man nicht bereit ist, sich in mancher Hinsicht zu ändern. Sollte denn nicht die Person, die du liebst, ein Katalysator für Veränderungen in deinem Leben sein?

Ich will eines klarzustellen: Es geht hier nicht darum, dass du dich ändern solltest, damit der andere dich mehr mag. Das hat mein erster Freund versucht. Es geht darum, dich zu ändern, weil dein Freund/deine Freundin in dir den Wunsch weckt, dich zu bessern. Das geschieht, wenn jemand, den du magst, dir einen Spiegel vorhält und du anfängst, dich mit seinen Augen zu sehen.

Wenn du gerade eine Beziehung hinter dir hast und einige Wunden erst noch heilen müssen, schreckt es dich wahrscheinlich ab, wenn du liest, dass du Mauern niederreißen sollst. Das verstehe ich sehr gut. Mauern sind nicht immer schlecht. Wenn

Mauern gesunde Grenzen sind, können sie gut sein und einen sinnvollen Zweck erfüllen. Mauern können eine Grenze ziehen, und diese Grenze kann dir helfen, dir über deine Gefühle klar zu werden. Sie kann dich davon abhalten, etwas zu überstürzen. Und sie kann dir helfen, dein Herz zu schützen. Aber wenn aus Mauern Gefängniszäune werden, die du nicht einreißen kannst, selbst wenn du möchtest, bringen sie mehr Schaden als Gutes. Sie halten dich davon ab, die Liebe in ihrer ganzen Tiefe zu erfahren. Sie halten dich zurück und sie schaffen Verwirrung und Missverständnisse, statt Ehrlichkeit und Klarheit.

Wenn du schon eine Weile lang Single bist oder nicht verstehen kannst, warum deine Beziehungen anscheinend nie tiefer gehen oder länger halten, kann es sein, dass deine Mauern zu hoch sind. Ich spreche hier von *Mauern,* nicht von *Maßstäben*. Und ich verstehe den Wunsch, dein Herz zu schützen, aber irgendwann muss jede Mauer fallen. Wenn wir wollen, dass uns der andere wirklich kennt und wirklich liebt, müssen wir bereit sein, den Bohrhammer auszupacken.

Eine kreative Liebe

JEREMY

An dem Abend, an dem ich Audrey kennenlernte, fuhr ich langsamer als sonst nach Hause, denn ich war tief in Gedanken versunken. Ich schwankte zwischen Staunen und Unsicherheit und versuchte, aus dem Mädchen, das ich vor wenigen Stunden kennengelernt hatte, schlau zu werden. Als ich auf die Schotterstraße zu unserer Farm bog, hatte ich den Abend mehrmals Revue passieren lassen und malte mir aus, wie es mit uns weitergehen könnte. Der Abend, an dem wir uns kennenlernten, veränderte mein Leben. Das ist bei Liebe immer so. Ab diesem Moment tat die Liebe das, was sie am besten kann: Sie motivierte mich, mich um Audrey zu bemühen. Mit viel Kreativität, vielen Abenteuern und auch Opfern. Wie ich schon erwähnte: Ich wollte sie für mich gewinnen.

Mein erstes Geschenk gab ich Audrey in dem Jahr, in dem wir uns kennengelernt hatten, zu Weihnachten. Auj war in den Winterferien zu Hause, und ich beendete meinen letzten Kurs des Jahres am College in Portland. Wir planten, uns zu treffen, und ich wollte ihr unbedingt etwas Besonderes schenken.

Ich hatte keine Ahnung, was ihr gefallen könnte. Deshalb baute ich etwas, das *mir* gefallen würde: eine Lampe aus einer alten

Petroleumlaterne. So eine Lampe hatte ich mir schon immer gewünscht. Jetzt war Audrey meine Motivation, dieses Projekt anzugehen. Ich bohrte Löcher, brachte eine Fassung für die Glühbirne an und legte das Kabel. Zu meiner Begeisterung funktionierte die Lampe sogar. Ich fand diese Laterne genial und hoffte, sie würde Audrey auch gefallen. Auf die Unterseite schrieb ich: „Für Audrey von Jeremy. Weihnachten 2010. Jeremia 10,23."

Als ich zu Audreys Haustür ging, begannen meine Hände zu schwitzen, und ich kam mir plötzlich verrückt vor. *Das ist peinlich. Ich werde sie vergraulen. Wir sind doch erst seit Kurzem Freunde! Außerdem ist diese Lampe echt cool. Vielleicht sollte ich sie lieber behalten.* Ich malte mir auch aus, was ihre Mutter denken würde. *Wer ist dieser Irre? Du kennst ihn kaum, und er bringt dir extravagante selbst gebaute Geschenke?*

Ich hatte wirklich Angst.

Also drehte ich mich wieder zu meinem Auto um, um das Geschenk wieder in den Kofferraum zu stellen und mir eine mögliche Demütigung zu ersparen. Nach wenigen Schritten blieb ich jedoch abrupt stehen. *Was für eine Geschichte will ich? Will ich erzählen, wie ich zu feige war, um Audrey ihr erstes Geschenk zu geben, oder will ich erzählen, wie ich heldenhaft meine Zweifel überwand und Audrey eines der schönsten Geschenke gab, die sie je bekommen hat?* Dieser innere Monolog gab mir den nötigen Mut, mich mit dem Geschenk in der Hand wieder umzudrehen und mit zusammengebissenen Zähnen und nervös pochendem Herzen wieder auf das Haus zuzuschreiten.

Mit zitterndem Finger drückte ich auf den Klingelknopf. Die Tür ging auf und vor mir stand Audreys Vater. Ich trat unsicher ein, hielt die Lampe hinter dem Rücken und steuerte geradewegs auf die Küche zu, wo ich Audrey und ihre Mutter reden hörte.

Ich verlor keine Minute, sondern zog gleich den nicht eingepackten Schatz hinter meinem Rücken hervor und sagte: „Das habe ich für dich gemacht. Frohe Weihnachten!"

Audrey und ihre Mutter schauten die Lampe überrascht an. Dann schauten sie mich an.

„Was meinst du damit, dass du das *gemacht* hast?", fragte ihre Mutter mit verwirrter Miene.

„Damit meine ich, dass ich es gemacht habe", sagte ich.

„Warum hängt dieses Kabel daran?", fragte Audrey.

„Das ist eine Lampe!", lachte ich. „Ich führe sie dir vor."

Ich steckte den Stecker in die Steckdose, und als das Licht anging, ging den beiden ein Licht auf. Sie waren überrascht – positiv überrascht. Audrey liebte diese Lampe. Wahrscheinlich hatte ihr noch nie zuvor jemand etwas so „Kunstvolles" gemacht. Sie sagte, das sei das coolste Geschenk, das sie je bekommen habe.

Ich glaube, die Lampe hätte Audrey auch dann gefallen, wenn es nur eine alte rostige Laterne gewesen wäre, die ich in irgendeinem Stall gefunden habe. Sie nahm die Lampe mit in ihr Studentenzimmer und stellte sie auf den Nachttisch neben ihrem Bett. Heute hat sie ihren festen Platz auf einem Tisch im Eingangsbereich unseres Hauses. Ich konnte sie also doch behalten.

Als der Sommer kam, befand ich mich immer noch deutlich in der *Friendzone*. Audrey hatte erwähnt, dass sie sich schon immer ein Einbahnstraßenschild gewünscht habe. Also fuhr ich eines Abends zu dem Ort, den meine Freunde und ich den *Schilderwald* nennen. Dort befanden sich Bauschutt, kaputte Absperrkegel und hier und da ein altes Straßenschild. Nach längerem Suchen fand ich das richtige Schild. Auf die Rückseite schrieb ich ein Gedicht, das ich selbst verfasst hatte, und gab ihr das Schild noch rechtzeitig, damit sie es im Herbst mit in ihr Studentenzimmer nehmen konnte. Ich hoffte, durch das Schild würde sie sich immer an mich erinnern. Das war ein weiterer Volltreffer unter meinen kreativen Geschenken!

Ich bemühte mich mit einmaligen Geschenken um Audrey, aber ich versuchte, auch in anderen Bereichen kreativ zu sein: Ich plante Ausflüge, Besuche bei Veranstaltungen und kreative Abenteuer. Dann kam der Tag, an dem ich etwas machte, obwohl ich nie gedacht hätte, dass ich für ein Mädchen je so weit gehen würde: laufen.

Es war Juni und es stand der Helvetia-Halbmarathon an, der zu den größten Wettläufen in ganz Oregon gehört und für den Helvetia neben der *Roloff Farm* berühmt ist. Die Vorbereitungen waren in der ganzen Stadt zu sehen und alle passionierten Läufer – auch Audrey – forcierten ihr Training. Ich jedoch war absolut kein Läufer. Wenn ich Fußball spiele, kann ich bis zum Umfallen laufen, denn da hat das Laufen wenigstens einen Sinn. Eine längere Strecke zu laufen, nur um zu laufen, war nicht meine Sache. Nein, danke.

Einige Wochen vorher hatte mich Audrey scherzhaft gefragt, ob ich mit ihr an dem Rennen teilnehmen wollte. Ich hatte ungefähr eine halbe Sekunde angestrengt nachgedacht und dann Nein gesagt. Am Morgen des großen Rennens aber wachte ich früher als üblich auf und hatte das Gefühl: *Wenn ich an diesem Halbmarathon nicht teilnehme, verpasse ich etwas. Will ich wirklich ein paar Stunden Schlaf einem einmaligen Erlebnis vorziehen? Ich will mit Audrey zusammen sein, selbst wenn das bedeutet, dass ich 20 Kilometer laufen muss.* Wieder fragte ich mich: *Was für eine Liebesgeschichte will ich?* Und wieder war die Antwort klar.

Also sprang ich aus dem Bett und kramte in meinem Schrank nach Laufschuhen. Ich fand lediglich ein altes Paar Hallenfußballschuhe, die an der Seite aufgerissen waren. Als ich sie in den

Schrank zurückwarf, fiel mein Blick auf meine *Vibram FiveFingers* in der Ecke. *Ja!* Selbst wenn dir dieser Name nichts sagt, hast du solche Schuhe bestimmt schon mal gesehen: Das sind diese peinlich hässlichen Gummischuhe, die aussehen, als liefe man barfuß. Ich schlüpfte also hinein, zog ein Fußballtrikot an und fuhr zum Startpunkt beim Hillsboro-Stadion in der Hoffnung, Audrey zu finden.

Ich stellte mein Auto ab und tauchte in der Masse aus über 3000 Läufern unter. Alle versuchten, den richtigen Startplatz zu finden. Es waren verschiedene Schilder aufgestellt, auf denen Zahlen standen, mit deren Hilfe man das eigene Tempo angeben sollte. Jeder sollte sich entsprechend seiner Laufgeschwindigkeit einordnen. Weil ich keine Ahnung hatte, stellte ich mich einfach zu dem Schild mit der Aufschrift *10M+*. Hier waren die Leute, die 10 Minuten oder mehr für eine Meile brauchten. Anschließend suchte ich die Gesichter nach Audrey ab und dachte: *Sie ist bestimmt überrascht, wenn sie mich sieht!*

Peng! Der Startschuss ertönte und das Rennen begann. Ich lief los und hoffte, ich würde sie während des Rennens irgendwo sehen. Nach einigen Kilometern fand ich, dass ich mich ganz gut schlage, doch erst als ich die Hälfte der Strecke geschafft hatte, wurde mir klar, dass ich Audrey unmöglich sehen würde. Das wiederum tat meiner Moral gar nicht gut. Ich überlegte sogar, mich wieder ins Bett zu legen, denn dazu hätte ich einfach nur über die Wiese links von mir laufen müssen, weil gleich dahinter unsere Farm lag. Aber ich tat es nicht. *Wenn ich sie schon nicht sehe, kann ich sie vielleicht wenigstens damit beeindrucken, dass ich das Rennen zu Ende bringe.* Aus Liebe hielt ich durch. Irgendwie schaffte ich es trotz der *Vibram FiveFingers* und ohne Training bis zur Ziellinie!

Ich humpelte mit schmerzenden Füßen zu meinem Auto zurück, als jemand meinen Namen rief. Auf der Wiese saßen einige aus Audreys Querfeldein-Team. Als ich fragte, wo Audrey sei, erfuhr ich, dass sie schon nach Hause gefahren war. Ich hörte, dass sie unter dem Schild für die Leute, die eine Meile in weniger als 7 Minuten liefen, gestartet waren und mit zu den Besten gehörten. Audrey war 7. der Gesamtwertung geworden und Beste in ihrer Altersgruppe. Wir unterhielten uns noch ein paar Minuten länger, bevor ich mich verabschiedete und weiter zu meinem Auto humpelte. Ich war froh, dass ich jetzt wenigstens Zeugen hatte, die meine Leistung bestätigen konnten.

Audrey hatte mich an diesem Abend zur Schulabschlussfeier ihrer Schwester eingeladen. Obwohl ich sonst niemanden kannte, beschloss ich hinzugehen. Ich hielt es für eine gute Gelegenheit, ihre Familie kennenzulernen, und hoffte insgeheim, dass sie Auj ermutigen würden, mir eine Chance zu geben. Aber natürlich war ich hauptsächlich wegen Auj dort – und wegen des Essens.

Ich erzählte Auj von dem Halbmarathon. Sie war total überrascht! Sie lachte über meine Anstrengungen und machte mir einen Teller mit Essen, das es in ihrer Familie immer nach einem Wettkampf gab: saftige gegrillte Rippchen, Käsenudeln und selbst gemachten Brombeerkuchen.

Einerseits war es sinnlos gewesen, an dem Rennen teilzunehmen, weil ich Audrey kein einziges Mal währenddessen gesehen hatte. Andererseits war es eine herrliche Belohnung, ihre Fragen, wie es gewesen war, zu beantworten und sie lachen zu hören. Der Halbmarathon wurde ein Teil unserer Geschichte. Bis heute scherzen wir darüber, dass ich nur ihretwegen einen Halbmarathon gelaufen bin.

Für den Rest des Sommers tauschte ich meine *Vibrams* gegen mein Fahrrad ein und fuhr neben ihr her, während sie für die Querfeldein-Saison trainierte. Manchmal erschienen mir meine Bemühungen sinnlos, weil Audrey sich emotional so sehr abgeschottet hatte, denn nach dem Laufen sagte sie oft einfach nur Tschüss und verschwand ohne ein weiteres Wort. Ich fuhr dann anschließend heim und fragte mich, ob ich eigentlich nur meine Zeit vergeudete. Aber Liebe ist beharrlich, kreativ und manchmal verrückt. Deshalb war ich fest entschlossen, weiter mit dem Rad neben ihr herzufahren.

Nachdem Audrey im Herbst wieder an die Uni zurückgekehrt war, sahen wir uns nur, wenn sie hin und wieder am Wochenende nach Hause kam. Als die Winterferien näher rückten, plante ich bereits unseren zweiten gemeinsamen Sommer. Es sollte der Sommer werden, in dem sich Audrey in mich verliebte. Um dafür die Voraussetzungen zu schaffen, musste ich Auj während der Winterferien zu einem offiziellen Date einladen.

Seit unserem Blind Date war fast ein Jahr vergangen, deshalb hatte ich schon eine ganze Weile vor, sie zu einem offiziellen Date einzuladen, aber ich machte mir Sorgen, dass ich sie damit vergraulen könnte. Doch nachdem ich mit ihrer besten Freundin darüber gesprochen hatte, hielt ich es für richtig, es zu wagen. Ich wollte damit erreichen, dass wir beide mit höheren Erwartungen an unsere Beziehung in den bevorstehenden Sommer gehen würden. Auch wenn es bestimmt längst offensichtlich war, sollte sie wissen, dass ich verrückt nach ihr war.

Nachdem ich eine halbe Stunde nervös auf dem Rasen vor unserem Haus auf und ab gegangen war, wählte ich schließlich ihre Nummer. Mit zittriger Stimme sagte ich, dass ich sie zu einem offiziellen Date einladen wollte, wenn sie während der Ferien zu Hause war. Ich war so erleichtert, als sie Ja sagte. Doch als ich nach diesem nervösen Gespräch gerade auflegen wollte, hörte ich mehrere Mädchen laut lachen. Offenbar hatte ich sie angerufen, als sie mit ihren Freundinnen im Auto gesessen hatte, und sie hatte es bequemerweise versäumt, mir zu verraten, dass alle mithörten. Ich war verlegen, aber nicht lange, denn ich war mir ziemlich sicher, dass ihre Freundinnen mich mochten.

Danach hatte ich das Gefühl, die Winterferien würden nie anfangen, doch als sie endlich kamen, war ich absolut bereit. Ich holte Audrey in Corvallis ab und brach mit ihr zu einer langen Fahrt durch die Hügel von Portland auf. Schließlich erreichten wir *Pittock Mansion*, ein schönes historisches Haus mit Blick auf die Stadt. Das Museum hatte geschlossen, aber wir setzten uns an einen Picknicktisch und unterhielten uns. Dann schlenderten wir durch die Gärten. Als wir schließlich wieder ins Auto stiegen, fuhren wir zur *Rock Creek Tavern*. Das ist eine alte Scheune, die zu einem Restaurant umgestaltet wurde und sehr idyllisch gelegen ist. Im großen gemauerten Kamin brennt immer ein Feuer, und eine ruhige Musik untermalt das gedämpfte Licht und die heimelige Atmosphäre.

Wir saßen in der *Dating-Nische* (ja, so hieß dieser Tisch wirklich) unter der Treppe und unterhielten uns wunderbar, dabei lachten wir viel und schmiedeten Pläne für den bevorstehenden Sommer.

Nach einiger Zeit trat ein älteres Paar beim Hinausgehen an unseren Tisch und sagte: „Danke."

Als wir fragten, wofür sie sich bedankten, lächelten sie und sagten: „Danke, dass ihr so verliebt seid, und danke, dass ihr nicht am Handy hängt."

Uns war das peinlich, da wir noch weit davon entfernt waren, zuzugeben, dass wir uns liebten, aber das verrieten wir nicht. Ich freute mich über die Bemerkung dieses Paares, denn das gab Auj hoffentlich einen weiteren Anstoß, sich in mich zu verlieben. In mir loderten bei solchen Bemerkungen meine Gefühle richtig auf, und ich wollte glauben, dass diese Gefühle auf Gegenseitigkeit beruhten. Deshalb schürte ich das Feuer unserer Beziehung, und jede Bestätigung war für mich wie ein trockenes Holzstück, das ins Feuer geworfen wurde.

Wir blieben noch eine gute Stunde lang sitzen, nachdem wir gegessen hatten, und bei Kaffee und Eis träumten wir von unseren Sommerabenteuern. Wir wollten unsere gemeinsame Zeit voll ausnutzen. Deshalb hielten wir unsere Sommerpläne schriftlich fest.

Nach den Winterferien ging Audrey zwar wieder zur Uni, aber wir waren uns spürbar nähergekommen. Während des ganzen Winters und Frühjahrs sahen wir uns nur, wenn Audrey am Wochenende nach Hause kam oder ich meinen Freund Scott in Corvallis besuchte – auch wenn Scott für mich eher ein Vorwand war, um Audrey zu besuchen.

Dann kam Audrey zu den Sommerferien nach Hause, und was danach passierte, weißt du ja schon: Es folgte *unser* Sommer, in dem die Zeit keine Rolle spielte. Wie ich gehofft hatte, fragte ich Audrey am Ende unseres zweiten Sommers, ob sie meine Freundin sein wolle, und wir warfen unsere Schuhe über das Drahtseil unter der Eisenbahnbrücke.

Als dann anschließend unsere Fernbeziehung begann, wusste ich, dass ich weiterhin kreativ sein musste, wenn unsere Liebe überleben sollte. Wir wussten beide, dass unsere Beziehung durch Textnachrichten und Skype-Gespräche allein nicht wachsen würde. Wir brauchten mehr, um die 1500 Kilometer Entfernung zu überbrücken. Deshalb machten wir uns, als der Sommer zu Ende ging, darüber viele Gedanken. Was würde unsere Liebe trotz der großen Entfernung am Leben erhalten? Unsere Antwort lautete: eine bewusste Entscheidung, Kreativität und Treue.

Wir mussten uns für unsere Liebe nicht anstrengen, aber gleichzeitig mussten wir alles für sie tun und wollten uns weiterhin kreativ umeinander bemühen. Wir wollten auf keinen Fall träge werden. Trägheit wäre das Ende unserer Beziehung gewesen. Deshalb kamen wir auf die Idee, uns Briefe zu schreiben. Konnte es einen besseren Weg geben als diese bewusste, kunstvolle Art der Kommunikation, die schon die Romantiker früherer Zeiten praktiziert hatten? Bevor ich zu meinem neuen Wohnort aufbrach, überreichte ich Audrey meinen ersten Brief. Ich war sicher, dass wir einen Weg finden würden.

Als ich in Santa Barbara ankam, ging ich als Erstes in einen Antiquitätenladen und kaufte mir eine manuelle Schreibmaschine. Ich wollte Briefe von Hand schreiben und ich wollte Briefe mit der Schreibmaschine tippen. Das Tippen auf der Schreibmaschine war mühsam, aber es war eine bewusste Entscheidung. Jeder Brief, den ich schrieb, stand für mindestens eine Stunde, die ich in unsere Liebe investierte.

Ich glaube, dass sich Liebe in dem zeigt, was wir füreinander tun. Und ich glaube, das hat Audrey gemerkt. Wir versprachen uns, einander Briefe zu schreiben, weil das greifbar, romantisch und kreativ war. Eine solche Beziehung wollten wir. Dabei blickten wir auch in die Zukunft, und uns gefiel die Vorstellung, dass wir eines Tages eine große Holzkiste voll mit Briefen haben würden.

In der Zeit, in der wir getrennt waren, war es für mich besonders schwer, dass ich meine vielen neuen Erlebnisse nicht zusammen mit Audrey machen konnte. Dazu gehörte auch der

Geruch des Nachtjasmins, den ich während meiner abendlichen Spaziergänge genoss. Dieser Jasmin ist eine buschige Pflanze mit schönen, weißen Blüten, die sich nur nachts öffnen, wenn die Luft noch warm ist. Mir gefiel, wie die Blüten im Licht der Straßenlaternen leuchteten und im Wind, der vom Ozean kam, tanzten. Ich versuchte, sie Audrey zu beschreiben, aber es war nicht das Gleiche, wie sie mit ihr zusammen zu sehen und zu riechen.

Da ich ihr meine Liebe auf kreative Weise zeigen wollte, pflückte ich eines Nachts einige Blüten und steckte sie in meinen nächsten Brief. Als sie den Brief bekam, rief sie mich sofort an und sagte, die Blumen würden sogar noch besser duften, als ich sie beschrieben hatte. Damit wurde der Duft von Nachtjasmin einer ihrer Lieblingsdüfte. Audrey befasst sich inzwischen sehr mit Ölen und Essenzen und hat ein Deo kreiert, das sie *Nachtjasmin* genannt hat. Wenn ich diesen Duft an ihr rieche, werden bei mir immer Erinnerungen an jene Zeit geweckt.

Auch später bemühte ich mich, ihr auf kreative Art meine Liebe zu zeigen. Manchmal rief ich in Geschäften in Corvallis an und ließ Audrey Schokolade oder Blumen nach Hause liefern. Oder ich bat ihre Freundinnen, mir hier und da einen kleinen Gefallen zu tun, zum Beispiel eine Nachricht von mir in das Buch zu legen, das Audrey gerade las.

Auch Audrey suchte nach kreativen Wegen, um mir ihre Liebe zu zeigen. So kam sie zum Beispiel an meinem Geburtstag zu einem Überraschungsbesuch nach Santa Barbara. Sie hatte mit meinem Mitbewohner ausgemacht, dass er sie heimlich vom Flughafen abholen würde.

Es muss ein Uhr morgens gewesen sein, als sie auf mein Bett sprang und rief: „Überraschung! Alles Gute zum Geburtstag!" James stand lachend an der Tür und filmte die Szene.

Ich wache normalerweise nicht leicht auf, deshalb dauerte es eine Weile, bis ich begriff, dass ich nicht träumte. Zuerst habe ich nur verwirrt „Audrey?“ gefragt. Aber als sie mich umarmte und ich ihr Parfum roch, wusste ich, dass sie wirklich da war.

Ich fühlte mich in diesem Moment so geliebt. Ich wusste, wie viel Mühe und Planung es Audrey gekostet hatte, um von ihrem Studium und ihrem Training freizubekommen und ihren Aufenthalt in Santa Barbara zu koordinieren. Und das alles, ohne dass ich etwas wusste.

Ich vergaß anschließend für ein paar Tage nur allzu gerne mein Studium und erkundete mit Audrey zusammen Santa Barbara. Das war zwar nicht ihr erster Besuch, aber es gab so vieles, das ich ihr zeigen wollte. Wir fuhren in *Blue Moon* in die Santa Ynez Mountains zum Wandern, aßen in der berühmten *Cold Spring Tavern* in den Hügeln von Santa Barbara und besuchten alle meine Lieblingscafés. Ich zeigte ihr, wie man Fußball spielt und auf einer Slackline balanciert. Manchmal fanden wir eine gute Stelle am Strand, wo wir eine Weile saßen und lasen, während das Rauschen der Wellen alles andere übertönte. Wir sehnten uns danach, auch die einfachsten Dinge zusammen zu machen.

Als wir abends barfuß am Strand spazieren gingen, schaute mich Audrey an und fragte: „Willst du ins Wasser gehen?“

„Es ist ziemlich kalt“, sagte ich und lächelte ebenfalls.

Doch noch bevor ich das Für und Wider abwägen konnte, lief sie bereits vollkommen angekleidet auf die Wellen zu. Ich folgte ihr. Das Adrenalin sorgte dafür, dass uns warm blieb, während nach und nach die Sterne am Himmel erschienen. Audrey strahlte etwas aus, das mir das Gefühl gab, frei zu sein. Und ich spürte, dass es ihr mit mir genauso ging.

Als uns dann doch kalt wurde, liefen wir zum VW-Bus zurück und wickelten uns in Strandtücher. Audrey zog ein Hemd von mir an und ich lud sie in das einzige Café in Santa Barbara ein, das rund um die Uhr geöffnet hat. Wir tranken Chai Latte und unterhielten uns darüber, wie schön es war, einfach zusammen zu sein. Wir nahmen unsere gemeinsame Zeit nie als selbstverständlich.

Als Audrey nach ihrem Geburtstagsbesuch nach Corvallis zurückflog, litt ich unter *PABS*. So bezeichnete mein Mitbewohner James mein *Post-Audrey-Blues-Syndrom*. Ich war immer ein wenig deprimiert, wenn ich mich von ihr verabschieden musste. Besonders dann, wenn wir nicht wussten, wann wir uns das nächste Mal wiedersehen würden. Dann fiel mir der Abschied immer besonders schwer. Das Leben war viel leichter, wenn wir zusammen waren, aber unsere Fernbeziehung zwang uns, weiterhin kreative Möglichkeiten zu suchen, uns unsere Liebe zu zeigen.

Unsere Briefe waren eine tragende Säule für unsere Beziehung und unsere kreative Art, uns unsere Liebe zu zeigen. Aber sie waren nicht das Entscheidende, was uns in dieser Zeit durchgetragen hat. Die bewusste Entscheidung und die Geduld, die nötig waren, diese Briefe zu schreiben, sie abzuschicken und auf sie zu warten, machten unsere Beziehung spannend. Aber letztendlich waren es nicht die Briefe, sondern unser Bemühen, dem anderen auf kreative Art unsere Liebe zu zeigen.

AUDREY

Jeremy und ich haben drei Jahre lang unermüdlich in unsere Briefkästen geschaut. Ich schaute in meinen Briefkasten, als wäre es der Kühlschrank, damit meine ich, dass ich ihn mehrmals am Tag aufmachte und hoffte, etwas zu finden, das beim letzten Mal noch nicht da gewesen war. Jedes Mal, wenn ein Brief darin lag, kam ich mir vor, als würde ich eine Schokoladentafel von Willy Wonka mit einer goldenen Eintrittskarte öffnen. Besonders wenn Jeremy den Brief auf seiner Schreibmaschine geschrieben hatte.

Ich las Jeremys Briefe mehr als nur einmal, und ich musste mich oft stark beherrschen, um ihn nicht sofort anzurufen und über das, was er geschrieben hatte, mit ihm zu sprechen. Uns war es wichtig, dass wir einige Dinge nur schriftlich besprachen, und wir wollten nicht, dass unsere Telefongespräche den Inhalt unserer Briefe verwässerten.

Die Vorfreude und die Gefühle, die wir in unseren Briefen ausdrückten, halfen uns, die weite Entfernung zu ertragen, besonders wenn die Briefe *Extras* enthielten. Jeremy fügte oft Gedichte, Fotos, Düfte aus Santa Barbara, CDs mit seinen Lieblingsliedern und andere kleine, kreative Geschenke hinzu, die mich an ihn erinnerten. Ich legte ebenfalls Fotos und Gedichte (obwohl sie eher lustig als ernst waren) in die Umschläge, besprühte meine Briefe mit Parfum und schickte ihm kleine Geschenke, die ihn an mich erinnern sollten.

Neben den Briefen suchten wir ständig Möglichkeiten, wie wir in unserer Beziehung wachsen konnten. Wir lasen die gleichen Bücher und hörten uns die gleichen Podcasts an, damit wir auch noch über etwas anderes sprechen konnten als darüber, was wir an den Tagen, an denen wir getrennt waren, erlebten. Manchmal machten wir zusammen auf Skype unsere Hausaufgaben. Wir kämpften uns gemeinsam durch unsere Arbeit und unterbrachen sie immer wieder, um einander mit einer tiefen Sehnsucht anzusehen. Wir lasen uns Bücher laut vor – hauptsächlich von C. S.

Lewis, Francis Chan und Timothy Keller – und tauschten uns darüber aus.

Was Telefongespräche anging, fanden wir bald heraus, dass wir uns einander näher fühlten, wenn wir nicht so oft, aber dafür tiefere Gespräche führten, als oft zu telefonieren, aber nur oberflächliche Dinge zu besprechen. Anrufe am Abend, bei denen wir nur erzählten, was an dem Tag vorgefallen war, waren zumeist eher frustrierend als hilfreich. Außerdem wurden wir dabei viel zu oft durch Hausaufgaben, Mitbewohner oder Kochen abgelenkt und konnten nicht lange genug miteinander sprechen, um die Gefühle des anderen richtig zu deuten. Dann legten wir auf und waren nicht sicher, was der andere fühlte oder was er mit etwas, das er gesagt hatte, tatsächlich meinte. Meine Güte – bis heute empfehlen wir niemandem eine Fernbeziehung! Das ist nichts für Leute mit schwachen Nerven.

Wir akzeptierten, dass es im Grunde besser war, einige Tage nicht miteinander zu sprechen und dafür genug Zeit einzuplanen, um ein Gespräch führen zu können, das mehr war als nur der reine Austausch über den zurückliegenden Tag. Außerdem nahmen wir uns vor, bei unseren Skype- und Telefongesprächen konkrete Themen zu besprechen. Manchmal beteten wir füreinander, planten, was wir das nächste Mal, wenn wir zusammen waren, unternehmen wollten, oder sprachen über konkrete Ereignisse aus unserer Vergangenheit, die uns geprägt hatten.

Wir waren fest entschlossen, uns einander nahe zu sein, auch wenn uns viele Kilometer trennten. Wir waren entschlossen, miteinander zu sprechen, auch wenn unsere Internet- oder Telefonverbindung manchmal Probleme machte. Denn wir wussten, dass es für unsere Beziehung lebensnotwendig war, uns treu und kreativ unsere Liebe zu zeigen.

In einem Jahr unternahm Jeremy mit seinen Freunden einen Ausflug nach Utah, doch in diese Zeit fiel zufällig der Valentinstag. Auch wenn wir nicht zusammen sein konnten, wollte ich ihm aus der Ferne meine Liebe zeigen. Also beschloss ich, ihm einen riesigen Kuss zu schicken – im übertragenen und im wörtlichen Sinn. Ich backte eine Ladung meiner berühmten Rice-Krispies-Kekse, aber statt sie auf einem Blech abkühlen zu lassen, kippte ich die klebrige Masse in einen riesigen Trichter. Anschließend formte ich mit den Händen daraus einen *Hershey Kiss*. Zum Schluss überzog ich ihn mit Schokolade und wickelte ihn in Alufolie. Dann legte ich meinen knallroten Lippenstift auf und küsste einen weißen Papierstreifen. Dieser Streifen sollte die „Küsse" darstellen, die oben heraussahen.

Ich schrieb Jeremy einen Brief und packte alles in eine schöne rot-weiße Schachtel. Weil ich von einem seiner Freunde ihre Adresse erbeten hatte, konnte ich mein Paket so abschicken, dass es am selben Tag wie Jeremy dort ankam. Es versteht sich von selbst, dass ich es nicht erwarten konnte, dass er es auspackte.

Jeremy meldete sich über Facetime bei mir, als er das Paket erhielt. Ich konnte also zusehen, wie er es öffnete. Seine Reaktion fiel so aus, wie ich gehofft hatte! Er sagte, er habe sich über alle Maßen geliebt und wertgeschätzt gefühlt, als er mein Geschenk bekam. Später erklärte er mir, dass für ihn das Wichtigste an dem Geschenk nicht der riesengroße Rice-Krispies-Kuss war, sondern die Worte in meiner Valentinskarte.

Ob du es glaubst oder nicht, aber ich war wirklich überrascht, dass Jeremy sich über meine Ermutigung so sehr freute. Ich hatte den Eindruck, dass Jeremy ständig von allen Seiten für irgendetwas gelobt oder bewundert wurde – seine Oldtimer, sein Fußballtalent, die Dinge, die er baute, seine Fotografie oder etwas, das er im Fernsehen machte oder sagte. Ganz abgesehen von den vielen positiven Kommentaren, die die Leute zu seinen Posts in den sozialen Medien abgaben. Ich dachte, es würde ihm wahrscheinlich nicht viel bedeuten, wenn er von mir ähnliche Komplimente bekam, aber das war ein Irrtum. Worte der Ermutigung und Bestätigung von dem Mädchen, das er liebte, zu bekommen, bedeutete ihm mehr als tausend Komplimente von Fremden. Für Jeremy sagte eine Karte mit Lob und Anerkennung viel deutlicher, dass ich ihn liebe, als ein Geschenk, das ich ihm gebe.

Während wir versuchten, uns auf kreative und aussagekräftige Weise unsere Liebe zu zeigen, schlug ich vor, dass wir den Liebessprachen-Test machen. Wir kannten beide das Buch *Die fünf Sprachen der Liebe* von Gary Chapman, aber keiner von uns hatte je den Test gemacht, um herauszufinden, was seine Sprache der Liebe sein könnte.[6]

Die fünf Sprachen der Liebe sind:

Lob und Anerkennung
Zweisamkeit – die Zeit nur für euch
Geschenke, die von Herzen kommen
Hilfsbereitschaft
Zärtlichkeit

Natürlich freut sich fast jeder über alle fünf Sprachen der Liebe, aber der Test hilft einem, seine eigene Muttersprache der Liebe zu erkennen. Man erfährt hier, was diese Sprache der Liebe bedeutet, und bekommt Vorschläge, wie man die Sprache der Liebe in einer Beziehung nutzen kann.

Wir machten den Test, während wir miteinander telefonierten, und sprachen über unsere Ergebnisse. Meine zwei wichtigsten

Sprachen der Liebe bewegten sich zwischen Zweisamkeit und Geschenken. Jeremys wichtigste Sprachen der Liebe bewegten sich zwischen Lob und Anerkennung und Zärtlichkeit.

Als wir über diese Ergebnisse nachdachten, bekamen wir neue Ideen, wie wir uns kreativ und konkret unsere Liebe zeigen können. Das hat die Art, wie wir einander unsere Liebe zeigen, verändert, und es hat uns geholfen, einander besser zu verstehen. Ich nahm mir bewusster vor, Jeremy mit Lob und Anerkennung zu überschütten, seine Hand zu halten und nie zu vergessen, ihn zum Abschied zu umarmen. Jeremy erfuhr, wie sehr ich mich durch seine vielen selbst gemachten Geschenke und Überraschungsbriefe geliebt fühlte. Er erfuhr auch, wie wichtig mir die Zeit nur mit ihm allein war.

Durch den Liebessprachentest und unser Gespräch darüber erfuhren wir, wie wichtig es ist, in Bezug auf den anderen neugierig zu bleiben. Wir waren uns einig, dass wir, egal wie lange wir schon zusammen waren, immer mehr über den anderen lernen konnten: unsere Vorlieben, unsere Vergangenheit, unsere täglichen Erfahrungen, unsere Kämpfe, unsere Siege, unsere Ängste, unsere Hoffnungen und Träume. Wir wussten, dass dies immer wichtiger werden würde, je länger unsere Beziehung dauerte, denn wir würden uns im Laufe der Jahre unausweichlich verändern und wachsen. Dieses Wissen fanden wir spannend, und es spornte uns an, immer auf den anderen neugierig zu bleiben.

In der Bibel steht: „Entsprechend gilt für euch Männer: Zeigt euch im Zusammenleben mit euren Frauen verständnisvoll" (1. Petrus 3,7; NGÜ). Erstens denke ich, dass es auf der Erde keine Frau gibt, die nicht will, dass der Mann, den sie liebt, verständnisvoll ist. Zweitens führen Missverständnisse in Beziehungen oft zu Spannungen. Mir ist bewusst, dass sich diese Bibelstelle an Ehemänner richtet, aber ich glaube, dass dies auch für Frauen ein weiser Rat ist. Wir können den anderen lieben, indem wir versuchen, ihn zu verstehen. Dabei müssen wir bereit sein, immer mehr über den Menschen, den wir lieben, zu lernen. Wir müssen einander studieren – immer wieder Fragen stellen und neugierig bleiben. *Die fünf Sprachen der Liebe* haben uns wirklich geholfen, einander kreativ und konkret unsere Liebe zu zeigen.

JEREMY

Eines der schönsten Geschenke, das ich von Audrey bekommen habe, schenkte sie mir in unserem ersten Ehejahr. Es fing als kreative Idee an. Daraus entwickelte sich viel mehr, als sie vorher ahnen konnte. Audrey fand es lustig, mir zum Geburtstag einmal etwas anderes zu schenken als sonst üblich, denn statt eines materiellen Geschenks schenkte sie mir einen neuen Bekannten. Ich folgte schon eine ganze Weile online einem bestimmten Mann, dessen Arbeit und Texte ich bewunderte. Audrey wusste davon, und so arrangierte sie mithilfe von gemeinsamen Freunden ein Treffen mit ihm.

Auj erzählte mir, dass wir zum Paragliding fahren, aber vorher eine Kleinigkeit essen würden. Als wir auf das Restaurant zugingen, sprach mich dann ein Mann an.

Ich erkannte ihn sofort und fragte: „Dale?"

„Jeremy, schön, dich kennenzulernen", antwortete er.

Überrascht und verwirrt schaute ich Audrey an. Sie grinste breit und rief: „Überraschung!"

Wir unterhielten uns den ganzen Nachmittag über Jesus, einen biblischen Lebensstil und unsere Kultur. Als wir nach diesem Gespräch heimfuhren, fühlte ich mich unbeschreiblich ermutigt und herausgefordert. Audrey hatte keine Ahnung, dass aus diesem Geschenk eines Tages ein Mentor und ein wunderbarer Freund werden würde. Ihr Geschenk entwickelte sich zu viel mehr, als sie damals ahnen konnte.

In unserem ersten Ehejahr wohnten wir in Los Angeles. Audrey hatte damals einen anstrengenden Job, für den sie jeden Tag um 2:45 Uhr aufstehen musste. Ja, du hast richtig gelesen. Sie pendelte durch halb L.A. – das allein ist schon eine große Herausforderung – und musste Ladenbesitzer überreden, das Produkt ihrer Firma zu kaufen: Wein. Diese Arbeit laugte sie sowohl emotional als auch körperlich aus. Audrey war ausgebrannt.

Da ich ihre Sprache der Liebe kannte, wusste ich, dass sie hin und wieder für ein paar Stunden aus dieser Tretmühle ausbrechen musste, dass sie ein wenig Spaß und Zeit nur mit mir alleine brauchte. Also hatte ich eines Tages, als sie nach Hause kam, eine Strecke ausgesucht und das Motorrad mit unseren Laufsachen bepackt. Als sie das sah, lächelte sie müde und ließ erleichtert die Schultern sinken. Wir fuhren auf *Fox* – unserer Honda CB360T – den Laurel Canyon Boulevard hinauf und zum Mulholland Drive hinüber und dann weiter zum Hollywood Reservoir. Hier war Auj noch nie zuvor gewesen. Dort liefen wir eine Runde und gingen danach Eis essen. Auf der Rückfahrt fiel mir auf, dass sie die Arme besonders fest um mich legte.

Kreative Liebe verlangt Fantasie. Aus eigener Erfahrung wissen wir, dass sich die Mühe immer lohnt! Jeder hat eine kreative Seite und eine Liebesgeschichte, die nur darauf wartet, dass wir sie ausleben. Gott, der Schöpfer, hat dich und mich nach seinem

Bild geschaffen (1. Mose 1,27; Jesaja 64,8). Das heißt, dass Gott uns mit Kreativität geschaffen hat. Allein schon die Tatsache, dass zwei Menschen nicht identisch aussehen oder handeln, ist unbeschreiblich großartig und kreativ. Das ist ein Beweis, dass du – ja, *du* – kreativ bist und dass deine Liebesgeschichte ebenfalls kreativ sein kann. Audrey und ich glauben, eine kreative Liebesgeschichte ist eine wunderbare Möglichkeit, die Liebe, mit der uns Jesus liebt, nachzuahmen. Jedes Mal, wenn du deine Liebe auf sinnvolle und kreative Art zum Ausdruck bringst, kannst du voll Zuversicht sagen: „Da gibt es noch mehr!"

Denn Gottes Macht, die in uns wirkt, „kann viel mehr tun, als wir jemals von ihm erbitten oder uns auch nur vorstellen können" (Epheser 3,20).

Mit diesen Beispielen wollen wir euch sagen: Findet eure Sprache der Liebe heraus. Überrascht einander. Schwimmt im Meer. Lasst euch kreative Geschenke einfallen. Unternehmt etwas Spontanes miteinander. Engagiert einen Babysitter. Legt eure Handys weg und werdet kreativ. Bemüht euch um eine Liebe, die eine Geschichte erzählt. Egal, ob du gerade Single bist und dich um einen Menschen bemühst, ob ihr am Anfang einer Beziehung steht, ob ihr verlobt seid und euch auf die Ehe vorbereitet oder ob ihr verheiratet seid: Ihr habt eine einmalige Liebesgeschichte. Seid kreativ und schreibt diese Geschichte immer weiter!

Schluss gemacht

AUDREY

Am 3. März 2012 hätte ich unsere Liebesgeschichte fast ruiniert.

Unsere Querfeldein-Mannschaft traf sich an diesem Tag nicht zum gemeinsamen Training. Deshalb startete ich allein zu einem 45-Minuten-Lauf. Während ich auf die Weizenfelder von Corvallis zusteuerte, schallte die Musik von *Needtobreathe* aus meinem Kopfhörer, aber nach der Hälfte der Strecke schaltete ich sie aus. Ich brauchte meine Ruhe.

Seit mehreren Monaten fühlte ich mich gestresst und ausgebrannt. Ich suchte verzweifelt nach Gottes Führung, besonders in Bezug auf meine Beziehung zu Jeremy. Seit Wochen hatte ich das Gefühl, dass ich mit ihm Schluss machen sollte. Eine Fernbeziehung stellt eine große Herausforderung dar, und ich kam mir wie eine furchtbare Freundin vor, weil ich unserer Beziehung nicht alles geben konnte. Wenn ich mich für etwas entscheide, mache ich es hundertprozentig. Doch je mehr ich das Gefühl hatte, dass ich unserer Beziehung nicht alles geben könne, desto mehr wuchs mein Wunsch, Schluss zu machen, bevor die Beziehung von alleine in die Brüche ginge.

Als ich zum Campus zurücklief, war ich ziemlich sicher, dass ich Schluss machen müsste, aber allein schon die Vorstellung, unsere Liebesgeschichte zu beenden, war wie ein schmerzlicher Stich in mein Herz. Widersprüchliche Gedanken kreisten in meinem Kopf, während ich auf dem Campus einen unfreiwilligen Slalomlauf zwischen den vielen Leuten und Rucksäcken machte. Ich kam mir vor, als liefe ich im Zeitlupentempo.

Als ich deshalb mein Tempo anziehen wollte, spürte ich plötzlich einen stechenden Schmerz im Magen, der mir das Atmen schwer machte. Deshalb hörte ich auf zu laufen und beugte mich über meine Knie, um Luft zu bekommen. Während ich dann versuchte, mich wieder aufzurichten, wurden die Schmerzen immer schlimmer. Ich merkte, dass mit mir etwas ganz und gar nicht stimmte, weshalb ich meine Mitbewohnerin anrief und bat, mich abzuholen. Noch während ich mit ihr sprach, verlor ich das Bewusstsein.

Dass ich Magenprobleme hatte, war für mich nichts Neues, denn seit ungefähr einem Jahr wurde mir fast von allem, was ich aß, schlecht. Außerdem erwachte ich oft mit so schlimmem Sodbrennen, dass ich kaum Luft bekam. Durch das Laufen wurden die Magenschmerzen leider noch schlimmer, doch ich trainierte trotz meiner Schmerzen weiter, denn ich war fest entschlossen, am Wettkampf im Frühjahr teilzunehmen. Aber da die Schmerzen seit Monaten anhielten, hatte ich begonnen, ärztlichen Rat einzuholen.

So kam es, dass ich in diesem Jahr mehr Zeit bei Ärzten verbrachte als in meinen Vorlesungen. Ich war bei Gastroenterologen, Heilpraktikern, Ernährungsberatern, Allergologen und Akkupunkteuren, die bei mir einen Reizdarm, Gallenblasenprobleme und Lebensmittelallergien diagnostizierten, aber keine der verordneten Behandlungen schlug an. Neben den Arztbesuchen verbrachte ich viel Zeit mit Lebensmittelkaufen und

Kochen, da ich ständig ausprobieren musste, was ich vertragen konnte. Außerdem war ich ehrenamtliche Leiterin eines christlichen Schulprogramms namens *Young Life* und natürlich war da auch noch mein voller Stundenplan an der Uni. Es war alles einfach zu viel. Ich war gestresst, überfordert und konnte nicht mehr.

Vielleicht kennst du den Bibelvers: „Alles kann ich durch Christus, der mir Kraft und Stärke gibt" (Philipper 4,13). In der Bibel stehen viele ähnliche Verse und sie halfen mir, in meiner Schul- und Studienzeit durchzuhalten. Aber es ist nun einmal so, wie meine Mutter immer sagt: „Du kannst alles, aber du kannst nicht alles gleichzeitig machen."

Neben den Versen, die zum Durchhalten auffordern, stehen in der Bibel aber auch viele Verse zum Thema *Ruhen.* „Kehrt doch um zu mir und werdet ruhig, dann werdet ihr gerettet! Vertraut mir und habt Geduld, dann seid ihr stark!" (Jesaja 30,15). Jesus selbst sagt: „Kommt alle her zu mir, die ihr euch abmüht und unter eurer Last leidet! Ich werde euch Ruhe geben" (Matthäus 11,28). Bis zu diesem Zeitpunkt hatte ich diese Verse meistens ignoriert.

Es war Ironie des Schicksals – oder Vorsehung –, dass ich genau vor dem studentischen Gesundheitszentrum zusammenbrach. Offenbar hatte jemand eine erschöpfte Läuferin mitten auf der Straße zusammenbrechen sehen und den Rettungswagen gerufen, denn wenige Minuten später hörte ich die Sirenen und fühlte die gaffenden Blicke neugieriger Kommilitonen. Mir war dieser Schwächeanfall in der Öffentlichkeit so peinlich, dass ich fest entschlossen war, bei Bewusstsein zu bleiben, damit ich mich dagegen wehren konnte, von den Sanitätern ins Krankenhaus gebracht zu werden. Ich doch nicht!

Noch bevor der Rettungswagen eintraf, kam mir eine Ärztin aus dem studentischen Gesundheitszentrum zu Hilfe. Sie brachte mich ins Gebäude und schloss mich an mehrere Überwachungsmonitore an. Die Sanitäter, die inzwischen eingetroffen waren, folgten uns ins Untersuchungszimmer, um sich zu vergewissern, dass es mir gut ging. Ich erinnere mich nicht genau, wie es dann weiterging. Ich weiß nur, dass die Ärztin wegen meines Pulses besorgt war und mir etwas geben wollte, um ihn zu beruhigen. Mit keuchenden Atemzügen und obwohl ich alles nur verschwommen sah, weigerte ich mich vehement gegen jedes medizinische Eingreifen. Und so saß ich in einem Zimmer der Notaufnahme, bis sich mein Puls beruhigte und ich wieder normal atmen konnte.

Die Ärzte wollten weitere Untersuchungen bei mir durchführen, aber ich wollte das nicht. Ich wollte einfach nicht da sitzen und mit einer Ärztin im Praktikum reden, die meinte, sie würde meine rätselhaften Gesundheitsprobleme im Nu lösen. Bis dahin war ich bei zig Ärzten gewesen und hatte unzählige Untersuchungen hinter mir, aber niemand hatte mir klare Antworten geben können. Kein Wunder, dass ich die Nase voll hatte und kein Versuchskaninchen mehr sein wollte.

Ich schob den Vorfall auf meine chronischen Magenprobleme, aber rückblickend glaube ich, dass ich eine Panikattacke hatte. Der ganze körperliche, mentale und emotionale Stress hatten mich an den Rand des Abgrunds gebracht, und der Gedanke, mit Jeremy Schluss zu machen, gab mir den Rest. Ich wusste, was ich in diesem Moment am meisten brauchte. Ich brauchte keine Medikamente oder Untersuchungen. Ich brauchte keine ärztliche Hilfe. Ich brauchte die Hilfe von Jesus, aber nicht im Gesundheitszentrum.

Und wo ich diese Hilfe zu erhalten hoffte, war zum Glück bereits geplant, denn ich wollte an dem darauffolgenden Wochenende mit meiner Mentorin Shirley und einigen Mitbewohnerinnen an den Strand fahren. Es gab zwei Frauen, die mich während meines Studiums als Mentorinnen begleiteten. Sie waren meine Therapeutinnen, meine Gebetskämpferinnen, meine größten Fans und meine Wahrheit-Sagerinnen. Ohne Shirley und Jamie hätte ich das Studium nicht geschafft. Der Herr segne sie, sie haben mich am Leben erhalten.

Jedes Trimester veranstaltete Shirley mit einer kleinen Gruppe ein Schweigewochenende. Zunächst schwiegen wir 24 Stunden lang, und dann brachen wir das Schweigen bei einem gemeinsamen Essen, bei dem wir uns erzählten, was Gott uns in der Stille zugeflüstert hatte. Weil ich diese Einkehrtage, die ich so dringend benötigte, nicht versäumen wollte, weigerte ich mich gegen weitere medizinische Untersuchungen.

Auf der einstündigen Fahrt zur Küste plauderten alle anderen miteinander, aber ich begann bereits mit dem Schweigen. Ich schaute während der Fahrt aus dem Fenster und überlegte, wie ich Jeremy sagen sollte, dass ich unsere Beziehung beenden möchte. Ich hasste den Gedanken, ihm die schreckliche Textnachricht „Wir müssen reden" zu schicken. Er wusste, dass ich zu einem Schweigewochenende fuhr, und wünschte mir eine gute Zeit. Ich schrieb ihm zurück, dass ich ihn noch anrufen würde, bevor ich mein Handy fürs Wochenende ausschaltete.

Als wir ankamen, gingen alle ins Haus und packten ihre Taschen aus, während ich hinaus zur Garage ging, um Jeremy kurz anzurufen. Aus dem kurzen Anruf wurden drei Stunden. Zuerst entschuldigte ich mich, dass ich eine so furchtbare Freundin war und unserer Beziehung nicht das geben konnte, was ich gerne geben würde. Ich konnte ihn nicht besuchen, weil ich jedes Wochenende beim Querfeldein-Training oder bei Wettkämpfen war. Und unter der Woche studierte ich oder war beim Arzt. Das Gefühl, dass ich in unserer Beziehung immer nur die Nehmende war, machte mich müde.

Ich erklärte, wie schwer es für mich war, die Geschichten von seinen Abenteuern und den neuen Freunden, die er kennenlernte, zu hören, während mein Leben im Vergleich zu seinem so stressig war. Mir fiel es immer schwerer, in unserer Beziehung offen zu sein. Ich wusste nicht, wie ich ihm von meinen gesundheitlichen Problemen und meinen emotionalen Kämpfen erzählen sollte. Mich stresste meine Krankheit so sehr, dass ich mich allmählich fragte, ob mich nicht der Stress krank machte. Wenn meine Krankheit nicht besser wurde, hatte ich Angst, dass Jeremys emotionale Mauern ihn vielleicht daran hindern würden, mich trotzdem zu lieben. Um künftigen Schmerz zu vermeiden, musste ich mit ihm Schluss machen, bevor ich diesen Punkt erreichte.

Nachdem ich ihm erzählt hatte, dass ich beim Laufen zusammengebrochen war, fuhr ich fort: „Bei allem, was im Moment in meinem Leben los ist, habe ich einfach das Gefühl, dass mir unsere Beziehung zu viel ist. Ich muss mich auf meine Gesundheit, mein Studium und das Laufen konzentrieren. Ich bin emotional so ausgelaugt."

Seine großzügige Antwort machte es mir noch schwerer. „Audrey, wir müssen nicht jeden Tag telefonieren", sagte er. „Und du brauchst für mich nichts zu machen. Ich will nicht, dass du dich gestresst fühlst. Ich will einfach für dich da sein."

„Ja, ich weiß", sagte ich, „aber ich brauche Abstand." *Schweigen.* Ich konnte selbst durchs Telefon fühlen, wie ihn meine Worte fertigmachten.

„Ich halte eigentlich nichts von Abstand", sagte er schließlich. „Bist du sicher, dass du das willst? Ich kann damit leben, dass wir unsere Beziehung eine Weile auf Eis legen. Aber müssen wir wirklich Schluss machen?"

„Ich weiß einfach, dass ich das brauche", sagte ich. „Das heißt nicht, dass es für immer sein muss. Aber ich halte es im Moment nicht aus, emotional gebunden zu sein."

Schließlich sagte ich, dass ich auflegen müsste und dass ich in den nächsten zwei Tagen mein Handy nicht einschalten würde. Das übrige Wochenende las ich in meiner Bibel, betete und weinte.

Oh, Herr, ich fühle ich ein wenig befreit, seitdem ich Schluss gemacht habe. Aber gebe ich zu schnell auf? Hätte ich an unserer Beziehung festhalten sollen, obwohl ich weiß, dass es schwer ist? Herr, führe Jeremy in dieser Zeit. Lass nicht zu, dass unsere Trennung ein Hindernis für sein Leben mit dir wird. Zeige ihm, was du von ihm willst. Mache ihm klar, ob er auf mich warten oder mich loslassen soll. Hilf ihm zu verstehen, warum ich das tun musste, und gib ihm Frieden in dieser ganzen Verwirrung.

Jeremy rief mich am Sonntagabend an, nachdem ich wieder zu Hause war, aber unser Gespräch drehte sich nur im Kreis. Er versuchte mich zu überzeugen, dass ich einen Fehler mache, und ich bemühte mich, zu der Entscheidung zu stehen, die meiner Meinung nach richtig war. Schließlich verabschiedeten wir uns und legten auf. Einige Minuten später rief Jeremy noch ein zweites Mal an und ich konnte hören, dass er nur mühsam die Tränen zurückhielt.

„Ist zwischen uns wirklich Schluss?", fragte er. „Das will ich nicht."

Ich brach Jeremy das Herz – und auch mein eigenes Herz.

Es geht weiter

AUDREY

Nachdem ich mit Jeremy Schluss gemacht hatte, folgte in unserer Liebesgeschichte eine viermonatige Auszeit, in der wir beide sehr unter Liebeskummer litten. Wir hatten beide den Eindruck, dass es wahrscheinlich am besten war, wenn wir keinen Kontakt zueinander hatten. Allerdings hielten wir uns nicht wirklich daran. Jeder führte zwar sein eigenes Leben und bemühte sich, nicht an den anderen zu denken, aber trotzdem schickten wir uns gelegentlich *Vergiss mich nicht*-Nachrichten und verfolgten den anderen heimlich in den sozialen Medien. Eben das Übliche, was man nach einer Trennung so macht.

In dieser Phase konzentrierte ich mich weiterhin auf meine Gesundheit. Ich konnte die ersten kleinen Besserungen beobachten und schaffte es, an den Wettkämpfen im Frühjahr teilzunehmen. Ich legte sogar ein paar richtig gute Wettkämpfe hin, obwohl ich emotional und körperlich so angeschlagen war. Nach dem Ende des Studienjahrs im Juni zog ich für die erste Sommerhälfte nach Eugene, wo ich ein Marketing-Praktikum bei *TrackTowns USA* machte.

Vier Monate nach unserer Trennung schrieb mir Jeremy, dass er in seinen zweiwöchigen Ferien zu Hause wäre, und fragte, ob wir uns in dieser Zeit treffen könnten. Da wir nicht viel miteinander gesprochen hatten, hatte ich ihm auch nicht erzählt, dass ich die Praktikumsstelle angenommen hatte. Obwohl Eugene nur zwei Stunden von zu Hause entfernt ist, unternahm ich keinen Versuch, mich mit Jeremy zu treffen, während er in Oregon war. Kalt, ich weiß, aber ich war einfach noch nicht dazu bereit. Ich wusste, wenn wir wieder miteinander sprachen, würden wir entweder endgültig Schluss machen oder Schritte unternehmen, um wieder zusammen zu sein. Und ich war für keines von beidem bereit.

In diesem Sommer ging ich mit verschiedenen Jungs aus, aber sie waren alle von Anfang an nicht die Richtigen für mich. Und Jeremy wurde von einigen Mädchen umschwärmt, aber dieses Schwärmen beruhte nicht auf Gegenseitigkeit. Wir erkannten, dass es nach dem, was wir miteinander gehabt hatten, für uns beide unmöglich war, etwas für einen anderen Menschen zu empfinden. Unsere Liebe war so echt gewesen. So etwas hatten wir beide nie zuvor erlebt.

Obwohl ich ihm immer noch nicht gesagt hatte, dass ich ihn liebe, waren wir ineinander verliebt. Und obwohl wir nicht mehr zusammen waren, hatte das nichts an unserer Liebe geändert. Alle um uns herum konnten sehen, dass wir uns immer noch treu waren. Ich sagte sogar zu meinen Mitbewohnerinnen, dass ich mir nicht vorstellen könne, einen anderen als Jeremy zu heiraten. Und wenn andere Mädchen Jeremy zu verstehen gaben, dass sie ihn mochten, sagte er, dass er immer noch in mich verliebt sei. Wir hatten beide tief in unserem Herzen die Zuversicht, dass unsere Liebe diese Phase irgendwie überleben würde.

*

Zu meinem 21. Geburtstag hatte ich mehrere Freunde zu einem mexikanischen Essen und Margaritas bei meinen Eltern eingeladen. Darunter waren auch ein paar Jungs, die sich für mich interessierten. Und Jeremy war an diesem Wochenende zufällig mit seinem besten Freund, Tye, aus Santa Barbara zu Hause. Die beiden tauchten bei mir auf, als wir gerade losfahren wollten, um tanzen zu gehen. Ich sah sie schon von Weitem und sofort wurde mir am ganzen Körper heiß. Ich fühlte mich total überrumpelt.

Seit wir miteinander Schluss gemacht haben, haben wir uns nicht mehr gesehen. Und er beschließt, ausgerechnet an meinem Geburtstag unangemeldet hier aufzukreuzen?, dachte ich.

Ich ließ meinen Blick über meine Geburtstagsgäste schweifen. Wer könnte ihn eingeladen haben? Doch dann fiel mir ein, dass ich meiner Mutter gegenüber beiläufig erwähnt hatte, dass Jeremy für zwei Wochen zu Hause war und dass ich überlegte, mich mit ihm zu treffen. Aber ich hätte niemals gedacht, dass sie ihn zu meinem Geburtstag einladen würde.

„Hey, ich wusste nicht, dass du kommst", sagte ich unfreundlich, während ich ihn unsicher umarmte und über seine Schulter hinweg meiner Mutter einen strafenden Blick zuwarf.

„Alles Gute zum Geburtstag, Auj", antwortete er freundlich. „Ich dachte, ich schaue kurz bei deinen Eltern vorbei, solange ich hier bin."

„Oh, cool", erwiderte ich. „Schön, dich zu sehen, Jeremy! Wir wollen gerade los, aber vielleicht können wir uns ja ein anderes Mal treffen, solange du hier bist?"

„Eine gute Idee!", sagte er und grinste von einem Ohr zum anderen.

Meine Güte, sah er süß aus! Und er trug eine Brille, die ihn viel weiser und reifer aussehen ließ. Wir schrieben uns später am Abend und vereinbarten, dass wir uns am nächsten Tag treffen wollten. Ich hatte den Verdacht, dass wir einander gestehen würden, dass wir eigentlich doch wieder zusammen sein wollten. Deshalb überlegte ich ernsthaft, ob ich einen Rückzieher machen sollte. Aber ich machte keinen Rückzieher.

Wir trafen uns an unserem Lieblingsort, der Eisenbahnbrücke. Ich parkte mein Auto oben an der Straße und ging zur Brücke, wo ich in *Bertha* stieg. *Bertha* ist Jeremys GMC-Pick-up Baujahr 1969 (ja, *noch* ein Oldtimer). Auf dem Weg zur Brücke sah ich unsere Schuhe, die immer noch stolz an dem Drahtseil hingen, woraufhin mich ein Tsunami an Erinnerungen überrollte. Ich bereute, dass ich das Buch zu unserer Liebesgeschichte so abrupt zugeschlagen hatte. Wir saßen in seinem Pick-up und begannen, über die letzten vier Monate zu sprechen. Wir wollten beide wieder zusammen sein, aber wir wussten, dass sich einiges ändern musste, wenn es funktionieren sollte.

Ich gestand ihm schließlich meine Angst, dass er mich mit meiner Krankheit irgendwann nicht mehr lieben würde und dass ich das Gefühl hatte, dass er nicht verstand, was ich durchmachte. All das sagte ich ihm. Er entschuldigte sich, dass er mich nicht genug ermutigt hatte und mir nicht genug Mitgefühl entgegengebracht hatte, und versprach, mich in Zukunft besser zu unterstützen. Er fragte, warum ich ihm nicht von Anfang an gesagt habe, was ich brauche. Und ich antwortete, dass ich keine Last für ihn sein wolle. Wenn ich schon früher mutig und ehrlich genug gewesen wäre, über meine Enttäuschung zu sprechen, hätte ich uns beiden viel Kummer erspart.

Dieses Gespräch an der Brücke war ein entscheidender Wendepunkt in unserer Beziehung. Ich vertraute Jeremy endlich meine Gefühle an. Ich lernte, ihm zu erlauben, mich in meiner

Krankheit zu lieben, statt meine Krankheit als Vorwand zu benutzen, um ihn von mir wegzuschieben. Wir saßen bei der Brücke und erzählten einander, was wir in den letzten vier Monaten erlebt hatten. Jeremy erkundigte sich nach den Jungen, die bei meiner Geburtstagparty gewesen waren, und ich wollte mehr über die Mädchen wissen, mit denen ich ihn auf den Facebook-Fotos gesehen hatte. Unsere Antworten fielen gleich aus: Wir lächelten beruhigend.

Wir waren einander treu geblieben. Darum war es bei unserer Fernbeziehung im Grunde immer gegangen: Wir waren Freunde, die miteinander telefonierten und sich versprochen hatten, eines Tages für immer zusammen zu sein. Wir sagten, dass wir uns vermisst hatten und dass es uns leidtue, aber wir sagten uns noch nicht, dass wir uns liebten. Wir waren wieder zusammen. Aber dieses Mal war es anders.

Den Rest der Zeit, die Jeremy zu Hause war, verbrachten wir fast jeden Tag miteinander. In diesen Tagen erkannte ich endlich, wie sehr ich Jeremy wirklich liebte, obwohl ich die berühmten drei Worte immer noch nicht gesagt hatte. Autsch, ich weiß. Bevor er nach Santa Barbara zurückfuhr, lag es mir auf der Zunge, aber ich redete mich damit heraus, dass es nach unserer Beziehungspause zu früh wäre.

Ein paar Wochen später erwachte ich nach einem lebhaften Traum. Normalerweise erinnere ich mich nicht an meine Träume und schreibe sie auch nicht auf – das war eher Jeremys Sache –, aber dieser Traum war anders. In dem Traum hatte ich Jeremy gesagt, dass ich ihn liebe, und danach hatte sich unsere Beziehung vollkommen geändert. Als ich aufwachte, bestand deshalb für mich kein Zweifel mehr, dass ich ihn liebte und dass ich es ihm sagen musste. Nachdem ich den Traum in meinem Tagebuch festgehalten hatte, brach ich zum Morgentraining auf. Während des ganzen Laufes dachte ich immer wieder, wie dumm es von mir gewesen war, Jeremy nicht zu sagen, dass ich ihn liebe, als er zu Hause gewesen war. Ich wollte nicht länger warten, aber ich wollte es ihm auch nicht am Telefon sagen. *Das wäre einfach lahm und unromantisch.*

Auf dem Rückweg vom Morgentraining rief mich Jeremy an. Als ich mich meldete, fragte er sofort: „Hey, Auj, hast du gestern Nacht geträumt?"

Ich konnte einen Moment lang nicht antworten. Ihm von dem Gespräch in dem Traum zu erzählen, wäre megapeinlich gewesen, deshalb versuchte ich, es herunterzuspielen. „Ich glaube schon. Warum?"

„Ach, ich habe gestern mit ein paar Freunden gebetet. Wir haben Lobpreislieder gesungen, uns unterhalten und gebetet. Ein Freund hat konkret dafür gebetet, dass du einen Traum haben wirst, der dir Klarheit über unsere Beziehung gibt. Deshalb habe ich gedacht, ich frage dich einfach. Ha!" Sein Tonfall verriet, dass er nicht wirklich glaubte, dass dieses Gebet erhört worden war.

„Oh, wow! Wahnsinn", sagte ich. „Ich kann mich aber nur selten an meine Träume erinnern. Hey, ich muss auflegen. Ich rufe dich später noch mal an." Ich war so verblüfft, dass ich auflegen musste, bevor er Verdacht schöpfte.

Später an diesem Tag ging ich mit meiner Freundin und Mentorin Jamie Herb spazieren. Jamies Mann, Chris, war der Leiter von *Young Life* in unserer Stadt. Durch den Besuch einer seiner Studenten-Bibelkreise lernte ich Jamie kennen, und wir verstanden uns auf Anhieb. Bald nachdem wir uns kennenlernten, begannen wir uns jede zweite Woche zu treffen, und von da an begleitete Jamie mich hinsichtlich meiner Beziehung, meiner

Krankheit, unserer Beziehungspause und beim Wiederaufleben unserer Beziehung – also in allen Höhen und Tiefen.

Während wir am Fluss entlanggingen, erzählte ich ihr von meinem Traum und von Jeremys Anruf. Sie atmete erstaunt tief ein und lachte dann, während sie mir sagte, dass es eindeutig an der Zeit war, die berühmten drei Worte zu sagen. Also fand ich mich damit ab, dass ich es Jeremy am Telefon oder über Skype sagen müsse, denn sonst würde ich noch zwei Monate warten müssen. Und ich wusste, dass ich nicht so lange warten konnte. Ich war endlich bereit, und plötzlich war es dringend. Als ich dann später mit Jeremy telefonierte, erzählte er mir, dass er in zwei Wochen zum Auftakt der Kürbissaison nach Hause käme. Ich bekam also einen Aufschub. *Gott ist groß!*

Für das Wochenende, an dem er zurückkam, planten wir ein gemeinsames Abendessen, und so nahm ich mir vor, dass ich es ihm am Ende des Abends sagen würde. Während unseres Dates war ich so nervös und aufgeregt, dass ich glaubte, die Schmetterlinge in meinem Bauch würden mit mir davonschweben, und so rührte ich mein Essen kaum an, was für mich völlig untypisch ist. Dieser Moment hatte zweieinhalb Jahre Vorbereitungszeit gekostet.

Als wir ins Auto stiegen, um zur Farm zurückzufahren, wählte Jer die längere Strecke. Während wir durch die Hügel von Nordwest Portland fuhren, schwieg ich. Jeremy versuchte, sich mit mir zu unterhalten, indem er mir Fragen stellte und sagte, wie sehr er sich freue, dass wir wieder zusammen waren. Der arme Kerl muss gedacht haben, ich wollte wieder mit ihm Schluss machen, weil ich mich so wenig an dem Gespräch beteiligte. Doch ich konzentrierte mich so sehr darauf, nicht zu kneifen und mir zu überlegen, wie ich mein Liebesgeständnis formulieren würde, dass ich kaum etwas sagen konnte.

Wir fuhren vor dem Haus seiner Eltern vor, und als Jeremy den Motor abgestellt hatte, legte ich die Hand auf seinen rechten Arm. Er schaute mich an, nahm die Hand vom Zündschlüssel und legte sie auf mein Bein. Die durchgehende Bank im Pick-up ermöglichte uns, ungehindert nebeneinanderzusitzen.

„Jeremy … ich liebe dich", platzte es dann aus mir heraus. *Puh! Geschafft!*

Jeremys Kinnlade fiel buchstäblich nach unten, doch schon im nächsten Augenblick küsste er mich. Anschließend zog er den Kopf zurück, um mir in die Augen zu schauen. Ich hatte ihn nie zuvor so breit lächeln gesehen. „Sag das noch einmal!"

Ich lachte und kam seiner Bitte gerne nach: „Ich liebe dich, Babe."

Er nahm die Hand von meinem Bein, legte sie zärtlich an mein Gesicht und fuhr mit dem Daumen langsam über meinen Wangenknochen. „Ich liebe dich *auch*." In der Art, wie er dieses vierte Wort sagte, lag der entscheidende Unterschied.

Als ich später in mein Auto stieg, um nach Hause zu fahren, fühlte ich mich wie ein völlig neuer Mensch. Mir wurde bewusst, dass unsere Beziehung nur weiterginge, wenn ich ihm sagte, dass ich ihn liebe. Genauso wie in meinem Traum veränderten diese drei Worte alles für uns. Dadurch, dass ich sie laut ausgesprochen hatte, veränderte sich mein Herz.

Es war ein wenig so wie damals, als ich Gott in meiner Taufe öffentlich mein Leben anvertraut hatte. Ich hatte Jesus gekannt und geliebt, bevor ich mich taufen ließ, aber nachdem ich meinen Glauben öffentlich bekannte und mich taufen ließ, änderte sich alles. Vorher hatte ich mehr über Jesus wissen wollen, aber jetzt wollte ich unablässig über ihn sprechen. Aus bloßem Interesse war eine treue Beziehung geworden.

Als ich Jeremy meine Liebe gestand, war das eine ähnliche Erfahrung. Ich bekannte meine Liebe *öffentlich*. Plötzlich war ich viel aufgeregter und kribbeliger. Es war, als würden die Gefühle, die jahrelang unter Verschluss gewesen waren, plötzlich aus mir herausströmen. Sie ließen sich nicht mehr bändigen.

JEREMY

Meine Kindheit und Jugend würden die meisten wahrscheinlich nicht als typisch bezeichnen. Meine Eltern sind beide kleinwüchsig und mein Zwillingsbruder Zach auch. Meine zwei jüngeren Geschwister Molly und Jacob sind genauso wie ich normalwüchsig. Unsere Familiensituation war so einzigartig, dass es nicht lange dauerte, bis die Medien auf uns aufmerksam wurden. Nach zig Zeitungsinterviews und Auftritten in Talkshows kam vom amerikanischen Fernsehsender TLC das Angebot, im Fernsehen eine Reality-Show von unserer Familie zu bringen. Ich war damals 14 und Reality-Fernsehen steckte noch in den Kinderschuhen.

Meine Eltern willigten ein, es zu versuchen, und im Herbst 2005 begannen die Dreharbeiten zu *Little People, Big World* (Kleine Leute, große Welt). Während wir das hier schreiben, geht diese Sendereihe in ihr dreizehntes Jahr, und wir halten damit den Guinness-Weltrekord für *die meisten Episoden einer Familienshow*. Die Sendung brachte für uns viele tolle Möglichkeiten, aber auch Schwierigkeiten, doch das sind Geschichten für ein ganz anderes Buch. Ich will an dieser Stelle nur sagen, dass mich die Farm und die Show sehr stark geprägt haben: mein Denken, mein Handeln und mein Verhalten.

Ich glaube, ein großer Teil meiner Leidenschaft für das Leben kam durch die Freiheit, die ich hatte. Auf der Farm konnte ich ungehindert Dinge bauen, etwas erfinden und die Natur entdecken. Ich hatte wirklich unbeschreiblich große Freiheiten und die nutzte ich aus, auch weil ich mich als Kind für vieles begeistern konnte. So beschäftigte ich mich damit, die Gegend auszukundschaften, Burgen zu bauen und alte Autos zu restaurieren. Meine Lehrer beschrieben mich deshalb oft als *Romantiker*, weil meine Interessenfelder so ganz anders waren als die vieler meiner Klassenkameraden.

Später erkannte ich: Ich war damals leidenschaftlich bei der Sache, aber nie emotional. So kam es, dass ich meinen Leidenschaften nachging, aber meine Gefühle versteckte, und zwar vor anderen und manchmal sogar vor mir selbst. Auf der Farm gab es immer etwas zu tun, das mich beschäftigte und ablenkte. Dadurch musste ich mich nicht mit schwierigen oder traurigen Dingen auseinandersetzen. Ich hatte immer ein Auto in der Scheune, eine Burg im Wald oder ein anderes Projekt, an dem ich arbeitete. Dadurch konnte ich immer flüchten, wenn es zu emotional wurde.

Die Farm steckte voller Geschichten. Die vielen Dinge, die mein Vater gebaut hatte, und die Projekte, an denen ich arbeitete, steckten voller Geschichten. Die Cowboystadt erzählte Geschichten vom Wilden Westen und von den ersten Siedlern. Das Piratenschiff und die Burg erweckten den Film *Hook* und Märchen von edlen Rittern zum Leben. Wenn die Bilder, die in Büchern geschildert werden, vor deinen Augen lebendig werden, ist es unmöglich, nicht in diese Geschichten einzutauchen.

Durch die Farm sah ich das Leben als einziges großes Abenteuer – eine großartige Geschichte. Dieses Denken taucht in meinem ganzen Leben immer wieder auf und hilft mir, mich emotional zu distanzieren und alles von außen zu betrachten. Alle Geschichten haben einen Anfang, eine Mitte und ein Ende. Dass ich mein Leben als große Erzählung sehe, hilft mir, Entscheidungen aufgrund der gesamten Geschichte zu treffen. Als ich zum Beispiel anfing, mich mit Audrey zu treffen, stellte ich mir instinktiv vor, wie sich das, was ich tue, im Rahmen der großen Geschichte auswirken würde. Wenn ich Entscheidungen traf, stellte ich mir oft die Frage: „Ist das wirklich die Geschichte, die ich erzählen will?"

Little People, Big World hat mich stark geprägt. Ich hatte dadurch viele Vorteile. Zum Beispiel konnte ich viel reisen und Dinge tun, die ich nie für möglich gehalten hätte. Aber wenn man quasi im Fernsehen aufwächst, holt einen das Leben härter und schneller ein als normal. Die Leute interessieren sich viel mehr dafür, was man sagt, was man anhat oder was man tut. Erst als ich die hässliche Seite des öffentlichen Interesses erlebte, begriff ich, wie vorsichtig ich vor der Kamera sein musste.

Unschuldige Absichten spielen nicht unbedingt eine Rolle, wenn Millionen Menschen dir zusehen und ihre eigenen Schlussfolgerungen aus allem, was du sagst und tust, ziehen. Nachdem ich erlebt hatte, welches Chaos Gerüchte in den Medien anrichten können, erkannte ich: Je weniger ich verriet, umso weniger würden die Leute wissen und umso weniger würde ich verurteilt werden. Deshalb baute ich Mauern um mich herum auf, um mich emotional zu schützen.

Mit der Zeit entwickelte ich mich zu einem wandelnden Paradoxon: Ich war ein leidenschaftlicher Romantiker und gleichzeitig ein emotionaler Eremit. Äußerlich war ich derselbe Jeremy – laut, lustig, oft der Mittelpunkt der Aufmerksamkeit –, aber innerlich ließ ich nichts an mich heran. Ich baute im Laufe der Jahre immer mehr emotionale Barrikaden auf, um mich zu schützen.

Ohne mir dessen bewusst zu werden, lebte ich nach dem Prinzip: *Wenn ich den Leuten keine Munition gebe, können sie nicht auf mich schießen.* Ich ließ mir nicht in die Karten schauen und in meine Gefühle schon gleich gar nicht. Als ich jünger war, kam mir das sehr zu Hilfe. Dadurch war ich geschützt und vorsichtig. Es bewahrte mich davor, mich auf die falschen Mädchen und ungesunde Beziehungen einzulassen. Aber die emotionale Festung, die mich als Kind schützte, wurde irgendwann ein emotionales Gefängnis, das mich von dem Mädchen, in das ich mich verliebt hatte, fernhielt.

Als Audrey in mein Leben kam, verlagerte sich der Fokus meiner Leidenschaft. Ich konzentrierte meine ganze Energie nicht mehr auf meine vielen Interessen auf der Farm, denn jetzt hatte ich den Menschen gefunden, dem ich meine Liebe zeigen wollte. Aber Audrey wollte nicht nur, dass ich ihr meine Liebe zeigte. Sie wollte mein Herz. Doch mir war nicht bewusst, wie dick meine emotionalen Mauern waren. Das erkannte ich erst, als mich Audrey konkret darauf ansprach.

Audrey und ich waren mit ihrer Familie in ihrem Ferienhaus in Bend, Oregon, als sie spät am Abend, während alle anderen schon schlafen gegangen waren, die emotionalen Mauern ansprach, die sie bei mir sah. Zu meinem Missfallen fing sie an, ihre Finger direkt in die Wunden zu legen. Sie meinte, dass ich nie darüber sprechen würde, was ich in Bezug auf bestimmte Dinge *fühle*. Und sie wies mich darauf hin, wie gekonnt ich Gesprächen auswich, die in eine emotionale oder persönliche Richtung gingen.

Audrey begann, Parallelen zu ziehen. Sie stellte penetrante Fragen wie: „Hat deine Beziehung zu deiner Familie darunter gelitten, dass du immer vor laufender Kamera über eure Beziehungen sprechen musstest? Wie gehst du mit den vielen hässlichen Kommentaren in den sozialen Medien um? Hast du das Gefühl, dass du dich dein ganzes Leben lang verteidigen musstest? Hast du das Gefühl, einem Bild entsprechen zu müssen, das die Fernsehproduzenten von dir zeigen?“

Ich erinnere mich, dass ich dachte: *Woher weiß sie das alles? Wie kann sie solche Fragen stellen?*

Es folgte ein langes, schweres Gespräch, weil ich – was ihre Aussage unterstreicht – nicht darüber sprechen wollte. Aber ich wusste, dass es nötig war. Es gibt nur eines, das ich noch mehr hasse, als über meine Gefühle zu sprechen: Zahnarztbesuche. Dieses Gespräch löste bei mir ähnliche Gefühle aus, wie wenn ich auf diesem verhassten Stuhl unter dem hellen Licht liege und eine professionelle Zahnreinigung über mich ergehen lassen muss. Ich weiß, dass es gut für mich ist, aber es ist unangenehm und schmerzhaft. Und jetzt versuchte Audrey, bei meinem Herzen eine solche Reinigung vorzunehmen. Genauso wie bei den Zähnen tut eine Reinigung schlimmer weh, wenn man sie nicht regelmäßig macht.

Audrey stellte mir einige sehr persönliche Fragen zu Dingen, über die ich nie zuvor gesprochen hatte. So etwas dürfen nur Menschen, denen man wirklich vertraut – und ich vertraute ihr. Unsere Freundschaft half uns, unsere Persönlichkeit zu stärken und zu verbessern. Und weil unsere Freundschaft so tief war, konnten wir einander mit Liebe die Wahrheit sagen. Audrey öffnete mir die Augen dafür, dass mir Mitgefühl und Empathie fehlten und dass ich meine Gefühle oft einsperrte, statt sie zum Ausdruck zu bringen. Sie sprach an, dass die Fernsehsendung meine emotionale Reaktion auf schwierige Situationen abgestumpft haben könnte.

Bis dahin hatte ich mir jedoch nie wirklich über diese Dinge Gedanken gemacht.

Audrey führte mir vor Augen, was ich daran ändern könnte. Wenn sie das nicht getan hätte, hätte ich mein Verhalten vielleicht einfach als Teil meiner Persönlichkeit akzeptiert. Wahre Liebe kann uns aus unseren dunklen Verstecken herausholen und befreien, und nach diesem Gespräch fühlte ich mich tatsächlich freier. Auch wenn ich Auj an diesem Abend nicht alles erzählte, vertraute ich ihr mehr an als je einem anderen Menschen. Seitdem verhindert sie, dass sich an den versteckten Stellen in meinem Herzen Müll ansammelt.

AUDREY

Bis heute bemühen Jeremy und ich uns, voneinander vollständig erkannt und vollständig geliebt zu werden. Und seitdem wir verheiratet sind, haben wir ein hervorragendes Hilfsmittel gefunden, das uns dabei hilft: das Enneagramm. Es hilft uns, den anderen besser zu verstehen und ihn besser zu lieben. Dieser Persönlichkeitstest hilft Menschen, sich selbst und die Menschen in ihrem Leben besser zu verstehen, indem er uns neun verschiedene Persönlichkeitstypen vorstellt. Jeder dieser Typen hat seine eigenen Strategien, mit sich selbst, mit anderen und mit der Welt umzugehen, und jeder Typ hat aufgrund seiner persönlichen Motivation und Sichtweise eine eigene Art, zu denken, zu fühlen und zu handeln.

Wenn ich das Enneagramm nur schon früher gekannt hätte. Es hilft mir zu verstehen, warum ich so gezögert habe, mit Jeremy über meine Krankheit zu sprechen und ihn um Hilfe zu bitten. Es hilft mir zu verstehen, warum ich so lange gebraucht habe, bis ich ihm sagen konnte, dass ich ihn liebe. Und es hilft Jeremy zu verstehen, warum er nie über seine Gefühle sprechen wollte. Seitdem wir unseren Enneagramm-Typ kennen, verstehen wir uns selbst und einander besser, und dadurch können wir einander besser lieben.

Die neun Typen des Enneagramms werden mit Zahlen bezeichnet. Ich selbst bin eine Acht. Achter werden manchmal auch *Herausforderer* genannt. Ihre Schlüsselmotivation ist es, unabhängig zu sein, ihre Stärken unter Beweis zu stellen, keine Schwäche zu zeigen und sich in ihrer Welt zu behaupten. *Ich in meiner Welt.* Kein Wunder, dass ich mich benahm, als wären mir meine Freunde gleichgültig, und dass ich so lange brauchte, bis mir die drei Worte „Ich liebe dich" über die Lippen kamen.

Achter sind selbstbewusst, stark, durchsetzungsfähig, beschützend und entscheidungsfreudig, aber sie können auch egozentrisch und dominant sein. *Das stelle ich leider auch bei mir fest.* Achter haben das Gefühl, sie müssten ihre Umgebung kontrollieren, besonders andere Menschen. Manchmal gehen sie zu sehr auf Konfrontation und wirken regelrecht einschüchternd. *Ertappt.* Außerdem fällt es Achtern schwer, sich verwundbar zu zeigen. Siehe meine eigensinnigen Schutzmauern. *Ja.*

Jeder Enneagramm-Typ hat eine sogenannte *Grundangst.* Bei der Acht ist es die Angst, von anderen verletzt oder beherrscht zu werden. Das Enneagramm-Institut beschreibt es so:

> *Achter fühlen sich oft verletzt und abgelehnt, obwohl sie selten darüber sprechen, weil es ihnen schwerfällt, ihre Verwundbarkeit einzugestehen. Da sie fürchten, abgelehnt zu werden … versuchen*

Achter, sich zu schützen, indem sie andere zuerst ablehnen. Als Folge können durchschnittliche Achter nur schwer Beziehungen aufbauen oder lieben, da die Liebe dem anderen Macht über sie geben würde, wodurch wiederum ihre Grundangst geweckt wird.[7]

Als ich diese Sätze das erste Mal las, musste ich lachen. Es war, als würde ein Scheinwerfer direkt auf meine Seele gerichtet. Jetzt weiß ich, warum ich mich am Anfang gegen Jeremys Bemühungen wehrte und mein Herz so lange abschirmte.

Jeremy ist im Enneagramm eine Neun. Neuner werden oft *Friedenstifter* genannt, weil ihnen sehr viel am inneren und äußeren Frieden bei sich und bei anderen liegt. Sie sind umgänglich, vertrauensvoll, geduldig, lassen sich leicht ablenken und sind oft unentschlossen. Gesunde Neuner sind oft unerschütterlich. Deshalb war Jeremy vielleicht so fest entschlossen, mich immer besser kennenzulernen und meine Mauern einzureißen.

Laut dem Enneagramm-Institut werden Neuner oft als *die Krone des Enneagramms* bezeichnet, weil sie in der schematischen Darstellung des Enneagramms den obersten Platz einnehmen und weil sie anscheinend alles enthält. Neuner können die Stärke von Achtern haben, den Humor und den Abenteuergeist von Siebenern, das Pflichtgefühl von Sechsern, die intellektuelle Stärke von Fünfern, die Kreativität von Vierern, die Attraktivität von Dreiern, die Großzügigkeit von Zweiern und den Idealismus von Einsern.[8]

Neuner werden auch als Träumer beschrieben. Deshalb hat sich Jeremy vermutlich auf der Farm so wohlgefühlt: Burgen bauen, Traktor fahren, alte Autos restaurieren und sich ständig neue Abenteuer ausdenken. Ich denke, seine Träumermentalität hat ihm auch geholfen, an einer Liebesgeschichte festzuhalten, die eines Tages lesenswert sein wird.

Aber wie ich schon sagte, Jeremy ist nicht perfekt. Neuner haben auch Schwächen. Sie sind sich im Allgemeinen ihrer eigenen Identität nicht sehr bewusst. Neuner denken vielleicht, sie würden den Frieden bewahren, aber in Wirklichkeit betäuben sie einfach ihre Gefühle. Dadurch, dass Jeremy so sehr im Auge der Öffentlichkeit aufwuchs, hat sich das bei ihm wahrscheinlich noch verstärkt.

Neuner reagieren auf schwierige Situationen, Schmerz und Leiden mit einem Frieden, der oft unreif wirkt. Das hat sicher dazu beigetragen, dass ich das Gefühl hatte, Jeremy könnte das Ausmaß meiner Krankheit nicht verstehen. Klar, das lag zum Teil auch an meinen eigenen Mauern, aber rückblickend erkennen wir, dass Jeremy selbst auch einige Mauern hatte. Deshalb fragte ich ihn in Bend, wie die Fernsehshow sein Leben beeinflusst habe und wie es ihm damit ginge, dass er in der Öffentlichkeit aufgewachsen sei. Seine Reaktion darauf war optimistisch, reserviert und emotionslos. Erst in den Tagen vor unserer Hochzeit brachen Jeremys emotionale Mauern endlich ein.

Das Enneagramm-Institut sagt zu Achtern und Neunern in einer Beziehung:

Neuner strahlen eine Ruhe und Stabilität aus, die Achter als beruhigend und wohltuend empfinden. Sie vermitteln Achtern auch einen stillen Stolz auf den Mut und die Durchsetzungskraft des Achters und ermutigen sie, weiterhin das Heft in die Hand zu nehmen. Selbst gesunde Achter verbringen viel Zeit damit, Hindernisse und Gegenwind zu überwinden; sie sind Kämpfer, die versuchen, zu überleben und in der Welt ein Zeichen zu setzen. Neuner sind wie ein sicherer Hafen, eine Erholung, eine Person, bei der Achter ihre Schutzmauern fallen lassen und sich entspannen können. Achter hingegen verhelfen Neunern zu

Selbstvertrauen und Durchsetzungskraft, während Neuner Achter lehren, welche Kämpfe sich lohnen und wo sie fünfe gerade sein lassen können. Ein Achter-Neuner-Paar ist somit wie Feuer und Wasser – eine aktive Kraft und eine empfangende Kraft. Beide haben einen starken Antrieb und eine starke Willenskraft; beide lieben Gemütlichkeit und Schlichtheit; beide wollen einen sicheren Zufluchtsort vor der Welt schaffen. Wenn sich diese Kräfte und ihre Talente zusammenschließen und sie die gleichen Ziele verfolgen, kann dieses Paar dynamisch und stark sein, aber gleichzeitig auch gemütlich und empfänglich.[9]

Das sind genau wir! Wenn wir das nur schon früher in unserer Beziehung gewusst hätten! Herauszufinden, welcher Typ wir sind, hilft uns, einander auf ganz neue Weise zu lieben, einander besser zu verstehen, besser miteinander umzugehen und uns leichter zu versöhnen. Das Enneagramm hat uns geholfen, uns gegenseitig tiefer zu verstehen, und das wiederum hilft uns, unsere Gedanken, Wünsche und Enttäuschungen klarer und unkomplizierter zu äußern.

Egal, ob du Single bist, ob du in einer Beziehung bist oder ob du verheiratet bist, du solltest deinen Enneagramm-Typ herausfinden. Uns hilft das Enneagramm wirklich sehr. Wir lernen dadurch, den anderen besser zu lieben.

Unter Enneagramm.de findest du hilfreiche Tipps, wie du herausfinden kannst, welcher Typ du selbst bist. Als Jeremy und ich die Beschreibung unseres Typs lasen, sind wir regelrecht erschrocken, wie treffend unsere innersten Gedanken, Motivationen, Ängste und Wünsche darin geschildert werden.

*

Ich will ehrlich sein: Nicht nur mein Enneagramm-Typ bestimmt mein Denken und Handeln, ich bin davon überzeugt, dass ich mich auch von Frauen in Mädchenfilmen habe beeinflussen lassen, in denen die Hauptperson den Männern das Leben schwer macht. Ich denke dabei an Allie in *Wie ein einziger Tag*, Melanie in *Sweet Home Alabama* oder Jamie in *Nur mit dir.* Sie benahmen sich, als wäre ihnen der andere egal, obwohl das absolut nicht der Fall war. Sie hatten Mauern um sich herum errichtet, waren eigensinnig, versteckten ihre Unsicherheit und ihre Ängste und gaben sich unnahbar, aber tief in ihrem Herzen waren sie schwer verliebt. Vielleicht hat mich die Unterhaltungsindustrie beeinflusst, ein solches Mädchen sein zu wollen. Vielleicht habe ich mir die Lüge einreden lassen, ich müsste schwer zu kriegen sein, wenn ich wirklich geliebt werden will. Mit anderen Worten: *Wenn er mich wirklich kennen würde, würde er mich vielleicht nicht lieben.*

Mir gefällt, wie der Autor und Pastor Timothy Keller es in seinem Buch *Ehe – Gottes Idee für das größte Versprechen des Lebens* beschreibt: „Geliebt zu werden, aber nicht gekannt zu werden, ist tröstend, aber oberflächlich. Gekannt zu werden und nicht geliebt zu werden, ist unsere größte Angst. Aber vollständig erkannt und ehrlich geliebt zu werden, weist auf die Liebe hin, mit der Gott uns liebt. Diese Liebe brauchen wir mehr als alles andere. Sie befreit uns davon, uns zu verstellen. Sie macht uns demütig. Sie befreit uns von Selbstgerechtigkeit. Und sie stärkt uns für alle Schwierigkeiten, die uns das Leben vor die Füße werfen kann.“[10]

Egal, ob wir Liebe vortäuschen oder Angst haben, nicht geliebt zu werden, beides macht uns unglücklich. Wenn wir vollständig erkannt und vollständig geliebt werden, erfahren wir die Liebe in ihrer Ganzheit. Hier erleben wir auch die Heiligkeit der Liebe: „Wirkliche Liebe ist frei von Angst. Ja, wenn Gottes vollkommene

Liebe uns erfüllt, vertreibt sie sogar die Angst" (1. Johannes 4,18). Jeremy und ich wollten *vollständig erkannt und ehrlich geliebt* werden, aber Angst, Stolz und Missverständnisse hielten uns zurück.

Jede Beziehung kennt kritische Weggabelungen. In solchen entscheidenden Momenten einer Beziehung beschließen du und dein Partner, dass ihr miteinander Schluss macht oder dass ihr ernst macht, dass ihr aufgebt oder dass ihr einen Weg finden wollt, wie es weitergehen kann. Für uns ging es weiter, nachdem wir unter der Eisenbahnbrücke ein ehrliches, offenes Gespräch führten und schließlich beschlossen, dass wir wieder zusammen sein wollten. Für mich bedeutete es, dass ich endlich zum ersten Mal „Ich liebe dich" zu Jeremy sagte. Für Jeremy bedeutete es, dass er endlich seine Gefühle zuließ und offen über Dinge sprach, über die er nie zuvor mit jemandem gesprochen hatte. Erst dann verstanden wir die Gefühle des anderen und erlebten, wie es ist, vollständig erkannt und vollständig geliebt zu werden.

Das Prinzip des Teilens

JEREMY

Die längste Phase, in der wir uns nicht sahen, dauerte drei Monate. Meine Familie hatte beschlossen, Urlaub in Costa Rica zu machen. Ich würde zwei Wochen Vorlesungen verpassen, um sie begleiten zu können, und das bedeutete wiederum, dass ich meine gewohnten Besuche zu Hause streichen musste, um vor dieser Reise alles für mein Studium zu schaffen. Die gute Nachricht bei der ganzen Sache war, Audrey wollte auch mitkommen! Die schlechte Nachricht war jedoch, dass unser Wiedersehen am Flughafen vor laufenden Kameras stattfinden würde, nachdem wir uns drei Monate nicht gesehen hatten. Denn das Kamerateam von *Little People, Big World* filmte diesen Urlaub, um ihn später im Fernsehen zu senden. *Schluck!*

Also flog Audrey mit meiner Familie von Portland nach Dallas und ich stieß in Dallas zu ihnen, bevor wir alle gemeinsam nach Costa Rica weiterflogen. Die Kameras liefen, als ich die Flughafenlounge betrat und Audrey umarmte und das machte unser lang ersehntes Wiedersehen vor allem für Audrey ein wenig peinlich. Aber wir waren zusammen, und das war alles, was zählte. Während wir warteten, zog ich ein Buch aus der Tasche und schlug Auj vor, dass wir es gemeinsam lesen könnten.

Das Buch war *Eine harte Gnade* von Sheldon Vanauken. Darin erzählt er von der Beziehung zu seiner Frau, Davy. Ich hatte das Buch ein Jahr zuvor gelesen, und es hat mich zutiefst berührt. Es hatte mich so sehr angesprochen, dass ich mir vorgenommen hatte, es einmal pro Jahr zu lesen. Seitdem habe ich es siebenmal gelesen. Im Moment lese ich es gerade zum achten Mal. Dieses Buch ist für mich eine Quelle der Inspiration geworden, die mir nach wie vor sehr hilft. Außerdem fühle ich mich mit der großartigen Geschichte, die Sheldon erzählt, verbunden.

Audrey gefiel die Idee, dass wir gemeinsam dieses Buch lesen könnten, und so schlichen wir uns vom Rest der Familie und von der Filmcrew davon und fanden einen ruhigen Ort, an dem wir anfingen, laut zu lesen. Gleich bei dem ersten Satz, den ich vorlas, erstrahlte Audreys Gesicht. Ich hatte einfach gewusst, dass ihr diese Geschichte auch viel sagen würde. Und so kam es, dass wir während dieser Reise das ganze Buch durchlasen. Aber dazu komme ich später.

Costa Rica war unsere erste gemeinsame Reise. Es tat so gut, gemeinsam etwas zu erleben, statt uns am Telefon unsere Erlebnisse zu beschreiben. Ausnahmsweise brauchte ich keine duftenden Blumen zu verschicken, kein Foto von meinem Lieblingsstrand zu machen oder eine Zeile aus meinem Lieblingsbuch am Telefon vorzulesen. Wir waren zusammen. Wir rochen, sahen und lasen das Gleiche. Das war für uns keine Selbstverständlichkeit. Wir genossen jeden Augenblick, wir drückten uns ein wenig fester an der Hand, umarmten uns ein wenig länger und genossen es, einfach zusammen zu sein.

Eines Abends brachten wir uns vor einem warmen, tropischen Regen in Sicherheit und schauten zu, wie ein Sturm über dem Meer heranzog. Ich hatte den Arm um Auj liegen, während wir die dunklen Wolken über dem Meer beobachteten. Dann schaute ich sie an und sagte: „Speichere dieses Bild."

Sie lächelte, denn sie wusste genau, was ich meinte. Diesen Satz sagen wir auch heute noch zueinander, wenn wir Dinge erleben, die wir nicht vergessen wollen. Dass wir unseren Wunsch, einen Augenblick festzuhalten, laut aussprachen, half uns, uns ihn auch wirklich einzuprägen. Auf dieser Reise sagten wir diesen Satz sehr oft, besonders wenn wir *Eine harte Gnade* am Strand lasen oder wenn wir am Morgen früher aufstanden, um vor dem Frühstück am Pool zu sitzen und zu lesen.

Wir unterbrachen immer wieder das Lesen, um über die Schönheit der Liebesgeschichte der Vanaukens zu sprechen. Etwas daran verstärkte unser Bewusstsein und unseren Dank für die tropische Schönheit, die uns umgab. Außerdem beeindruckten uns auch die Prinzipien, die der Autor beschrieb: das Prinzip der Spontaneität, das Prinzip der Bestätigung, das Prinzip der Höflichkeit und das Prinzip des Teilens. Das Prinzip, das uns am wichtigsten wurde, war das Prinzip des Teilens.

*

Sheldon und seine Frau Davy liebten sich und waren fest entschlossen, die Höhen der Liebe zu erfahren. Nach einem Streit überlegten sie, was sie tun könnten, damit ihre Liebe Bestand hatte.

„Was bringt zwei Menschen eng zusammen und hilft ihnen, sich zu lieben?", fragten sie.

Ihre Antwort lautete: „Natürlich ist da die geheimnisvolle körperliche Anziehungskraft, aber dazu kommen die Dinge, die sie teilen … Alles zu teilen war für uns das tiefste Geheimnis einer Liebe, die ewig dauern würde."[11]

Die Dinge, die Menschen miteinander teilen, verbinden sie. Audrey und ich teilen eine Liebe zu alten Scheunen, Lagerfeuern, alten Möbeln und zum Landleben. Doch noch wichtiger ist: Wir haben das gleiche Wertesystem, wir haben beide den Wunsch, eine Familie zu gründen, und wir wollen beide Gottes Wort gehorchen. Wir *sprechen* gerne über die Dinge, die wir teilen. Diese Gemeinsamkeiten zwischen Audrey und mir zogen uns zueinander hin, aber je länger unsere Beziehung dauerte, umso mehr begannen wir, weitere Dinge zu suchen, die wir teilen, und mehr Wege zu suchen, wie wir eins werden können.

Sheldon und Davy waren überzeugt: Wenn sich zwei Menschen entscheiden, alles miteinander zu teilen, wird ihre Beziehung immer enger werden. Daher das *Prinzip des Teilens:*

> *Wenn einem von uns etwas gefällt, muss etwas daran interessant sein. Also versucht der andere herauszufinden, was daran interessant ist … Auf diese Weise entstehen tausend Fäden, dicke und dünne, die uns miteinander verbinden und uns so nahe sein lassen, dass es unmöglich – ja, undenkbar – ist, auf die Idee zu kommen, wir könnten eine solche Nähe jemals mit einem anderen Menschen erleben. Unser Vertrauen zueinander gründet sich dann nicht nur auf Liebe und Loyalität, sondern auf der Tatsache, dass wir tausend Dinge gemeinsam haben – tausend Fäden, die zu etwas Unzertrennlichem miteinander verknüpft sind.*[12]

Durch dieses Teilen stärkten Sheldon und Davy ihr Freundschaftsband und sorgten dafür, dass ihre Liebesgefühle lebendig blieben. Je länger sie zusammen waren, umso tiefer wurde das Gefühl, sich nahe zu sein. Das Band, das dadurch, dass sie alles miteinander teilten, immer stärker wurde, konnte jedem Sturm standhalten.

Obwohl wir dieses Prinzip erst nach Beginn unserer Beziehung kennenlernten, konnten wir es im Rückblick gut nachvollziehen. Das Prinzip des Teilens machte den Halbmarathon, den ich für Audrey lief, zu einem unvergesslichen Erlebnis. Obwohl das Rennen selbst mühsam war, war es etwas, das wir miteinander teilten (auch wenn wir nicht nebeneinander liefen). Deshalb beschloss ich während des Urlaubs in Costa Rica, mit dem Laufen anzufangen, weil es etwas ist, das Audrey liebt. Und so kam es, dass wir nach unserer Hochzeit einen weiteren Halbmarathon gelaufen sind, aber dieses Mal sind wir zusammen gestartet, und ich kam nur zehn Minuten nach ihr ins Ziel. Bis heute gehen wir zusammen laufen, und inzwischen macht es mir sogar Spaß. Das Laufen ist jetzt etwas, das uns miteinander verbindet.

Audrey und ihre Familie und Freunde lieben Brettspiele. Als wir uns kennenlernten, habe ich nur gespielt, weil Audrey gerne spielte, aber jetzt will ich spielen, weil es mir ebenfalls Spaß macht. Mittlerweile haben wir einen ganzen Schrank voll mit Spielen, und die meisten davon habe ich gekauft. Das hätte ich mir früher nie vorstellen können!

Wir versuchten, das Prinzip des Teilens weiter umzusetzen, und wollten in dem, was der andere liebt, das Gute entdecken. Etwas miteinander zu teilen verbindet. Sheldon und Davy gingen sogar so weit, dass sie die gleichen Bücher lasen, um einander noch besser zu verstehen.

Darüber hinaus setzten Audrey und ich das Prinzip des Teilens auch noch in einer anderen Richtung um: Wir verzichteten auf die gleichen Dinge. Audrey hat früher gern die Fernsehsendung *The Bachelor* gesehen und das war etwas, was ich auf keinen Fall mit ihr teilen wollte. Ich weigerte mich, diese Sendung anzuschauen, und es gefiel mir ganz und gar nicht, dass sie sie so gerne sah. Ich habe nichts gegen die Menschen in der Sendung, aber mir gefällt nicht, wie hier die wahre Liebe dargestellt wird und wie wir sie angeblich suchen sollen.

Anfangs schaute Audrey diese Sendungen zusammen mit ihren Freundinnen an. Ihr gefiel es, die vielen Beziehungsfragen, die in der Sendung auftauchten, zu zerlegen. Aber nachdem wir einige Monate darüber gesprochen hatten und ich Audrey meinen Standpunkt zu dieser Sendung erklärt hatte, gab sie zu, dass sie die Werte und Überzeugungen, die wir beide in Bezug auf die Liebe haben, eigentlich verletzt, und mittlerweile hat sie nicht mehr den Wunsch, sie zu sehen. *The Bachelor/Bachelorette* entspricht nicht unseren gemeinsamen Werten und würde uns eher weiter auseinander- als näher zusammenbringen.

Audrey gab die Sendung auf, um mit mir eins zu sein. In diesem Fall ging es bei dem Prinzip des Teilens nicht darum, dass wir gemeinsam etwas unternahmen, sondern darum, dass wir gemeinsam auf etwas verzichteten. In unserem ersten Ehejahr verzichtete ich, um Audrey zu unterstützen und um ihr meine Liebe zu zeigen, eine Weile auf Gluten. Durch diesen Verzicht bekam ich einen kleinen Einblick, was sie wegen ihrer Magenprobleme alles tun muss, und sie fühlte sich unterstützt und verstanden.

Natürlich sieht das bei jedem anders aus. Wir teilen nicht absolut alles. Und ja, ich habe meine eigene Zahnbürste. Es geht hier einfach um ein Prinzip, und es kann so angewandt werden, wie es in euer Leben passt. Vor unserer Hochzeit fanden wir es einfach nützlich, weil wir dadurch mehr über den anderen lernten und dabei herausfanden, an welchen Punkten wir uns ähnlich sind. Seitdem wir verheiratet sind, erinnert uns dieses Prinzip daran, uns weiterhin darum zu bemühen, eins zu sein, während wir neue Freundschaften schließen, ein Haus bauen und anfangen, eine Familie zu gründen.

AUDREY

Stell dir vor, du hast deinen Freund drei Monate lang nicht gesehen und bei eurem Wiedersehen filmt euch ein Kamerateam! Kein Wunder, dass ich Angst hatte, dass man über das Mikrofon, das ich trug, hören könnte, wie schnell mein Herz schlug. Ich erinnere mich noch gut, dass ich dachte: *Hört man mir auch zu, wenn ich auf die Toilette muss?* Jeremys Familie verstärkte den Druck noch, als sie mit großen Augen fragten: „Und? Freust du dich, ihn zu sehen?" Alle anderen Passagiere in der Flughafenlounge versuchten diskret Fotos von dem Spektakel zu machen, das wir veranstalteten, was wiederum meine Nervosität und Aufregung so sehr verstärkte, dass ich zitterte, als Jeremy eintraf. Ich brachte kaum die Kraft auf, um aufzustehen und ihn zu umarmen, denn in diesem Moment hatte ich das Gefühl, dass uns die ganze Welt zuschaute.

Wir umarmten uns und sein Lächeln brachte meine Unsicherheit zum Schweigen. Er reichte mir einen Brief, den ich aber erst las, als die Kameras bereits ausgeschaltet waren. Ich sah ihm an, dass er auch ein wenig nervös war, und das tröstete mich irgendwie. In den letzten Wochen hatte ich hin- und hergeschwankt, ob ich mit nach Costa Rica fliegen sollte, obwohl ich mich auf eine Gelegenheit freute, mit Jeremy zusammen zu sein, denn wegen meiner gesundheitlichen Probleme machte ich mir Sorgen, ob eine Auslandsreise sinnvoll wäre.

Drei Monate vor dieser Reise waren meine Magenprobleme so stark geworden, dass ich gezwungen war, ein Trimester an der Uni zu pausieren und mit dem Laufen auszusetzen. In dieser Zeit verbrachte ich meine Tage mit drei Dingen: Entweder ich ging zum Arzt oder ich bereitete meine Mahlzeiten zu oder ich lag im Bett und krümmte mich vor Schmerzen. Ich war stark entmutigt und sehnte mich verzweifelt nach Heilung.

Es war eine schrecklich dunkle Zeit in meinem Leben, aber auch eine Zeit, in der mich Gott daran erinnerte, dass es genügte, einfach bei ihm zu sein. Statt alles kontrollieren zu wollen, lernte ich, jeden Tag mein Leben Gott anzuvertrauen und ihm zu vertrauen. Das erwies sich als lebensnotwendige Übung, die mir später helfen würde, schwere Zeiten zu ertragen. Am wichtigsten in dieser Zeit war, dass ich lernte, um Hilfe zu bitten.

In der Zeit, in der ich krank war, war Jeremy sehr verständnisvoll und zeigte viel Geduld, wenn ich negativ oder frustriert reagierte. Er hörte mir weiterhin zu, er ermutigte mich, und er liebte mich in dieser schweren Zeit, als ich das Gefühl hatte, nicht ich selbst zu sein. Als er mich einlud, mit seiner Familie im Frühling nach Costa Rica zu fliegen, lehnte ich diese Einladung zuerst ab. Ich nahm an, dass ich wegen meiner vielen Ernährungseinschränkungen lieber in kein Entwicklungsland fahren sollte. Aber jetzt waren endlich Zeichen der Besserung zu beobachten, und als ich mit meinen Eltern, Freundinnen und Ärzten darüber sprach, ermutigten mich alle, diese Reise zu machen. Ich glaube, allen tat mein Gesundheitszustand so leid, dass sie diese Reise als gute Möglichkeit für meine emotionale und mentale Genesung sahen. Sonnenschein, Wellen und Liebe können alles heilen, nicht wahr?

Während dieser Reise hatte ich eine lange Liste dabei, worauf ich beim Essen achten musste. Ich durfte auf gar keinen Fall

Leitungswasser trinken, nicht einmal zum Zähneputzen sollte ich es benutzen. Meine gesundheitlichen Probleme verlangten, dass ich mit Jeremy sehr viel darüber sprach, was ich brauchte und wie ich mich fühlte, was ihm wiederum die Gelegenheit gab, sich gebraucht und nützlich zu fühlen. Das war gut, auch wenn ich mich dadurch hilfsbedürftig fühlte. Um Hilfe zu bitten und Jeremy zu erlauben, sich um mich zu kümmern, waren Dinge, die ich erst lernen musste.

Costa Rica war ein weiterer Meilenstein in unserer Beziehung. Es war unsere erste gemeinsame Reise, mein erster Auftritt in *Little People, Big World* und das erste Mal, dass ich mehr Zeit mit Jeremys Familie verbrachte. Für Jeremy war es das erste Mal, dass er sich um mich kümmern musste. Wir haben dort das erste Mal gemeinsam *Eine harte Gnade* gelesen. Und wir nahmen uns in diesem Urlaub vor, das Prinzip des Teilens zu praktizieren. Auch wenn uns nach diesem Urlaub wieder viele Kilometer trennten, wollten wir uns emotional nahe sein.

In Costa Rica stellte ich fest, dass ein Thema, das uns trennte, Fußball war. Die Weltmeisterschaft lief und Jeremys Familie saß am Abend in der Hotellobby und schaute sich die Spiele an. Ich hatte nie Fußball gespielt und hatte definitiv nicht den Wunsch, mir Fußball im Fernsehen anzusehen. Aber mir wurde bewusst, dass dieser Sport Jeremys ganzer Familie wichtig war und dass Jeremy ihn liebte. Also versuchte ich Interesse zu zeigen. Aus dem Buch *Eine harte Gnade* lernte ich, dass es an Fußball etwas Interessantes geben musste, wenn Jeremy sich so sehr dafür begeistern konnte.

Also schaute ich ihm beim Hallenfußball zu, wenn er im Sommer zu Besuch nach Hause kam, und ich lernte, einen Ball zu treten, als ich ihn in Santa Barbara besuchte. Zum Geburtstag schenkte ich ihm einen Rucksack von seiner Lieblingsmannschaft. Ja, ich spielte sogar einmal beim jährlichen Fußballspiel der Roloffs an Thanksgiving mit. Dadurch, dass ich das mit ihm teilte und lernte, mich für Fußball zu interessieren, verstand ich, warum Jeremy Fußball so sehr begeistert. Das wiederum half mir, ihn besser zu lieben und zu verstehen.

Jeremy bezeichnet Fußball als *Weltsprache,* und in Costa Rica begriff ich, was er damit meinte. Beim Frühstück oder bei unseren Ausflügen machte Jeremy oft Bemerkungen über die Weltmeisterschaft, wodurch er innerhalb weniger Sekunden neue Freunde gewann. Während ich ihn dabei beobachtete, lernte ich, Jeremy auf neue Weise zu verstehen. Das gehört zu den schönen Seiten, wenn man das Prinzip des Teilens praktiziert. Es ermöglichte uns, einander besser kennenzulernen, und dadurch konnten wir uns auch mehr lieben.

Durch das Prinzip des Teilens lernte ich außerdem, eine Vorliebe für alte Autos zu gewinnen. Wir haben bereits von einigen lustigen Abenteuern erzählt, die wir in Jeremys Oldtimern erlebten, aber es gab auch Geschichten, die nicht so lustig waren: wenn seine Autos zum Beispiel einfach liegen blieben oder überhaupt nicht anspringen wollten. So etwas kam regelmäßig vor und das ist heute noch so. Ja, er hat diese Autos immer noch, aber ich habe nie versucht, ihn zu überreden, die Autos zu verkaufen. Du kannst mich für verrückt halten, aber ich habe gelernt, ihre Unvollkommenheiten und die Geschichten, die sich ergeben, wenn wir plötzlich liegen bleiben, zu lieben.

In der Zeit vor unserer Ehe besaß Jeremy bereits vier alte Autos. Eines hat er geschenkt bekommen; die anderen hat er im Internet gekauft und restauriert: einen BMW 2002 Baujahr 1971 (*OhSo*), einen VW-Bus Baujahr 1971 (*Blue Moon*), einen GMC-

Pick-up Baujahr 1969 (*Bertha*) und einen Toyota FJ40 Baujahr 1976 (*Rain*). Jedes Auto markierte eine andere Phase in unserer Beziehung:

OhSo stand für die Friendzone
Blue Moon für den Anfang unserer Liebesbeziehung
Bertha für unsere Beziehungspause
Rain für die große Frage und den großen Tag
(mehr dazu später).

Wenn wir zusammen in Oregon waren, wäre es viel bequemer gewesen, wenn wir mit meinem Auto gefahren wären, aber ich genoss es, in einem von Jeremys alten Schätzen mit 80 Stundenkilometern über die Autobahn zu tuckern. Es machte Spaß, die anderen Männer zu beobachten, die ihre Frauen abrupt antippten und mit Bewunderung und sehnsüchtigen Blicken Jeremys Auto anschauten. Mir gefiel es, wie leicht man einen Parkplatz für den kleinen *OhSo* fand, wie viel Platz man hinten in *Blue Moon* hatte, dass man bei *Bertha* die Fenster manuell nach unten kurbeln konnte und die Ruhe in *Rain*, weil in diesem Auto kein Autoradio war. Wir lächelten uns immer erleichtert an, wenn die Autos beim ersten Versuch ansprangen, aber es machte auch Spaß, *Blue Moon* anzuschieben oder mit Fremden zu sprechen, die anboten, uns Starthilfe zu geben.

In diesen alten Fahrzeugen fanden viele gute Gespräche statt. Das ist einer der Gründe, warum es mir nichts ausmacht, dass wir sie immer noch haben. Ich verbinde mit ihnen so viele angenehme Erinnerungen. Außerdem verdanken wir den Autos immer noch einige Abenteuer und viele Gelegenheiten, uns gegenseitig zu vergeben: zum Beispiel vor zwei Jahren, als ich im

Schnee mit den Überbrückungskabeln hantieren musste, nachdem *Rain* beim Christbaumkauf streikte. Oder – alle Mamas werden jetzt bestimmt stöhnen – als wir auf dem Parkdeck liegen blieben, während ich im achten Monat schwanger war und es draußen über 30 Grad heiß war. Ja, wir sind immer noch verheiratet, und ja, wir haben Rain immer noch.

Auch wenn ich dir gerade zwei gute Bespiele von kniffligen Situationen genannt habe, in denen ich geduldig und barmherzig war, muss ich eines klarstellen: Jeremy und ich sind *nicht* perfekt. Auch wir streiten hin und wieder, und manchmal haben wir unsere Gefühle einfach nicht im Griff. Wir schieben die Schuld auf den anderen statt auf die Umstände, und wir vergessen, dass wir in derselben Mannschaft sind. Aber je mehr wir das Prinzip des Teilens praktizieren, umso mehr schaffen wir es, uns in Situationen, die zu Streit führen könnten, versöhnlich anzulächeln.

JEREMY

Auj und ich lernen immer noch, dass etwas, das einer von uns liebt und das unseren gemeinsamen Werten entspricht, etwas Liebenswertes an sich haben muss. Wenn wir bereit sind, herauszufinden, was daran auch für uns liebenswert ist, erleben wir eine größere Nähe und Einheit. Neue Dinge zu finden, die wir aneinander lieben können, ist nach wie vor ein großes Geschenk. Dadurch bleibt die wachsende Freude, immer wieder etwas Neues aneinander und durch den anderen zu entdecken, lebendig. Und letztlich vertieft sich dadurch auch unsere Liebe. Wir sind überzeugt, wenn wir mit Fäden, die uns verbinden, das, was uns trennen will, überbrücken, werden wir uns immer näherkommen. Und wenn wir Dinge, die uns trennen, beseitigen, lässt das unsere Liebe reifen.

Vor unserer Ehe versuchten wir, durch gemeinsame Hobbys und Interessen unsere Beziehung zu vertiefen. Seitdem wir verheiratet sind, tun wir das auch in anderen Bereichen: in unserem Versagen, unseren Siegen, unseren Pflichten und sogar den Worten, die wir verwenden. Zum Beispiel ist es meine Aufgabe, den Müll rauszubringen. Wenn ich das vergesse, ist Audrey frustriert und macht mich darauf aufmerksam. Genauso werde ich frustriert, wenn wir zu spät kommen, weil Audrey zu lange braucht, um sich fertigzumachen. Ich schiebe dann die Schuld für unsere Unpünktlichkeit auf sie.

In solchen Situationen versuchen wir unseren Frust nicht anklagend auszudrücken, indem wir „wir" statt „du" sagen. Also statt: „Jeremy, *du* hast vergessen, den Müll rauszubringen", sagt Audrey: „Jeremy, *wir* haben vergessen, den Müll rauszubringen." Und ich sage nicht: „*Audrey* hat zu lange gebraucht", sondern: „*Wir* haben zu lange gebraucht."

Das mag nur eine Kleinigkeit sein, aber dadurch verändert sich die Atmosphäre, und aus einer Anschuldigung wird ein Bündnis, aus Trennung wird Gemeinsamkeit. Wenn wir wirklich „ein Fleisch" sind, wie es in der Bibel steht, wollen wir auf jede nur denkbare Weise eins sein. Wir werden eins, wenn wir uns vor dem Traualtar unser Eheversprechen geben, und wenn unser tägliches Tun und Reden zeigt, dass wir eins sind, vertieft sich unsere Beziehung.

Sheldon und Davy Vanauken sagten: „Schleichendes Auseinanderleben ist der Tod der Liebe."[13] Wenn uns durch das Prinzip des Teilens tausend Fäden der Einheit miteinander verbinden, klingt es nur logisch, dass tausend Fäden des Auseinanderlebens Distanz aufbauen. Wir erschraken, als wir erkannten, dass wir nicht nur Nähe säen können, sondern auch Distanz. Audrey und ich erlebten hautnah, wie sich körperliche Distanz auf die Liebe auswirken kann, denn für eine lange Zeit führte jeder von uns sein eigenes Leben, weil wir durch unser Studium räumlich getrennt waren. Das hat unsere Liebe immer wieder schwer herausgefordert.

Wir leben in einer Welt, in der echte Liebe – Liebe, die Bestand hat – schwer zu finden ist. Die Liebe kann in einem Moment da sein und im nächsten Moment ist sie schon wieder vorbei. Das sehen wir an den Scheidungsraten, an den kaputten Familien, an Untreue in der Ehe und vielem mehr.

Wir leben in einer Kultur, in der Gefühle als Frucht der Liebe betrachtet werden, aber oft wird vergessen, den Baum, der die Früchte hervorbringt, zu gießen. Wenn Liebesgefühle von selbst wachsen würden, sähe die Welt anders aus. Doch Liebesgefühle entstehen nicht ohne Liebestaten. Das ist wie bei einer Pflanze, die nicht gegossen wird.

Wir sind davon überzeugt, dass das Prinzip des Teilens eine gute Möglichkeit ist, die Liebespflanze zu gießen. Mir gefällt sehr, wie es Timothy Keller ausdrückt: „Unsere Kultur behauptet, dass Liebesgefühle zu Liebestaten führen. Natürlich kann das zutreffen. Aber es trifft auf jeden Fall zu, dass Liebestaten zu Liebesgefühlen führen.“[14]

Sheldon und Davy Vanauken fanden heraus, wie sie ihre Liebe schützen konnten – durch ständiges Teilen und damit einhergehend das lebenslange Bemühen, den anderen immer wieder neu zu entdecken und kennenzulernen. Durch ständiges Teilen errichteten sie eine Schutzmauer um ihre Liebe.

Ich weiß nicht, wie es dir geht, aber ich bin davon begeistert. Das ist ein herrliches Bild von zwei Menschen, die das meiste aus ihrer Liebesgeschichte herausholen wollten. Sheldons und Davys Methode lässt sich vielleicht nicht in dein Leben übertragen, aber es liegt definitiv viel Wahres darin. Wenn ihr vieles miteinander teilt, kommt ihr euch näher. Wenn ihr vieles getrennt macht, entfernt ihr euch voneinander und das kann schließlich zur Trennung führen. Das Prinzip des Teilens ist eine Einstellung, die dir auf der Suche nach einem geeigneten Partner viel Zeit spart. Und wenn ihr verheiratet seid, hilft es euch, euch in der Ehe auch weiterhin zu beschenken.

Der Kampf um Enthaltsamkeit

AUDREY

Jeremy und ich gingen jungfräulich in unsere Hochzeitsnacht. Aber bevor du uns jetzt für Heilige hältst und dieses Kapitel überspringst, muss ich etwas klarstellen: Wir haben es zwar geschafft, nicht miteinander zu schlafen, aber den Kampf um Enthaltsamkeit haben wir trotzdem verloren. Ja, wir haben mit dem tatsächlichen Geschlechtsverkehr bis zur Ehe gewartet – und dafür sind wir auch dankbar –, aber das ist nicht einmal der halbe Kampf.

Ich lehne mich an dieser Stelle weit aus dem Fenster und behaupte, dass Jeremy und ich wahrscheinlich nicht das einzige christliche Paar sind, das zwar „gewartet" hat, aber trotzdem nicht enthaltsam war. Vielleicht habe ich gerade die Beziehung beschrieben, in der du dich gerade befindest. Vielleicht hast auch du schon spätabends bei Kerzenschein und einem Glas Wein im Zimmer deines Freundes abgehangen. Das ist eine gefährliche Versuchung. Vielleicht habt ihr euch auf der Couch aneinandergekuschelt, als sonst niemand zu Hause war, und habt einen Film angesehen. Oder habt ihr mehr gemacht? Vielleicht hast du am nächsten Morgen geweint, weil du dich geschämt hast, dass du am Abend zuvor deine Kleidung nicht anbehalten konntest. Ja, das habe ich tatsächlich gesagt. Und ja, Jeremy und ich kennen jede dieser Situationen.

Es hat einen Grund, warum in der Bibel steht: „Wenn ihnen das Alleinsein aber zu schwer fällt, sollen sie heiraten. Denn das ist besser, als von unerfülltem Verlangen verzehrt zu werden" (1. Korinther 7,9). In den Monaten vor unserer Hochzeit haben wir uns wirklich *vor Verlangen verzehrt.* Jeremy und ich leiden immer wieder mit Freunden, die sich für eine lange Verlobungszeit entscheiden, hauptsächlich aus diesem Grund. Viele Paare, die heiraten wollen, verschieben ihre Hochzeit aus Gründen, die wenig mit ihrer Beziehung zu tun haben. Sie verschieben sie vor allem wegen des Drucks und der Erwartungen, die durch die Medien und die Hochzeitsindustrie aufgebaut werden. Alles muss *traumhaft und perfekt* sein, nicht wahr?

Wenn also das Traum-Lokal bereits bis ins nächste Jahr hinein ausgebucht ist und das Kleid erst in frühestens einem halben Jahr fertig ist, wird die Ehe wegen der Hochzeit hinausgezögert. Versteh mich bitte nicht falsch. Es war für mich herrlich, eine einmalige Feier zu planen, aber ich glaube auch, dass unsere Kultur den Hochzeitstag *überbewertet* und das Versprechen *unterbewertet.* Ähnlich wird besonders von Christen die Jungfräulichkeit über- und die Enthaltsamkeit unterbewertet.

In der Bibel bedeutet Enthaltsamkeit, moralisch rein und fehlerlos zu sein. Enthaltsamkeit anzustreben bedeutet, Heiligkeit in unserem Denken, in unserem Herzen und in unserem Körper anzustreben. Rein zu sein bedeutet schuldlos, makellos und unschuldig zu sein. Dazu ist es wichtig, uns bewusst zu machen, dass Gottes Wege die besten Wege sind und dass wir uns an seine Wege halten. Denn wenn wir enthaltsam leben, stehen wir Gott ganz zur Verfügung und sind bereit, uns für seine Ziele gebrauchen zu lassen.

Wenn dir deine sexuelle Vergangenheit das Gefühl gibt, schmutzig, schuldig oder unrein zu sein, dann höre jetzt bitte gut zu: Gott will dich so weiß wie Schnee waschen (Jesaja 1,18), er will dir ein ungeteiltes Herz geben (Hesekiel 11,19), und er will dich erneuern (Psalm 51,12). Er freut sich, wenn er dich schuldlos und rein, hell und makellos machen kann (Philipper 2,15). Und er möchte dich von Schuld und Schande befreien.

Jeremy und ich sind beide in christlichen Familien aufgewachsen. Unsere Eltern und Gemeinden haben das tiefe Bewusstsein in uns gelegt, dass Sex vor der Ehe schlecht ist. Wenn du ein Junge bist, wurde dir gesagt, dass du Frauen respektieren und deine Hände bei dir behalten sollst. Wenn du ein Mädchen bist, hat man dir gesagt, dass du auf deinen Ehemann warten sollst. Vielleicht hast du sogar einen Keuschheitsring bekommen. Das war alles. Abgesehen davon haben wir kaum praktische Hilfe bekommen. Bei Themen wie Pornografie, engem Tanzen und ähnlichen Dingen waren wir auf uns selbst gestellt.

Ich war das älteste von drei Kindern und wuchs in einem sehr behüteten Zuhause auf, und bis zur Highschool habe ich keinen Film mit einer Sexszene gesehen. Ich erinnere mich, dass es mir echt peinlich war, dass ich in der Mittelstufe als Einzige von meinen Freundinnen den Film *Titanic* noch nicht gesehen hatte, weil ich keine Filme mit Altersbeschränkung sehen durfte. Während sich meine Freundinnen Push-up-BHs kauften, Make-up trugen, sich die Beine rasierten und herausfanden, wie man Tampons benutzt, war ich immer noch flach wie ein Brett, trug eine Zahnspange und hatte oft keine Ahnung, wovon die anderen sprachen.

Logischerweise war dann die sexuell aufgeheizte Stimmung an der Highschool für mich ein ziemlicher Schock. Ich ging an eine der größten Schulen in Portland, Oregon, wo ich lernte, wie man mit einem Jungen eng aneinandergeschmiegt tanzt, und als Mutprobe sollte ich mit einem Jungen aus meiner Querfeldein-Mannschaft bei der Heimfahrt von einem Wettkampf herummachen. Diese Mutprobe führte zu meinem ersten Kuss. Igitt!

Was ich damit sagen will: Ich wurde in eine Welt voller Lügen über Sex, Enthaltsamkeit, meinen Körper und Liebe katapultiert. Das war vor fast zehn Jahren, als Myspace gerade erst im Kommen war und jeder noch Klapphandys hatte, bei denen man seine alten Nachrichten löschen musste, um Platz für neue zu schaffen. Kannst du dich daran noch erinnern? Heutzutage haben Schüler in der Mittelstufe freien Zugang zu Sex. Ich spreche hier nicht von irgendwelchen Zeitschriften unter dem Bett. Ich spreche davon, dass sie sich auf ihren Smartphones praktisch alles ansehen können, was sie wollen, ohne dass es jemand mitbekommt.

Dank Gottes Gnade lernte ich an der Highschool die christliche Jugendorganisation *Young Life* kennen. *Young Life* konzentriert sich darauf, tiefe Beziehungen zu Schülern aufzubauen und mit ihnen offen über alles zu sprechen. Wo meine Eltern und Jugendpastoren Gesprächen über Enthaltsamkeit auswichen, waren die Leiter meiner *Young Life*-Gruppe bereit, darüber zu sprechen.

Meine besten Freunde und ich begannen damals, eine wöchentliche Bibelgruppe von *Young Life* zu besuchen. Die Leiter der Gruppe waren Anfang zwanzig und wurden schnell unsere Ansprechpartner für alle *Grauzonen*-Fragen. Weil ich das Gefühl hatte, ihnen vertrauen zu können, fiel es mir leichter, ihnen unangenehme oder peinliche Fragen über alles, was sich zwischen Händchenhalten und Sex bewegt, zu stellen.

Bei einem Treffen unserer Gruppe führte eine Leiterin bildlich vor, welche ernsten Konsequenzen Sex außerhalb der Ehe hat: Sie klebte ein rosa Papierherz auf ein blaues Papierherz. Dann hielt sie die rosa Seite hoch und sagte: „So sieht dein Herz aus, wenn du enthaltsam bleibst.“ Anschließend begann sie, das blaue Herz von dem rosa Herz abzulösen, und sagte: „Und das kann passieren, wenn du nicht enthaltsam bleibst.“

Als sie die Herzen auseinanderriss, blieben Reste des blauen Herzens an dem rosa Herz kleben, und Stücke des rosa Herzens klebten an dem blauen Herz. Das rosa Herz war außerdem dünner und instabiler als vorher. An diesem Tag verstand ich zum ersten Mal, welche Folgen körperliche Intimität außerhalb der Ehe hat. Der Bibelvers „Vor allem aber behüte dein Herz, denn dein Herz beeinflusst dein ganzes Leben“ (Sprüche 4,23; NLB) bekam plötzlich eine völlig neue Bedeutung. Meine Gruppenleiterin ermutigte uns auf diese Weise, uns um Enthaltsamkeit zu bemühen, damit wir eines Tages unserem künftigen Ehepartner unser ganzes Herz geben können.

Ich finde nach wie vor, dass das eine eindrucksvolle Illustration war, aber sie hatte mindestens zwei unbeabsichtigte Nebenwirkungen: Zum einen löste sie bei meinen Freundinnen, die schon mit ihrem Freund geschlafen hatten, erdrückende Schuldgefühle und Scham aus. Denn sie hatten nun das Gefühl, ihr Herz würde nie wieder ganz sein. Was aber nicht stimmt. Und eine Freundin meinte: „Ich habe es schon vermasselt. Da ich sowieso kein ganzes Herz mehr geben kann, hat es auch keinen Sinn, mich jetzt um Enthaltsamkeit zu bemühen.“

Falls sie dir aus dem Herzen spricht, möchte ich dir Mary Pickfords Worte zusprechen: „Du kannst in jedem Augenblick, in dem du es möchtest, einen Neuanfang starten. Denn das, was wir *Versagen* nennen, ist nicht das Hinfallen, sondern das Liegenbleiben.“[15] Deshalb kannst du dich auch auf dem Gebiet der Enthaltsamkeit für einen Neuanfang entscheiden.

Das Bild mit den Papierherzen birgt noch eine zweite Gefahr: Es vermittelt den Eindruck, dass wir nur wegen unseres künftigen Ehepartners, den wir noch gar nicht kennen, rein bleiben sollten. Aber es geht um mehr. Enthaltsamkeit ist Gottes Plan für unsere Sexualität. Ein Keuschheitsring sollte nicht ein Versprechen an jemanden symbolisieren, den du noch nicht einmal kennst. Er sollte ein Symbol für ein Versprechen an deinen himmlischen Vater, deinen Erlöser, deinen Retter sein, der genau weiß, was du schon alles vermasselt hast, und der dich trotzdem vorbehaltlos liebt und dir einen besseren Weg zeigt. Ein Keuschheitsring sollte eine Erinnerung sein, dass wir Gottes Versprechen annehmen und glauben, dass sein Weg den größten Segen bringt.

Deshalb warnt uns Gottes Wort: „Weckt die Liebe nicht auf und facht die Leidenschaft nicht an, bis die Zeit dafür kommt!" (Hohelied 8,4). Mit anderen Worten: Lasst euch in eurer Beziehung nicht auf Sexualität ein, solange ihr sie nicht ausleben könnt.

Falls du das hier liest und das Gefühl hast, deine Unschuld wäre verloren oder ruiniert, höre mir bitte gut zu: Gottes Gnade bedeutet, dass es bei dem Kampf um Enthaltsamkeit nicht darum geht, was du mit deinem Körper gemacht hast, sondern darum, was Jesus mit seinem Körper gemacht hat. Wenn du umkehrst, schenkt Gott dir Vergebung und macht dich wieder heil und rein. Die Bibel nennt Gott unseren Erlöser (zum Beispiel in Jesaja 47,4). Er erlöst uns von unserem kaputten Zustand und macht uns wieder rein.

Erlösung ist eine Einladung, aus der Gefangenschaft in die Freiheit zu gelangen, aus der Angst zum Frieden, aus der Schande zur Würde, aus der Abhängigkeit zur Selbstbeherrschung, aus dem Egoismus zur Bereitschaft zu dienen, aus der Depression zur Freude, aus der Trägheit zum Wachstum, aus dem Ungehorsam zu

Ehre und aus der Krankheit zu Gesundheit. Unser Erlöser und Gott will dich zu einer neuen Schöpfung machen (2. Korinther 5,17). Er will in dir ein reines Herz schaffen und deinen Geist erneuern (Psalm 51,12). Falls du das alles zum ersten Mal hörst, muss ich eines klarstellen: Wir können nichts machen, um uns dieses Gnadengeschenk zu verdienen. Wir dürfen es einfach annehmen und Gott erlauben, unser Leben zu verändern.

*

Meine Eltern ließen uns als Kinder nicht viel Zucker oder Süßigkeiten essen. Nur an Geburtstagen oder an Feiertagen gab es etwas Süßes, und selbst dann waren es meistens selbst gebackene Kuchen oder frisches Obst. Natürlich stopfte ich mich, wenn ich bei meinen Freundinnen war, mit Bonbons, Schokolade und Muffins voll. Alles Sachen, die es bei uns zu Hause nicht gab. Ich war das typische Kind, das keine ungesunden Sachen essen sollte, aber sobald sich eine Gelegenheit bot, aß ich, was ich zwischen die Finger bekam. Wenn man einem Kind sagt, dass es etwas nicht haben kann, will es diese Sache umso mehr, selbst wenn es genau weiß, dass ihm schlecht wird, wenn es zu viel davon isst.

Das Verbot, zu viel Süßes und Fast Food zu essen, hat meinen Appetit darauf nur verstärkt. Genauso wollte ich Jeremy unbedingt küssen, sobald wir endlich zusammen waren, nachdem ich ihn monatelang nicht hatte küssen können. Wir beobachteten auch, dass die Aussicht, dass wir uns wochenlang nicht sehen würden, dann, wenn wir zusammen waren, eine starke sexuelle Spannung erzeugte. Wenn du je eine Fernbeziehung geführt hast, weißt du bestimmt, wovon ich spreche. Wenn du den Menschen, den du liebst, drei Monate lang nur über Skype siehst, fällt es euch sehr schwer, die Finger voneinander zu lassen, wenn ihr endlich zusammen seid.

Durch die große Entfernung war das Bonbonglas unerreichbar, aber wenn Jeremy und ich zusammen waren, hatten wir die Freiheit, uns nach Belieben zu bedienen. Und wir hatten großen Appetit auf Süßes. Aber jedes Mal, wenn wir unserem Verlangen nachgaben und Kompromisse hinsichtlich unserer Wertmaßstäbe machten, hatten wir danach Schuldgefühle und schämten uns.

Zugegeben, die körperliche Nähe half uns, uns emotional wieder nahe zu fühlen, wenn wir uns lange nicht gesehen hatten. Körperliche Intimität war ein leichter Weg, uns zu bestätigen, dass die Chemie zwischen uns immer noch stimmte. Sie war kurzfristig beruhigend, aber wir wussten, dass sie nicht in Gottes Willen und gegen seine Pläne war. Wir fühlten uns so schwach und armselig, weil wir nicht genug Selbstdisziplin hatten, uns zu beherrschen.

Die wenigen Male, die ich Jeremy in Santa Barbara besuchte, wohnte ich normalerweise bei einer Bekannten aus seiner Gemeinde. Aber bei einem meiner Besuche waren alle wegen des Feiertags weggefahren, und ich übernachtete bei Jeremy in der Wohnung. *Nicht* ideal. Ich redete mir aber ein, dass nichts passieren würde, da Jeremy mit drei anderen Studenten zusammenwohnte und ich nicht der Typ für öffentliche Liebesbekundungen bin. Außerdem war ich nur für zwei Nächte da.

Mein erster Tag bei Jeremy war der 4. Juli, der amerikanische Nationalfeiertag. Am Abend fuhren wir mit dem Fahrrad zum Strand, um uns das Feuerwerk anzusehen. Diese romantische Atmosphäre war gefährlich, denn wir entfernten uns von den anderen, um uns zu küssen, und diese Küsse am Strand weckten unsere Sehnsucht nach mehr körperlicher Nähe. Ich weiß, es ist tabu, dass christliche Paare über solche Dinge reden, aber ich werde hier nicht lügen oder das, was passiert ist, beschönigen.

Als wir wieder in Jeremys Zimmer zurück waren, gingen wir viel zu weit. Wir zogen zwar eine strenge Grenze zu Sex, aber wir begaben uns definitiv in eine Grauzone. Ich trug unter meinem Kleid meinen Badeanzug, weil das in Santa Barbara fast jeder macht. Dadurch war es für mich viel akzeptabler, mein Kleid auszuziehen. Genau in dem Moment, in dem ich das machte, ging jedoch der Wecker in meinem Handy los. Wir erstarrten und zogen uns mit hochgezogenen Brauen und einem betretenen Lächeln voneinander zurück. Ich hatte den Wecker absichtlich gestellt. Der Weckruf war sehr effektiv.

Meine Mutter sagt immer: „Nach Mitternacht passiert nichts Gutes mehr." Aber aufgrund unserer Geschichte wusste ich, dass 22 Uhr normalerweise die Zeit war, in der wir uns entscheiden mussten: Nach Hause fahren oder einen Film einlegen, vor dem Lagerfeuer sitzen bleiben und uns weiter unterhalten? Wenn wir uns für die zweite Möglichkeit entschieden, lauerten oft große Versuchungen. Deshalb schlug meine Mentorin Jamie vor, dass ich meinen Wecker auf 22 Uhr stellen sollte. Sie wusste, dass ich an diesem Wochenende bei Jeremy war, und hielt den Wecker für eine gute Hilfe, um enthaltsam zu bleiben.

Wenige Sekunden nachdem mich mein Wecker daran erinnert hatte, die richtige Entscheidung zu treffen, bekam ich von Jamie eine Nachricht: *Hey, Auj, ich wollte nur nachfragen: Bist du allein in deinem Bett?*

Ich wollte ihr nicht sagen, dass ich das nicht war. Deshalb wünschte ich Jeremy schnell eine gute Nacht und machte mich fürs Bett fertig. Jeremy legte sich auf die Decken auf dem Boden, damit ich ehrlich mit „*Ja*“ und ein beschämtes Emoji-Gesicht antworten konnte.

So leicht kam ich aber nicht davon. Als ich wieder in Oregon war, stellte mir Jamie gezielte Fragen, und ich musste ihr im Detail beichten, wie wir es vermasselt hatten. Ja, es war peinlich und unangenehm, aber es war auch absolut nötig. Sie sprach die harte Wahrheit aus, die ich hören musste, und half mir zu überlegen, wie Jeremy und ich in Zukunft gesunde Grenzen setzen konnten.

Um dir zu zeigen, wie schwer uns dieser Kampf fiel, muss ich gestehen, dass wir am nächsten Abend in die gleiche Falle tappten. Ich sage dir: Wir verzehrten uns fast nacheinander! Wenn wir hundert Jahre früher so verliebt gewesen wären, hätte uns nichts davon abgehalten, sofort zu heiraten. Aber es war nicht hundert Jahre früher, und wir waren durch andere Dinge, die uns unter Druck setzten, und andere Ziele gebunden: unser Studium abzuschließen, ein festes Einkommen zu haben und eine Pinterest-würdige Hochzeit zu planen. Also *warteten* wir.

Am zweiten Abend meines Besuchs schauten wir einen Film an und kuschelten uns dabei spätabends auf Jeremys Bett aneinander. Ein sicheres Rezept für Probleme. Dieses Mal bremste uns nicht mein Wecker, sondern Jeremy. Er schlug eine kreative, aber trotzdem ein wenig lachhafte Lösung vor: „Auj, ich schlüpfe jetzt in meinen Schlafsack und komme erst morgen früh wieder heraus. Du kannst in meinem Bett schlafen, weil es bequemer ist. Gute Nacht!“

Ich schlief unter der Decke, und Jeremy schlief in seinem Schlafsack auf der Decke. Ich schreibe das nicht, weil ich es euch empfehlen möchte. Ich versuche nur, ehrlich zu sein. Wir kämpften. Irgendwann in den frühen Morgenstunden muss ich mich zu schwungvoll umgedreht haben und dabei gegen Jeremys Schlafsack gestoßen sein. Wegen des glatten Materials rutschte er aus dem Bett. Wir wachten beide auf und bekamen einen Lachanfall.

Ich erzähle das alles, um dir klarzumachen, dass es wirklich sehr schwer ist, diesen Kampf zu gewinnen. Wenn du zu einem Menschen stark hingezogen bist, den du liebst, mit dem du aber nicht verheiratet bist, macht das die Sache bestimmt nicht leichter. Die Medien machen es nicht leicht. Mädchenfilme machen es nicht leicht. Dein eigenes Studentenzimmer macht es nicht leicht. Die Hochzeitsindustrie macht es nicht leicht. Ein Keuschheitsring macht es nicht leichter. Und Fernbeziehungen machen es ganz bestimmt nicht leichter. Um diesen Kampf zu gewinnen, müssen wir uns schützen. Dazu brauchen wir Grenzen und jemanden, vor dem wir Rechenschaft ablegen.

JEREMY

In der Zeit, in der ich Audrey kennenlernte, wurde ich am Computer schuldig. Ich konnte meine Augen nicht beherrschen und schaute mir gefährliche Bilder und Profile in sozialen Medien an, die mir nicht guttaten. Ich kenne viele Männer, die ihre Beschäftigung mit Pornografie damit entschuldigen, dass sie sich keine Nacktbilder ansehen, aber die Pornosünde läuft im Kopf ab, ob die Frauen auf den Fotos bekleidet sind oder nicht. Und es ist auch egal, ob man sie auf Instagram oder auf eindeutigen Internetseiten betrachtet.

In der Bibel lesen wir, dass wir für alles, was wir denken und tun, Rechenschaft ablegen müssen. Wenn wir einmal Jesus gegenüberstehen und für unser gesamtes Leben zur Rechenschaft gezogen werden, wird er in Bezug auf das, was wir uns regelmäßig ansehen, wahrscheinlich nicht sagen: „Ach, sie waren wenigstens spärlich bekleidet. Deine Gedanken waren also rein." In der Bibel steht: Gott „wird [...] alles ans Licht bringen, was jetzt noch verborgen ist, auch unsere geheimsten Wünsche und Gedanken" (1. Korinther 4,5).

Dann kam Audrey in mein Leben und ich erkannte, dass ich etwas ändern musste. In meinem Herzen wusste ich, dass meine Augen nur für sie bestimmt sein sollten. Gott hat Audrey eindeutig benutzt, um mich aufzuwecken. Ich hinterfragte, zu welchem Menschen ich mich entwickelte, und erkannte, dass das, was ich tat, nicht zu dem Mann passte, der ich sein wollte: ein Mann, der Reife, Selbstdisziplin und Selbstbeherrschung ausstrahlt. Ich habe einmal gehört, dass man einen Mann daran misst, ob er sich beherrschen kann. Wenn ein Mann also sein eigenes Denken nicht beherrschen kann, wird er auch sein Tun nicht beherrschen können.

Als ich begann, mich um Audrey zu bemühen, schaute ich mir wochenlang nichts Brisantes an. Aber ungefähr einmal im Monat war mir langweilig, ich war träge oder gestresst, und ich fing wieder an, Seiten anzuschauen, von denen ich lieber die Finger gelassen hätte. Danach fühlte ich mich immer schlecht und war von mir enttäuscht. Ich hasste es selbst, dass ich das immer wieder machte (Römer 7,13–20).

Auf der Suche nach Abhilfe las ich das Buch *Pardon, ich bin Christ* von C. S. Lewis – ein weiteres Buch, das mein Leben verändert hat. C. S. Lewis beschreibt darin, dass unsere Moral – unsere Maßstäbe, was richtig und falsch ist – direkt von Gott kommt. Die Moral sind nicht gesellschaftliche Normen, die *von* Menschen festgelegt wurden, sondern Maßstäbe, die von Gott *für* die Menschen festgelegt wurden. Lewis vergleicht die Moral mit einer

Treibstoffart. Gott hat uns Menschen geschaffen, und er hat uns so geschaffen, dass wir auf eine bestimmte Weise funktionieren, dass wir sozusagen mit einer bestimmten Treibstoffart laufen.[16]

Wenn wir uns dafür entscheiden, uns nach den Maßstäben einer Peergroup oder der aktuellen Kultur zu richten, bleiben wir irgendwann auf der Strecke. Das Gleiche passiert, wenn wir den falschen Treibstoff in unser Auto tanken. Wenn du statt Benzin Diesel tankst, bekommst du Probleme. Wenn wir uns also entscheiden, unser Leben nach etwas anderem auszurichten als nach dem Treibstoff, den unser Schöpfer für uns vorgesehen hat, bekommen wir Probleme.

Zum Glück haben wir einen freien Willen und können uns entscheiden, welchen Treibstoff wir tanken wollen. Christen, die Pornos anschauen, wissen, dass das nicht der richtige Treibstoff ist. Wenn wir uns aber dafür entscheiden, das trotzdem zu tun, widerspricht unser Tun unseren Überzeugungen. Mir wurde bewusst, dass ich ein Heuchler war. Ich bekannte mich zwar zu Gottes Maßstäben, aber heimlich handelte ich ganz anders.

Als ich mich mit diesem Thema befasste, fiel mir auf, wie Menschen sich oft herausreden, wenn es um Dinge geht, mit denen sie nicht aufhören können. Wir geben nicht gerne zu, dass wir süchtig sind. Deshalb sagen wir Sätze wie: „Wenn ich will, kann ich jederzeit aufhören“, oder: „Ich bekomme das Problem selbst in den Griff.“ Aus Wochen werden dann Monate oder gar Jahre. Und dann sind wir gefangen, wir schämen uns, und wir haben die Gemeinschaft mit unserem Herrn völlig verloren.

In *Die Macht der Gewohnheit* beschreibt Charles Duhigg etwas, das er als schlechte Gewohnheits-Schleife und als Eingangstor zur Sucht bezeichnet. Der Hauptunterschied zwischen einer Gewohnheitsschleife und einer Sucht liegt darin, dass der Mensch die

Gewohnheit beherrscht, aber eine Sucht die Person beherrscht. Duhigg erklärt, dass jede Sucht als Gewohnheit beginnt, wobei jede Gewohnheit nach dem gleichen Schema abläuft: Auslöser, Routine, Belohnung.[17] Es gibt einen Auslöser, zum Beispiel Stress oder Langeweile. Es gibt eine Routine, zum Beispiel bestimmte Profile in den sozialen Medien. Und es gibt eine Belohnung, zum Beispiel Erregung. Das war jahrelang meine Gewohnheitsschleife.

Bei vielen Gelegenheiten konnte ich der Versuchung widerstehen und enthaltsam bleiben, aber hin und wieder landete ich in der gleichen Falle. Duhiggs Buch half mir, wenigstens zum Teil den Grund dafür zu verstehen: Es gelang mir zwar, aus meiner Gewohnheit auszubrechen, aber ich hatte sie nicht durch etwas anderes ersetzt. Zum Beispiel hörte ich auf, mir Bilder von halbnackten Frauen anzusehen, wie es meine Gewohnheit gewesen war, aber das hinderte mich nicht daran, mich zu langweilen und mich nach einer Belohnung zu sehnen. Wenn wir unsere Gewohnheit nicht durch etwas anderes ersetzen, das uns eine Belohnung gibt, fallen wir unweigerlich in die gleichen alten Muster zurück.

Weil alle Gewohnheiten nach dem gleichen Schema ablaufen, müssen wir unser altes Verhaltensmuster durch ein neues ersetzen. Bei mir waren das Push-ups. Wenn ich merkte, dass ich allein zu Hause herumsaß und mich langweilte (Auslöser), nahm ich mein Handy, um mich abzulenken, was manchmal dazu führte, dass ich Bilder ansah, die mir nicht guttaten (alte Gewohnheit). Statt mein Handy zu nehmen, machte ich dann ein paar Pushups (neue Gewohnheit). Das löste bei mir eine positive Stimulation und eine Testosteron-Ausschüttung aus (Belohnung). Danach konzentrierte ich mich wieder auf das, was ich eigentlich tun sollte.

Das funktionierte wunderbar. Ein ganzes Jahr lang gelang es mir, einen gesunden Respekt gegenüber Frauen zu zeigen und enthaltsam zu bleiben. Aber diese parasitäre Sünde war noch nicht ausgerottet, und bei dem Stress nach unserer Hochzeit fiel ich in meine alten Gewohnheiten zurück – Auslöser, Routine, Belohnung. Erst als wir in unserem zweiten Ehejahr nach Bend, Oregon, zogen, erkannte ich, warum ich diese Sünde nicht ausrotten konnte: Ich hatte versucht, meine Sucht aus eigener Kraft zu überwinden.

In Bend wurden Auj und ich Mitglieder einer Hauskirche. Das ist einfach eine kleine Gruppe von Christen, die sich in Privatwohnungen trifft. Diese Gruppe wurde unsere Gemeinde – die Menschen, mit denen wir bewusst unser Leben teilten. Und hier fand ich einen Pastor, der Gewohnheitssünden nicht duldete. Ich fühlte mich sehr stark angesprochen, als er erklärte, was die Bibel über jemanden sagt, der sich weigert, sich von der Sünde abzuwenden und in Gerechtigkeit zu leben.

In dieser Gemeinschaft erkannte ich, wie isoliert ich in meinen Versuchen, mich zu ändern und zu wachsen, war. Deshalb begann ich, mich mit den Männern aus der Gruppe zu treffen. Diese gottesfürchtigen Männer dienten mir als Vorbilder, denn sie kannten das Wort Gottes, sie forderten einander heraus und sie liebten es, Eisen durch Eisen zu schleifen, wie es in der Bibel beschrieben wird (Sprüche 27,17). Wir hatten in dieser Gemeinde Christen gefunden, die nicht nur das Wort Gottes glaubten, sondern auch entschlossen waren, danach zu leben, egal, was es kostete und wie sehr es unserer Kultur widerspricht.

Was geschieht also, wenn wir die Sünde im Dunkeln lassen? Sie bleibt da. Der Apostel Paulus beschreibt das christliche Leben als Langstreckenlauf, bei dem ein Athlet auf vieles verzichtet, um zu gewinnen. Er hat das Ziel klar vor Augen (1. Korinther 9,25–26). Ich habe in meinem Leben meistens auf das Training verzichtet und bin damit immer gut durchgekommen. Zum Beispiel habe ich meinen Hochschulzulassungstest ohne Vorbereitung absolviert; ich habe gelernt, ein Auto mit Gangschaltung zu fahren, als ich *OhSo* zum ersten Mal nach Hause fuhr, oder ich entschied am Morgen des Rennens, einen Halbmarathon zu laufen.

Dass ich mich auch in meinem Glauben so verhalten habe, hat sich auf meinen Charakter nicht besonders positiv ausgewirkt. Diese Charakterschwäche wurde erst richtig in Angriff genommen, als mich ein Mann darauf ansprach und ich vor anderen Männern, die Christen waren, Rechenschaft ablegte. Es war nie Gottes Plan, dass Christen diesen Kampf allein bestreiten. In der Gemeinschaft hatte ich endlich die Unterstützung von Menschen, die mich liebten und die mir halfen, nicht mehr zu scheitern. Menschen, die sich mehr für meine Seele als für meine angenehmen Gefühle interessierten. Durch ihre Unterstützung fand ich schließlich den Mut, Audrey meine Kämpfe zu gestehen.

Mir war klar, dass es keinen *günstigen* Zeitpunkt gab, um dieses Thema anzusprechen. Deshalb beschloss ich, es an einem Sonntagabend bei unserem wöchentlichen Durchgang durch unser Ehetagebuch anzusprechen.[18] Ich schluckte schwer, als wir zu der Frage kamen: *Gibt es eine Sünde, die wir bekennen und für die wir um Vergebung bitten müssen, oder einen Konflikt oder eine Verletzung, über die wir sprechen müssen?*

So schmerzlich und demütigend es auch war, bekannte ich meine Sünde und bat Audrey um Vergebung. Als ich sah, wie sehr sie sich betrogen fühlte, tat es mir unendlich leid. Tränen liefen über ihr schönes Gesicht.

„Warum, Jeremy?“, fragte sie. „Warum?“

Ich konnte ihr darauf keine Antwort geben. Ich konnte nichts anderes sagen als: „Ich weiß es nicht." Das half uns in dieser Situation aber auch nicht weiter.

Audrey war am Boden zerstört. Mein Verhalten hatte unser Vertrauensverhältnis verletzt, unserer Intimität geschadet und unser Einssein zerstört. Ich weiß noch, dass ich dachte: *Ich liebe sie so sehr. Warum mache ich dann so etwas immer wieder?* Ja, ich liebte sie, aber wie weit ging ich dafür? Wir zeigen unsere Liebe zu anderen darin, wie wir sie behandeln. Wenn ich also sagte, dass ich sie liebe, mich aber entschied, etwas zu tun, das sie verletzte, stimmte etwas nicht.

Ich tat vor Gott Buße und versprach Audrey, dass ich nur noch Augen für sie hätte. Buße tun bedeutet, *sich von etwas abzuwenden*. Jesus hat zu der Sünderin gesagt: „Du kannst gehen, aber sündige nun nicht mehr!" (Johannes 8,11). Neu gemacht und reingewaschen wandte ich mich von meinen alten Gewohnheiten ab und wurde frei. Nachdem ich mich bei Audrey entschuldigt und meine Dunkelheit ans Licht gebracht hatte, war ich frei. Wieder einmal. Aber dieses Mal hatte ich die Rückenstärkung durch meine christlichen Freunde, vor denen ich Rechenschaft ablegte.

Aufgrund solcher schwierigen und schmerzlichen Probleme ist es wichtig, dass wir als Christen unseren Weg zusammen mit anderen Christen gehen. Gott benutzt die christliche Gemeinschaft, um zu ermutigen und zu trösten, aber auch um zu korrigieren und zu heilen. Hör auf, allein im Dunkeln zu kämpfen! Den Weg zur Freiheit und Enthaltsamkeit zu gehen ist schwer, aber die Bibel sagt deutlich, dass der Lohn dafür, dass wir in Christus leben und der Sünde gestorben sein dürfen, alle Anstrengungen wert ist.

AUDREY

Wenn du in einer Beziehung bist, solltest du dich fragen: *Wollen mein Freund [meine Freundin] und ich beide versuchen, enthaltsam zu bleiben und bis zur Ehe zu warten?* Diesen Kampf kann man nicht alleine gewinnen. Du hast keine Chance, wenn ihr nicht beide das Ziel habt, nach dem Plan zu leben, den Gott für körperliche Intimität vorgesehen hat.

Der Apostel Paulus schreibt dazu: „Gott will, dass ihr ganz und gar ihm gehört. Hütet euch deshalb vor einem sexuell unmoralischen Leben. Jeder von euch soll lernen, seinen Körper unter Kontrolle zu haben, so wie es Gott gefällt und in den Augen der Menschen anständig ist. Ungezügelte Leidenschaft ist ein Kennzeichen der Menschen, die Gott nicht kennen" (1. Thessalonicher 4,3–5).

Was sexuelle Versuchung außerhalb der Ehe angeht, ist Gott in seinen Anweisungen unmissverständlich: Lauf weg! Fliehe! Paulus rät: „Hütet euch vor jeder verbotenen sexuellen Beziehung! Denn mit keiner anderen Sünde vergeht man sich so sehr am eigenen Körper wie mit sexuellem Fehlverhalten. … Ihr gehört also nicht mehr euch selbst. Gott hat euch freigekauft, damit ihr ihm gehört; lebt deshalb so, dass ihr mit eurem Körper Gott Ehre bereitet" (1. Korinther 6,18–20).

Gott hat uns unsere Sexualität gegeben. Wir dürfen sie in der Ehe genießen. Sein Wort sagt: „Es ist nicht gut, dass der Mensch allein ist" (1. Mose 2,18). „Wenn ihnen das Alleinsein aber zu schwer fällt, sollen sie heiraten. Denn das ist besser, als von unerfülltem Verlangen verzehrt zu werden" (1. Korinther 7,9). Und: „… dass die beiden eins sind mit Leib und Seele" (Markus 10,8).

Soll ich dir noch etwas verraten? Die Bibel fordert uns auf, uns in der Ehe nicht dem Sex zu verweigern: „Keiner soll sich dem

Ehepartner verweigern, außer beide wollen eine Zeit lang verzichten, um für das Gebet frei zu sein. Danach kommt wieder zusammen, damit euch der Satan nicht in Versuchung führen kann, weil ihr euch nicht enthalten könnt" (1. Korinther 7,5).

In diesem Vers wird Sex nicht befohlen. Vielmehr werden Ehepaare ermutigt, einander nicht die sexuelle Freude vorzuenthalten, die Gott uns als Ehemann und Ehefrau schenken will. Wir sollen uns nicht weigern, miteinander zu schlafen, nur um unsere Macht auszuspielen oder um unseren Willen durchzusetzen. Gott will, dass wir die Fülle seiner Freude und ewige Freuden erleben (Psalm 16,11). Die Grenzen, die uns Gott in Bezug auf Enthaltsamkeit und Sex gibt, sollen die sexuelle Freude nicht beschneiden oder bestrafen, sondern sie erhöhen.

Einem Mann oder einer Frau, die danach lebt, kannst du dein Herz für den Rest deines Lebens anvertrauen. Aber wenn die Person, mit der du zusammen bist, Gottes Plan für Enthaltsamkeit jetzt nicht respektiert, wie kannst du dann annehmen, dass sie Gottes Plan für Sex innerhalb der Ehe respektieren wird?

Allen Freunden und Freundinnen, die jetzt mit dem Ziel einer Heirat in einer Beziehung sind, möchte ich Mut machen, euch einige harte Fragen zu stellen:

Willst du bis zur Ehe warten?
Mit welcher Einstellung zu Enthaltsamkeit wurdest du erzogen?
Warst du in einer früheren Beziehung sexuell intim?
Hast du dir schon Pornos angeschaut?
Wenn ja, wann das letzte Mal?
Gibt es in deinem Leben Menschen, vor denen du Rechenschaft ablegst?

Wenn du verheiratet bist, aber mit deinem Partner/deiner Partnerin noch nie solche Gespräche geführt hast, dann fangt bitte damit an.

Aktuelle Untersuchungen belegen, dass über 70 Prozent der Männer zwischen 18 und 24 Jahren mindestens einmal in der Woche Pornos schauen, und das sind nur die, die es zugeben. Wenn du mit einem Mann zusammen bist, der mit Pornografie kämpft oder pornosüchtig ist, ist es *nicht* deine Aufgabe, ihm zu helfen, diese Sucht zu überwinden. Er braucht Hilfe von außen. Wenn es ihm ernst ist, dass er dieses Problem überwinden will, wird er das unter Beweis stellen, indem er anderen christlichen Männern, die nicht mit derselben Sünde kämpfen, Rechenschaft abgibt. Männer, die pornosüchtig sind, können andere Männer, die pornosüchtig sind, nicht zur Rechenschaft ziehen. Das Gleiche gilt für Frauen, die mit dieser Sünde kämpfen.

Was solltest du also machen, wenn du feststellst, dass dein Freund, deine Freundin, dein Verlobter, deine Verlobte, dein Mann oder deine Frau pornosüchtig ist oder mit dieser Gewohnheitssünde kämpft? Es gibt darauf keine leichten oder allgemeingültigen Antworten, aber wenn du dir einige Fragen stellst, hilft dir das vielleicht bei der Entscheidung, ob du mit dem anderen Schluss machen solltest:

Glaube ich dem anderen, dass er es ernst damit meint, diese Sünde zu überwinden?
Welche Beweise habe ich, dass er oder sie dieses Problem ernst nimmt?
Hat er einen Mentor oder Freund, der *nicht* mit derselben Sünde kämpft, vor dem er Rechenschaft ablegt?

Ich begleite zurzeit eine enge Freundin, die mit einem Mann verheiratet ist, der mit seiner Pornografiesucht kämpft, seitdem sie sich kennen, und auch während ihrer Ehe nicht damit aufgehört hat. Im Laufe der Jahre wurden die Pornos eine Sucht, und die Sucht führte schließlich zu einer Affäre, die zwei Menschen das Herz brach. Vier kleine Kinder sind jetzt verwirrt und leiden darunter. Meine Freundin wusste, dass ihr Mann Probleme hatte, aber sie hätte nie gedacht, dass er so weit gehen und eine Affäre beginnen würde.

Das Einzige, was einen verheirateten Mann, der Pornos schaut, hindert, Ehebruch zu begehen, ist eine nicht vorhandene Gelegenheit. Der biblische Maßstab für Ehebruch liegt ziemlich hoch. Jesus sagte: „Ihr wisst, dass es heißt: ‚Du sollst nicht die Ehe brechen!' Doch ich sage euch: Schon wer eine Frau mit begehrlichen Blicken ansieht, der hat im Herzen mit ihr die Ehe gebrochen" (Matthäus 5,27–28).

Lange bevor Smartphones und soziale Medien dazu beitrugen, dass sich die heutige Pornoepidemie so stark ausbreitet, stellte Jesus einen direkten Bezug zwischen begehrlichen Blicken und Ehebruch her. Einen ähnlichen Bezug kann man heute zwischen der Pornoindustrie und Ehebruch herstellen. Mein Freund, meine Freundin, bitte nimm deine Pornosucht oder den Kampf mit der Pornografie nicht mit in deine Ehe! Das hat verheerende Folgen für deine Ehe. Das haben wir in unserem ersten Ehejahr erlebt. Diesen Schmerz wünsche ich niemandem.

Wenn man nichts dagegen unternimmt, wird aus fehlender sexueller Enthaltsamkeit vor der Ehe fehlende sexuelle Enthaltsamkeit in der Ehe. Wenn du vor der Ehe keine Grenzen kennst, wer sagt dann, ob du in deiner Ehe Grenzen kennst? Sex ist etwas Schönes, das zwei Menschen eins macht. Aber wenn Pornosucht im Spiel ist oder wenn einer der Partner während des Liebesakts von einem anderen Mann oder einer anderen Frau träumt, wird das verbindende Element zerstört. Dann wird Sex zu einer egoistischen Handlung reduziert. Und dann werden dem Geschlechtsverkehr die Freude, die tiefe Verbundenheit und die Befriedigung geraubt, die er innerhalb der Ehe haben sollte.

Ich gehe davon aus, dass niemand plant, eine Affäre zu haben. Aber jede Affäre beginnt mit zwei Menschen, die einander an ihrem Hochzeitstag ihre Liebe versprochen haben und es nicht geschafft haben, diese Liebe mit Grenzen, Treue, Rechenschaft und Ehrlichkeit zu schützen. Das ist so traurig.

Als Christ ist man nicht immun gegen „die Sünde, die uns immer wieder fesseln will" (Hebräer 12,1). Wir dürfen nicht so naiv sein zu glauben: *Ach, ich bin besser. Mir wird das nie passieren. Ich habe das im Griff.* Solche trügerischen Argumente können dazu führen, dass wir der Grenze zwischen Sünde und Heiligkeit gefährlich nahekommen.

Niemand sündigt zufällig. Wir sündigen, weil wir keine klaren Grenzen ziehen. In einer Beziehung oder in einer Ehe sollten wir nicht fragen: *Wo ist die Grenze und wie nahe kann ich an sie herangehen?* Wir sollten uns vielmehr fragen: *Wenn es eine Grenze gibt, wie weit kann ich mich von ihr fernhalten? Wie kann ich aus ganzem Herzen Enthaltsamkeit anstreben? Wie kann ich meine Augen daran hindern, auf Abwege zu geraten? Wie kann ich Augen nur für meinen Partner haben?*

Wenn wir uns solche Fragen stellen, hilft uns das, Grenzen zu ziehen, damit wir den Kampf um Enthaltsamkeit vor und nach unserer Hochzeit gewinnen.

PRAKTISCHE RATSCHLÄGE FÜR UNVERHEIRATETE PAARE

Die folgenden Vorschläge für Grenzen und Richtlinien haben uns geholfen, in unserer Freundschaft und in den Tagen vor unserer Hochzeit den Enthaltsamkeitskampf zu gewinnen. Wir hoffen, dass das, was wir aus unseren Fehlern gelernt haben, euch zum Erfolg verhilft.

Lasst die Tür offen, wenn ihr alleine seid.

Stellt einen Wecker, der zu der Uhrzeit klingelt, zu der ihr euch am Abend verabschieden wollt.

Hört auf die weisen Ratschläge von Leuten, die euch vor Fehlern bewahren wollen, die sie selbst gemacht haben.

Finde einen Freund oder Mentor/eine Freundin oder eine Mentorin, vor dem/der du Rechenschaft ablegst. Erzähle dieser Person, wann du mit deinem Freund oder deiner Freundin zusammen bist.

Wenn du mit der Sünde der Pornografie kämpfst, suche dir einen Mentor oder jemanden, vor dem du Rechenschaft ablegen kannst. Dieser Mentor sollte aber nicht mit derselben Sünde kämpfen. Stellt dann konkrete Grenzen auf. Du kannst zum Beispiel bestimmte Programme oder Internetseiten auf Computern, Smartphones und anderen Geräten blockieren und versprechen, dass du dein Handy nicht mit ins Bett nimmst.

Teilt euren Freunden und eurer Familie mit, dass ihr bis zur Ehe warten wollt.

Legt euch nicht zusammen hin, wenn ihr einen Film anseht.

Schaut euch keine Filme mit Nacktszenen an, wenn ihr zusammen seid. Schaut sie auch nicht an, wenn ihr allein seid!

Achte darauf, was du anhast, und bemühe dich, nicht zu aufreizend zu wirken.

Und wenn ihr eine Fernbeziehung führt:

Entscheide schon vorher, wo du übernachtest, wenn ihr einander besucht. Im Idealfall ist das bei einem Freund/einer Freundin in einer anderen Wohnung.

Schlafe nicht in ihrem oder seinem Zimmer auf dem Boden.

Gib einem Freund oder Mentor Bescheid, wenn ihr einander besucht, und bitte ihn, dich während deines Besuchs immer wieder zur Rechenschaft zu ziehen und nach dem Besuch mit dir darüber zu sprechen.

In unserer Kultur wird Enthaltsamkeit total abgewertet. Lass dich dadurch nicht in Versuchung führen, von Gottes Wegen abzuweichen. Sprich unangenehme Themen an, setze Grenzen und bewege dich nicht zu nahe an diese Grenzen heran. Egal, ob du Single, in einer Beziehung, verlobt oder verheiratet bist, den Kampf um Enthaltsamkeit wirst du wahrscheinlich dein Leben lang führen. Und dieser Kampf wird immer schwerer, denn Pornografie ist so leicht zugänglich. Im Fernsehen und im Kino werden immer mehr Sex- und Nacktszenen gezeigt. Es gibt immer mehr Affären am Arbeitsplatz. Man kann problemlos heimlich mit Bekannten des anderen Geschlechts kommunizieren. Und mit unseren Smartphones haben wir die Möglichkeit, ganz schnell in eine andere Welt zu flüchten.

Ich zähle das alles nicht auf, um dich zu entmutigen. Ich will dir nur zeigen, wie wichtig es ist, dass du für die Schlacht richtig ausgerüstet bist. Die gute Nachricht ist: Gott schenkt uns eine Rüstung (Epheser 6), mit der wir alles überwinden können

(Römer 8,37). Sei zuversichtlich und habe Mut. Gottes Wege sind höher als unsere Wege (Jesaja 55,9). Sein Plan, dass wir enthaltsam sein sollen, dient zu unserem Besten und zu seiner Herrlichkeit.

Wenn wir uns entscheiden, nach seinem Plan zu leben, ist das angenehm, aufregend, voller Freude, atemberaubend schön und lohnenswert. Denke an Gottes Versprechen: Wenn du in Versuchung gerätst, wird Gott dir immer einen Ausweg zeigen (1. Korinther 10,13). Wenn das Licht in deine Dunkelheit scheint, dann laufe zu dem Licht hin! Kämpfe den guten Kampf, beende das Rennen und halte am Glauben fest! (2. Timotheus 4,7)

Der Antrag

JEREMY

Über zwei Jahre waren vergangen, seitdem ich Audrey gefragt hatte, ob sie mit mir zusammen sein will, bevor ich nach Santa Barbara gezogen war. Jetzt befand ich mich in meinem letzten Studienjahr. Audrey würde im Juni ihr Studium abschließen, und ich wäre zwei Monate später im August fertig. Wir hatten schon über unsere Pläne nach dem Studium gesprochen – auch übers Heiraten. Wir wollten nicht zu den Paaren gehören, die keine feste Bindung eingehen wollten. Im Gegenteil, wir hätten vielleicht schon ein Jahr früher geheiratet, wenn die große Entfernung nicht gewesen wäre. Unsere Beziehung war nicht perfekt, und wir beide waren auch nicht perfekt, aber wir liebten uns, und wir wollten unser Leben gemeinsam gestalten. Ich erinnerte mich, wie ich vor einigen Jahren meiner Mutter in der Küche verkündet hatte, dass ich Audrey heiraten würde. Jetzt war es so weit. Ich wollte dieses Mädchen heiraten!

*

Hohe Bürogebäude umgaben meinen Freund Tye und mich von beiden Seiten, als wir uns einen Weg durch den Verkehr in der

Innenstadt von Los Angeles bahnten, um zum sogenannten Juwelier-Bezirk zu kommen, in dem sich 5000 Juwelierläden befinden. Als ich keinen Verlobungsring finden konnte, der zu Audrey passte, hatte ich beschlossen, selbst einen zu entwerfen. Und ein Freund hatte den Kontakt zu einer Goldschmiedin hergestellt, die sagte, sie könne einen Ring nach meinen Wünschen anfertigen.

Wir passierten einen bewaffneten Wachmann und betraten das Gebäude. Die Frau am Empfang erklärte uns, dass sich das Büro, das wir suchten, in der fünften Etage befände, und deutete zur Treppe. Vom Treppensteigen etwas außer Atem öffneten wir die Tür zum fünften Stockwerk und gingen zur Tür Nummer 504. Ich atmete einige Male tief durch und Tye klopfte mir bestätigend auf die Schulter. Schließlich klopfte ich an die Tür und wir traten ein.

Das *Büro* war nicht größer als ein Kleiderschrank – im Ernst. Es war buchstäblich nur zwei Meter breit und gerade so tief, dass wir die Tür ganz aufmachen konnten, wobei die Tür sogar gegen zwei Stuhllehnen stieß. Vor den Stühlen befand sich eine Theke mit einer dicken Plexiglaswand, die bis zur Decke reichte. Ich wurde nervös. *Wir müssen uns in der Tür geirrt haben.* Ich hatte mir das Erlebnis, einen Ring zu entwerfen, ganz anders vorgestellt.

Nachdem wir einige Minuten dort gestanden hatten, kam eine junge Frau eilig um die Ecke und begrüßte uns durch die Löcher in der Plexiglasscheibe. Ihr Verhalten war freundlich und einladend, und so entspannte ich mich ein wenig. Kurze Zeit später kam auch noch der Vater der Frau zu uns, was uns erkennen ließ, dass es sich offenbar um ein Familienunternehmen handelte. Das gefiel mir.

Also erklärte ich den beiden, wie ich mir den Ring vorstellte. Er sollte zeitlos und einmalig sein wie unsere Liebesgeschichte.

Ach, und ich wollte die Worte *Braid it* (Anmerk. d. Übersetzerin: wörtliche Bedeutung: flechten. Die drei Schnüre, die zusammengeflochten werden) an der Seite eingraviert haben. In einem meiner Gedichte für Audrey hatte ich geschrieben: „Mögen wir ein Seil aus drei Schnüren sein: Jesus, du und ich." Dabei bezog ich mich auf einen Bibelvers: „Einer kann leicht überwältigt werden, doch zwei sind dem Angriff gewachsen. Man sagt ja auch: ‚Ein Seil aus drei Schnüren reißt nicht so schnell!'" (Prediger 4,12).

Jesus ist die dritte Schnur, die verhindert, dass sich das Seil auflöst. *Braid it* sollte unsere Erinnerung daran sein, dass starke Beziehungen aus drei Schnüren bestehen und sollte als Motto über unserer Ehe stehen. Außerdem war es eine Anspielung auf Daisy Braids, meinen Spitznamen für Audrey.

Für die Zukunft, in die wir gehen,
soll unser Kompass in Jesu Händen liegen.
Keine Prüfungen sollen uns unterkriegen,
Herr, gib uns Kraft, sie zu bestehen.
Mögen wir ein Seil aus drei Schnüren sein: Jesus, du und ich.
Diese dreifache Liebe sei unser festes Fundament ewiglich.
Amen
Jeremy

Nachdem ich ihr einen Packen Geldscheine gegeben hatte, versprach die Frau hinter der Plexiglasscheibe, dass sie mich in ein paar Wochen anrufen würde, wenn der Ring fertig sei.

Jetzt musste ich mir nur noch überlegen, wie ich bei meinem Heiratsantrag vorgehen wollte. Doch das erwies sich als schwerer, als ich erwartet hatte. Je mehr Wochen vergingen, umso mehr wuchs in mir der Druck, dass der Antrag perfekt sein sollte. Statt einem Plan näher zu kommen, hatte ich überhaupt keinen Plan mehr.

Eines Abends unterhielt ich mich mit einem Freund darüber. Er sah mein Dilemma und sagte: „Jeremy, ihr seid einmalig, und eure Liebesgeschichte ist einmalig. Egal, was du machst, der Antrag sollte eure Geschichte widerspiegeln."

Ah! Warum war ich darauf nicht selbst gekommen? Unsere Geschichte. Natürlich! Ich hatte sofort einen Plan.

Die Eisenbahnbrücke. Es musste an der Eisenbahnbrücke sein. An der Eisenbahnbrücke war aus unserer Freundschaft eine Liebesbeziehung geworden. Dort hatte ich Audrey gefragt, ob sie offiziell mit mir zusammen sein will. An der Eisenbahnbrücke sind wir nach unserer Trennung wieder zusammengekommen. Und jetzt würde ich sie an der Eisenbahnbrücke bitten, mich zu heiraten.

Also ging ich folgendermaßen vor:

Ich flog mit dem Ring in der Jackentasche – ja, ich habe vorher kontrolliert, dass sie kein Loch hat! – und der Schreibmaschine im Gepäck nach Portland. Es war Mitte März – Audrey hatte Ferien – und ich war für eine Woche zu Hause. Das war gerade genug Zeit, um die letzten Details meines Plans in die Wege zu leiten, ihr den Antrag zu machen und die Zeit mit ihr zu genießen, bevor ich nach Santa Barbara zurückfliegen musste.

Als ich auf der Farm ankam, ging ich sofort in die Garage und vergewisserte mich, dass Rain immer noch ansprang. Er sprang auf Anhieb an! Dann fuhr ich zur Eisenbahnbrücke, um zu entscheiden, wo genau alles ablaufen sollte. Da der Frühjahrsregen bereits eingesetzt hatte, waren der Weg und das Feld neben der Brücke matschig, aber trotzdem passierbar. Weil der Wetterbericht aber einen klaren Himmel meldete, beschloss ich, noch ein paar Tage zu warten, damit der Boden ein wenig trocknen konnte. Das war sogar gut, denn ich hatte noch einige andere Pläne, die mehr Zeit in Anspruch nahmen, als ich erwartet hatte. Aber egal ob bei Regen oder im Sonnenschein, ich wollte Audrey einen Antrag machen!

Einige Tage später kam Audrey fürs Wochenende nach Hause und machte den Vorschlag, dass wir an der Eisenbahnbrücke picknicken könnten. Ich wusste, dass sie bei dieser Idee keinen Verdacht schöpfen würde, da ein Picknick für uns nichts Ungewöhnliches war. Außerdem waren wir länger nicht mehr bei der Eisenbahnbrücke gewesen. Es war also völlig natürlich, dass ich wieder einmal mit ihr dort hinfahren wollte.

Einige Tage zuvor hatte ich außerdem versucht, sie in die Irre zu führen, und gesagt, dass wir über den Ring sprechen müssten, damit ich mich auf die Suche begeben könnte. Ich war also ziemlich sicher, dass mein Antrag sie überraschen würde!

Am 15. März 2014 sprang ich in *Rain* und holte Audrey bei ihren Eltern ab. Sie trug ihre alten Stiefel, so wie ich sie gebeten hatte. Ich war vor Aufregung ganz starr und fühlte mich, als würde ich Wasser einatmen. Jede Bewegung fühlte sich verkrampft und unnatürlich an.

Auf dem Weg zur Eisenbahnbrücke stellte ich fest, dass ich zu früh dran war. Also beschloss ich, noch einmal zur Farm zu fahren, um Zeit zu gewinnen. Audrey war zuerst leicht verwirrt, aber ich erzählte ihr, dass ich etwas fürs Picknick vergessen hatte. Ich musste äußerlich cool bleiben, aber das fiel mir ganz und gar nicht leicht.

Als ich dann endlich die Nachricht „Wir sind bereit“ bekam, schlug ich beiläufig vor, dass wir nun zur Eisenbahnbrücke fahren könnten. Spätestens jetzt war ich absolut sicher, dass die ganze

Sache viel zu durchschaubar war, aber Audrey schien nichts zu ahnen. Also stiegen wir wieder in *Rain* und fuhren zur Brücke.

Dabei hatte ich das Gefühl, dass alles, was ich machte, absolut offensichtlich war. *Sie kann bestimmt mein Herz hämmern hören. Merkt sie, wie sehr meine Stimme zittert? Denkt sie, dass ich mich sonderbar benehme?*

Wir stellten *Rain* am Straßenrand ab und marschierten auf die Eisenbahnbrücke zu. Ich führte sie ein Stück auf die Wiese und breitete eine Decke aus. Da ich nicht wusste, was ich tun sollte, und Angst hatte, ich würde zu viel Zeit verlieren, zog ich gleich die Schreibmaschine aus meinem Rucksack und spannte ein Blatt Papier ein. Dann begann ich zu tippen und lächelte Audrey dabei an, was sie erwiderte. Ich wollte dieses Mädchen heiraten. Unbedingt.

Wir tippten abwechselnd und erstellten eine Liste, wie wir einander in unserer Ehe unsere Liebe zeigen wollten:

Wir wollen wöchentlich in unser Ehetagebuch schreiben.[19]
Jeremy muss nicht immer recht haben.
Wir wollen am Morgen Zeit mit Jesus verbringen.
Wir wollen uns in der Öffentlichkeit gegenseitig unterstützen.
Wir wollen aufmerksam und achtsam sein.

Als wir fanden, dass wir eine gute Liste erstellt hatten, sagte ich: „Ich habe noch etwas für die Liste."

Ich nahm Auj die Schreibmaschine ab und drehte mich so hin, dass sie nicht sehen konnte, was ich schrieb. Dabei hatte ich das Gefühl, dass ich vor Adrenalin gleich ohnmächtig werden würde und die Kontrolle über meine motorischen Fähigkeiten verlieren könnte. Schließlich drehte ich die Schreibmaschine herum und stellte sie auf ihren Schoß.

Audrey Mirabella Botti, willst du mich heiraten?, war dort zu lesen.

Als sie den Kopf hob und mich anschaute, hatte ich den Ring in der Hand und kniete nieder, um ihr diese Frage noch einmal zu stellen.

„Audrey, willst du mich heiraten?"

„Ja", sagte sie und warf die Arme um mich.

Einige Sekunden später stieß ich einen Pfiff aus, um meinen zwei Freunden zu signalisieren, dass sie nun herauskommen könnten. Sie hatten sich mit Kameras zwischen den Sträuchern versteckt, um den großen Moment zu filmen.

Ich war erleichtert und immer noch ganz aufgeregt. Wir unterhielten uns noch eine Weile, bevor wir zur Brücke hinaufkletterten, um diesen wunderbaren Moment mit einigen Fotos für immer festzuhalten.

Mein Heiratsantrag war ein voller Erfolg!

Vorbereitung auf das Versprechen

AUDREY

Jeremy und ich hatten davon gesprochen, dass wir nach unserem Studium heiraten wollten. Also wartete ich seit ungefähr einem Jahr auf seinen Antrag. Ich wusste, dass er kommen würde; ich war nur nicht sicher, wann. Aber als Weihnachten, Silvester und der Valentinstag vergingen, ohne dass er mir einen Antrag machte, fragte ich mich allmählich, ob er überhaupt einen Ring oder einen Plan hatte. Ich traute ihm zu, dass er die Sache vor sich herschob, aber als der Sommer näher rückte, wurde ich allmählich ein wenig nervös.

Ich wollte genug Zeit haben, um ein traumhaftes Kleid zu finden und eine gigantische Feier zu planen. Ich entsprach ganz dem Klischee und erwartete den Ring im Frühling, aber Jeremy passte in kein Klischee. Anders als die meisten Männer machte er mir nicht an einem Feiertag einen Heiratsantrag. Doch eigentlich hätte ich mir das denken können, denn der 15. März war perfekt.

Als ich nach Jeremys schönem Antrag an die Uni zurückkehrte, betrachtete ich immer wieder meinen funkelnden Ring und zeigte ihn jedem, der ihn sehen wollte. Ich war regelrecht euphorisch, weil ich endlich verlobt war, und dachte, das nervöse Warten gehöre nun der Vergangenheit an. Doch weit gefehlt, denn das

Kopfzerbrechen über Ort und Zeit des Antrags wurde von ganz anderen Sorgen abgelöst. Ich musste Bewerbungen für eine Arbeitsstelle schreiben, den richtigen Hochzeitsplaner finden, die Prüfung in meinem Finanzseminar bestehen, meine letzte Wettkampfsaison bestreiten und mich auf die Abschlussprüfungen vorbereiten.

Und so kam es, dass wir die stressigste Verlobungszeit hatten, die man sich vorstellen kann. Eine Hochzeit zu planen, wenn man 1500 Kilometer voneinander entfernt lebt, ist brutal. Außerdem versuchten wir beide, einen guten Start in unsere Berufslaufbahn zu finden und uns einig zu werden, wo wir wohnen wollten. Ich nahm schließlich eine Stelle im Verkauf in Los Angeles an, denn ich hatte mich dort beworben, weil Jeremy in L.A. die meisten Chancen auf Arbeit im Film- und Fotobereich hatte. Dank Gottes Gnade konnte ich meinen Start ins Berufsleben so legen, dass ich erst in der Woche nach unserer Hochzeit meine neue Stelle antreten musste.

Den ganzen Sommer über suchten wir eine Wohnung in L.A. Das ist schon an sich eine Herausforderung, doch da keiner von uns in der Stadt wohnte, war es noch anstrengender. In der Hoffnung, dass er aus der großen Menge an Interessenten den Zuschlag für eine Wohnung bekäme, musste Jeremy mehrmals die zwei Stunden von Santa Barbara nach L.A. zu Wohnungsbesichtigungen fahren. Und auch ich flog einmal dorthin, um zusammen mit ihm auf Wohnungssuche zu gehen. Falls du jemals in einer Großstadt eine Wohnung gesucht hast, weißt du, dass das schlimmer ist als der Sommerschlussverkauf.

Dazu kam, dass Jeremy viele Kurse belegt hatte und an den Wochenenden mit seinem Freund Tye Hochzeiten filmte. Und darüber hinaus standen in diesem Sommer auch noch einige andere

Punkte auf unserem Programm: unsere Hochzeitsreise planen, die Hochzeit meiner besten Freundin besuchen, mit einer Mädchengruppe von *Young Life* ein Sommerlager in Kanada durchführen, unser erstes Auto kaufen (das ich für meine neue Arbeit brauchte). Nebenbei verkauften meine Eltern das Haus, in dem ich aufgewachsen war. So kam es, dass ich in diesem Sommer dreimal umgezogen bin.

Und habe ich schon erwähnt, dass unsere Verlobung und unsere Hochzeitsplanungen für *Little People, Big World* gefilmt wurden? Wenn ich heute auf diese Monate zurückblicke, kann ich nur staunen, dass wir das ohne ernsthaften Schaden überstanden haben. Es war definitiv eine turbulente Zeit, aber wir waren fest entschlossen, uns auf unsere Ehe vorzubereiten. Das half uns, das Ziel nicht aus den Augen zu verlieren.

Wir schrieben Bewerbungen, suchten eine Wohnung und ein Auto, packten ein und aus und planten unsere Hochzeit. Aber trotz alledem war uns wichtig, uns auf unser Eheversprechen zu konzentrieren, denn wir wollten uns mehr auf unsere Ehe als auf die Hochzeit vorbereiten. Wir wollten auf keinen Fall, dass uns unsere ganzen Planungen für den großen Tag von dem eigentlichen Zweck der Hochzeit ablenkten. Auf diese Versuchung wollten wir nicht hereinfallen. Wir wollten dem Teufel auf keinen Fall erlauben, unsere künftige Ehe zu sabotieren.

In der Bibel wird der Teufel als Ankläger und Widersacher bezeichnet. Er will auseinanderbringen, was Gott zusammenfügen will. Deshalb ist er gegen die Ehe und will Trennung, Streit und Entzweiung herbeiführen, wo Gott Einheit, Frieden und Einssein möchte. Leider waren wir in unserer Verlobungszeit gegen die Angriffe des Feindes nicht immun: Konflikte mit unseren Eltern, Genervtsein wegen der weiten Entfernung, Absagen bei der Wohnungssuche, verpasste berufliche Gelegenheiten, Chaos bei den Dreharbeiten für die Fernsehshow und einige harte, verletzende Gespräche zwischen Jeremy und mir waren Teil des Ganzen. Aber wir wehrten uns mit einem unerschütterlichen Vertrauen, dass es dem Feind nicht gelingen würde, uns auseinanderzubringen, gegen diese Angriffe.

*

Bevor ich genauer auf praktische Tipps eingehe, wie wir unsere Liebe schützen und uns auf eine Ehe vorbereiten können, möchte ich zuerst über Kindergartenfreundschaften sprechen. Ich verspreche dir, es lohnt sich, die nächsten Sätze zu lesen.

Erinnerst du dich, wie du mit fünf Jahren einen Freund oder eine Freundin gefunden hast? Wahrscheinlich lief es folgendermaßen ab: In der Pause hast du gesehen, dass Sara auch gern schaukelt, oder beim Mittagessen hast du gesehen, dass Tom die gleiche Superman-Brotdose hat wie du. Diese Gemeinsamkeiten genügten, um euch zu den besten Freunden zu machen. Als Kind sucht man sich seine Freunde nicht wirklich aus; Freundschaften entstehen fast automatisch. Im Kindergarten werden Freundschaften schnell geschlossen. Aber genauso schnell zerbrechen sie auch wieder. In der einen Woche schaukelt ihr in der Pause zusammen und versprecht euch hoch und heilig, dass ihr für immer die besten Freundinnen seid, und eine Woche später findest du eine andere Freundin und versprichst ihr ewige Freundschaft. Kommt dir das bekannt vor?

Leider hört die Erwartung, dass Beziehungen automatisch entstehen, nicht mit dem Kindergarten auf. Vielmehr wird unserer Generation eine falsche Vorstellung von Liebe und Freundschaft vermittelt: Die Medien wollen uns glauben machen, dass einem die Liebe einfach so zufällt, ja, dass sie ganz von selbst kommt. Sie stellen die Liebe als ein Gefühl dar, das kommt und geht. Diese Bilder wecken in uns so sehr den Wunsch, uns zu verlieben, dass wir aus dem Blick verlieren, was Liebe tatsächlich ist: eine Entscheidung, etwas Aktives, eine Verpflichtung und ein Versprechen.

Liebe, die Bestand hat, ist nicht etwas, das einfach kommt und wieder geht. Liebe fällt uns auch nicht zufällig zu. Liebe, die Bestand hat, ist etwas, um das man sich nach Kräften bemüht, für das man Opfer bringt. Die Entscheidung für den Menschen, den du für den Rest deines Lebens lieben willst, verändert dein Leben so sehr und greift so tief in dein Leben ein wie keine andere Entscheidung. Sie hat Auswirkungen auf alles: deine Arbeit, deine Wohnsituation, deine Familie, deine Finanzen, dein Gefühlsleben. Diese Entscheidung ist so wichtig, dass wir uns unbedingt die Erfahrungen anderer Paare, die diese Entscheidung bereits getroffen haben, zunutze machen sollten. Deshalb wollten Jeremy und ich vor unserer Hochzeit weisen Rat einholen.

Die Ehevorbereitungsgespräche waren für uns sehr wichtig und taten unserer Beziehung sehr gut. Wir wussten, dass es wegen der großen Entfernung eine logistische Herausforderung darstellte, aber davon wollten wir uns nicht aufhalten lassen. Es traf sich gut, dass meine Mentorin Jamie Herb und ihr Mann Chris solche Ehevorbereitungsgespräche anbieten. Wir fragten sie also, ob sie uns beraten würden. Chris und Jamie hatten Jeremy bereits einige Male getroffen, wenn er mich in Corvallis besuchte, aber sie kannten ihn hauptsächlich durch mich. Weil sowohl Jeremy als auch ich die Ehe der beiden bewunderten, baten wir sie nicht nur, uns bei unserer Ehevorbereitung zur Seite zu stehen, wir wollten auch, dass Chris unsere Trauung durchführen würde. Sie waren beide gern dazu bereit.

Bei unserem ersten Treffen erzählten Chris und Jamie zunächst ihre Lebensgeschichte, und anschließend bemühten Jeremy und ich uns, jeweils unsere eigenen Geschichten zu erzählen. Es war überraschend informativ zuzuhören, welche Momente, Beziehungen und Umstände uns am meisten geprägt hatten. Es war außerdem das erste Mal, dass Jeremy und ich einander offiziell erzählten, wie wir zum Glauben gekommen waren. Natürlich kannten wir vieles aus der Lebensgeschichte des anderen, aber es tat gut, sie einmal in chronologischer Reihenfolge zu hören.

Bei jedem unserer Treffen besprachen wir ein bestimmtes Thema: geistliches Leben, Familie, Kommunikation, Finanzen und körperliche Intimität, wobei Chris und Jamie uns immer wieder weise Ratschläge gaben. Sie ermutigten uns und wiesen uns auf Bibelstellen hin, die das, was sie sagten, unterstrichen. Und zum Schluss stellten sie uns Fragen, die uns zum tieferen Nachdenken und zu einem intensiven Gedankenaustausch anregten.

Beim Thema geistliches Leben sprachen wir darüber, dass Jesus der Mittelpunkt unserer Ehe und für jeden von uns an erster Stelle kommen sollte. Wir sprachen über unsere Rollen in der Ehe, die gleichwertig, aber trotzdem verschieden sind. Wir lasen, was die Bibel über die Ehe sagt. Und wir sprachen darüber, wie wir das Prinzip des Teilens so umsetzen könnten, dass die tiefe Verbindung unserer Ehe sichtbar wird.

Wenn ihr an eurem Hochzeitstag eins werdet, schließt ihr einen Bund miteinander, der in der Bibel als „ein Fleisch werden“ bezeichnet wird (1. Mose 2,24). In der Praxis bedeutet das, Entscheidungen zu treffen, die euren lebenslangen Bund stärken, und totale Hingabe aneinander. Es gibt keinen Plan B. Der Bund gilt zu hundert Prozent, egal, was kommt. Wenn dir das bewusst ist, bist du bereit, alles zu tun und zu opfern, damit euer Bund Bestand hat.

Diese Art der Verbindung miteinander hat uns Jesus vorgelebt, indem er durch seinen Tod am Kreuz einen Bund mit uns geschlossen hat (Lukas 22,20; Hebräer 7,22; 9,15). Wenn man hier eine Parallele zur Ehe ziehen möchte, so kann man sagen, dass in einer Ehe auch etwas sterben muss, nämlich unsere Konzentration auf uns selbst. Das bedeutet nicht, dass wir zum Fußabtreter des anderen werden, sondern dass wir uns genauso wie Jesus dazu entscheiden, für unsere Liebe Opfer zu bringen.

In einem Bund verspricht man sich, den anderen vollständig zu lieben, *bis dass der Tod uns scheidet*. Da es sich um ein Versprechen (ohne Bedingungen) und nicht um einen Vertrag (mit Bedingungen) handelt, sagt man in einem Bund zueinander: „Selbst wenn du dich nicht daran hältst, werde ich mich trotzdem daran halten." In einem Bund halten wir das Versprechen *in guten wie in schlechten Tagen* und stellen Heiligung über unser Glück.

Bei der Ehevorbereitung sprachen wir außerdem darüber, welches geistliche Leben uns unsere Eltern vorgelebt haben, und entschieden, was wir nachahmen und wogegen wir uns wehren wollten. Einige dieser Themen wurden in unseren späteren Gesprächen über Familie und Kommunikation weitergeführt. Wir sprachen darüber, wie unsere Eltern unser Bild von der Ehe geprägt haben, und über die unterschiedlichen Kommunikationsstile, die wir bei ihnen erlebten.

Zum Beispiel bin ich in einer Familie aufgewachsen, in der viel gesprochen wurde. Bei den Bottis wird ständig geredet und diskutiert. Jeder von uns hat eine feste Meinung und scheut sich nicht, sie kundzutun. Bei uns kann es deshalb manchmal auch recht laut werden. Wir sehen keinen Anlass, unsere Gefühle zu verbergen oder so zu tun, als wäre alles in bester Ordnung. Meine Eltern haben ihre Konflikte nie vor uns verheimlicht. Wir waren dabei, wenn sie sich stritten, und wir waren dabei, wenn sie sich versöhnten.

Der Kommunikationsstil bei den Roloffs war das genaue Gegenteil. Jeremy sah seine Eltern selten streiten. Und wenn er mit seinen Eltern Probleme bekam oder Meinungsverschiedenheiten mit ihnen hatte, drückte sich das normalerweise auf eine passiv-aggressive Weise aus, die damit endete, dass er in seine Burg lief oder in sein Zimmer geschickt wurde. Statt Konflikte auszudiskutieren und sie zu lösen, gewöhnte er sich an, sie zu verdrängen und ihnen aus dem Weg zu gehen.

Die Herbs warnten uns, dass unser unterschiedlicher Kommunikationsstil zu Frust und Bitterkeit führen könnte. Ich war es gewohnt, über alles zu diskutieren, und Jeremy war es gewohnt, sich zurückzuziehen. Dieses Wissen half uns, bei späteren Konflikten aufmerksamer zu sein. Wir lernten, dass ich Jeremy Raum geben muss, wenn ich das Gefühl habe, dass er das braucht, und Jeremy musste lernen, vor einem Konflikt nicht wegzulaufen, sondern ihn anzupacken und zu lösen.

Als wir über unsere Kommunikationsstile sprachen, gaben uns Chris und Jamie praktische Tipps, wie man Konflikte vermeiden kann. Sie legten uns nahe, einander zu sagen, welche Bedürfnisse wir haben, uns vor unseren Freunden gegenseitig zu bestätigen, auf Sarkasmus zu verzichten, die Worte *nie* und *immer* aus unserem Vokabular zu streichen, dem anderen unsere Erwartungen zu kommunizieren und jeden Tag füreinander zu beten.

Beim Thema Finanzen sprachen wir über die finanzielle Geschichte unserer Familien und welchen Umgang mit Geld und

Finanzen wir gelernt hatten. Jeremy und ich überlegten, wie wir bis jetzt mit Schulden, Sparen, Investieren, Spenden, Haushaltsgeld und Ausgaben umgingen. Das half uns, einen Plan zu entwerfen, wie wir als Ehepaar unsere Finanzen gut verwalten würden.

Zuerst sprachen wir über Schulden. Jeremy und ich waren wirklich gesegnet, weil wir ohne Studiendarlehen in unsere Ehe gehen konnten. Ich hatte mein Studium mit meinem Laufstipendium finanziert, und Jeremy hatte gearbeitet. Keiner von uns hatte Kreditkartenschulden. Ich hatte nie eine Kreditkarte gehabt, und Jeremy hatte alle seine Oldtimer immer bar bezahlt.

Was Sparen anging, stellten wir fest, dass ich in unserer Beziehung die Sparerin bin und Jeremy derjenige, der das Geld ausgibt. Mein Vater ist Finanzberater und hat seit fast zwei Jahrzehnten eine eigene Vermögensberatungsfirma. Ich hatte also die grundlegenden Dinge über Investitionen von ihm gelernt. Außerdem habe ich Betriebswirtschaft studiert. Jeremy hingegen hatte gelernt, bestimmte Projekte zu kaufen, die sich eines Tages als gute Investitionen erweisen würden.

Beim Thema Spenden sprachen wir offen darüber, dass wir einen Teil des wenigen Geldes, das wir verdienten, an die Gemeinde spenden und dass wir versuchen wollten, Freunden in Not, so gut wir konnten, zu helfen. Chris und Jamie haben uns zu diesem Thema herausgefordert. Sie schlugen vor, dass wir uns überlegen sollten, wie wir bewusster Teile unseres Geldes spenden könnten (5. Mose 15,10).

Jeremy erzählte mir, dass ihm Obdachlose am Herzen liegen, und mir lagen Schüler und die Arbeit von *Young Life* am Herzen. Das half uns, in unserem ersten Ehejahr einen klaren Rahmen zu haben, wohin wir regelmäßig Geld spendeten. Als wir über Haushaltsgeld und Ausgaben sprachen, legten wir unsere finanziellen

Ziele fest und sprachen darüber, wie wir in Zeiten, in denen wir viel hatten, und in Zeiten, in denen wir wenig hatten, mit Geld umgehen wollten. Wir fanden heraus, was uns wichtig war und wofür wir Geld ausgeben wollten, um ein Budget zu erstellen und Geld für Dinge wie Urlaub, Geschenke, Essengehen, neue Kleidung und andere Ausgaben zu sparen.

In unserem Gespräch über Sex ermutigten uns die Herbs, einander zu gestehen, wo wir in der Vergangenheit versagt hatten, und uns um Vergebung zu bitten. Das war Teil der *Vergangenheitsbeleuchtung*, damit unsere Zukunft durch nichts beeinträchtigt würde.[20] Außerdem erstellten wir einen Plan und setzten einige Grenzen, um vor und nach der Hochzeit Selbstbeherrschung einzuüben.

Dann sprachen wir über das *erste Mal*. Vielleicht findest du es furchtbar peinlich, mit Seelsorgern über die Nacht zu sprechen, in der du deine Jungfräulichkeit verlierst. Wir fanden es sehr hilfreich. Es half uns, offen über Themen zu sprechen, die wir sonst wahrscheinlich unter den Teppich gekehrt hätten. Chris und Jamie öffneten uns über das Thema Sex die Augen.

Jeremy und ich hatten bis dahin gedacht, dass Sex eine natürliche, schöne Sache wäre und wir beide intuitiv wüssten, wie wir uns dabei zu verhalten hätten. Die Herbs dämpften jedoch unsere Erwartungen. Sie erklärten uns, dass Sex unvermeidlich ein Lernprozess ist, und forderten uns auf, uns nicht entmutigen zu lassen. Sie schlugen uns zwei Wege vor, wie wir am Anfang unserer Ehe mit Sex umgehen sollten: Der eine Weg wäre *Learning by Doing*. Die zweite Möglichkeit wäre, dass wir dabei sprechen sollten, um zu erfahren, was dem anderen gefällt. Diesen wertvollen Rat nahmen wir mit in unsere Flitterwochen und er half uns, Dinge auszusprechen, die wir uns sonst nicht zu sagen getraut hätten.

Chris und Jamie befreiten uns auch von dem Druck, dass man nach dem längsten Tag seines Lebens – dem Hochzeitstag – zum ersten Mal miteinander Sex haben müsste. Es war tröstlich zu hören, dass es überhaupt nicht schlimm wäre, wenn wir einfach zu müde dafür wären. Das war bei uns jedoch absolut nicht der Fall. Habe ich erwähnt, dass wir uns vor Verlangen verzehrten? Wahrscheinlich wären wir auf dem Weg zum Hotel wegen Geschwindigkeitsüberschreitung geblitzt worden, aber da wir in *Rain* – Jeremys Geländewagen Baujahr 1976, der mit Schleifen und Dosen geschmückt war – zum Hotel fuhren, konnte sich die Spannung weiter aufbauen, während wir den hupenden Autos nachblickten, die auf der Überholspur davonrasten.

Nach jedem Treffen gaben uns Chris und Jamie Hausaufgaben auf, die wir bis zum nächsten Treffen erledigen sollten. Zum Beispiel forderten sie uns nach dem ersten Treffen auf, über das Gespräch nachzudenken und beim nächsten Mal unsere Gedanken und Fragen zu äußern. Bei einer anderen Hausaufgabe sollten wir aufschreiben, welche Erwartungen wir in Bezug auf unsere geistliche Partnerschaft hatten.

Am interessantesten war aber die Hausaufgabe, mit unseren Eltern oder Großeltern über *Familiensünden* zu sprechen. Dieses Wort hatten wir vorher noch nie gehört und vielleicht geht es euch genauso, deshalb wird Jeremy gleich mehr dazu sagen. Jedes Treffen, jede Hausaufgabe und jede Frage waren Gelegenheiten, mehr über die Ehe, über den anderen und über uns selbst zu lernen.

Auf dem Heimweg nach unseren Treffen mit den Herbs hatten wir immer sehr viel zu verarbeiten. Diese Ehevorbereitungsgespräche rissen alte Wunden auf und brachten schlechte Angewohnheiten und ungesunde Beziehungsmuster ans Licht. Ich weiß, dass das nach harter Arbeit klingt, aber wir wussten, dass es sich auszahlen würde.

Leider konzentrieren sich viele in unserer Generation viel mehr darauf, alles für einen perfekten Hochzeitstag zu tun, als alles für eine perfekte Ehe zu tun. So anstrengend es auch sein kann, eine Hochzeit zu planen, es ist noch anstrengender, sich auf die Ehe vorzubereiten, weil wir dabei die sensiblen Bereiche unseres Lebens ansprechen müssen. Ich denke, das ist der Grund, warum viele auf Ehevorbereitungsgespräche verzichten. Wer will sich schon gerne verwundbar machen, seine inneren Kämpfe eingestehen und sich harte Wahrheiten sagen lassen?

Wenn ihr verlobt seid und noch keine harten Gespräche miteinander geführt habt, wenn ihr dem anderen noch nie eure geheimen Kämpfe anvertraut habt und noch keine Tränen vergossen habt, wird es dafür höchste Zeit. Wenn ihr die harten und schmerzlichen Dinge am Anfang ans Licht bringt, kann euch das vor einem harten und schmerzhaften Ende bewahren. Solche Gespräche sind nichts für Feiglinge. Sie sind anstrengend, zeitintensiv und oft tränenreich. Aber es ist gut, die dunkle Vergangenheit ans Licht zu bringen. Denn sonst ist der Weg in eine helle Zukunft viel schwerer.

JEREMY

Als Chris und Jamie von *Familiensünde* sprachen, schauten Audrey und ich sie fragend an. Sie erklärten uns, dass Sünde und Fehlverhalten von einer Generation auf die nächste weitergegeben werden können. Das ist der Fall, wenn zerstörerische

Gewohnheiten und Verhaltensmuster in mehreren Generationen auftreten, zum Beispiel Unehrlichkeit, Sucht, Untreue, Scheidung, häusliche Gewalt, Rassismus, verantwortungsloser Umgang mit Geld und Ähnliches.

Wir würden gerne glauben, dass wir einfach die Person wären, die wir sein wollen, aber die Wahrheit ist wesentlich komplexer, denn wir sind auch die Produkte unserer Eltern. Sowohl ihre guten Seiten als auch ihre nicht so guten Seiten färben auf uns ab.

Um eines sofort klarzustellen: Du bist nicht deine Eltern. Wenn deine Eltern gescheitert sind, heißt das nicht, dass du auch scheitern wirst. Es heißt nur, dass du mit Denk- und Verhaltensmustern aufgewachsen bist, die tief in dir verwurzelt sein können. Wenn dir diese Muster nicht bewusst sind, wirst du sie nicht nur in deinem eigenen Leben wiederholen, sondern sie auch mit in deine Ehe nehmen und sie irgendwann an deine Kinder weitergeben.

Audrey und ich waren dabei, unsere beiden Familien zusammenzubringen und eine neue Familie zu gründen. Dabei brachten wir unvermeidlich Dinge aus unseren Familien mit, an denen wir etwas ändern mussten.

Meine Großeltern hatten einen Familienstammbaum erstellt, anhand dessen wir uns vor unserer Hochzeit einige Stunden über die guten und über die nicht so guten Seiten unseres Familienstammbaums unterhielten. Zu erfahren, in welchen Bereichen meine Familie zu Fehlern, Versagen und Sünde neigt, half mir sehr. Natürlich ließ sich das nicht über Nacht ändern. Aber diese Informationen konnten uns vielleicht in 20 Jahren helfen, wenn wir in ähnliche Situationen kämen. Dann würden wir die Ursache kennen und mit mehr Verständnis und Wissen an die Sache herangehen können. In der Gegenwart aber hatten wir schon die

Möglichkeit, konkreter dafür zu beten, dass wir vor jahrelanger Verwirrung, Abhängigkeit und Schmerz verschont bleiben würden. Manchmal reicht es schon, wenn wir etwas wissen und beten, um es zu verhindern.

Die Herbs halfen uns ebenfalls dabei, unsere eigene Kindheit und Jugend genauer zu beleuchten. Als Junge hatte ich sehr viel Freiheit und ich habe diese Freiheit geliebt! Das lag zum einen daran, dass ich auf einer großen Farm aufgewachsen bin, aber auch am Erziehungsstil meiner Eltern. Es gab Nächte, in denen ich nicht nach Hause kam. Ich schlief dann irgendwo auf der Farm oder in der Cowboystadt. Meine Mutter verlangte zwar immer, dass ich ihr vorher Bescheid gebe, aber sie verbot es mir nicht. Ich wäre nie auf die Idee gekommen, dass die Freiheit, die ich als Kind genoss, mein Verhalten in der Ehe beeinflussen würde.

Auch auf diesem Gebiet hatte Audrey völlig andere Erfahrungen gemacht als ich. Sie wuchs in einer relativ strengen Familie mit klaren Regeln auf. Ihr Familienstammbaum ist voll mit Sportstudenten, professionellen Musikern und Leuten, die beruflich Karriere gemacht haben. Mit anderen Worten, Menschen, die viel Disziplin zeigten und sich an klare Regeln hielten. Von den Erziehungsstilen unserer Eltern war keiner besser oder schlechter, aber für uns war es wichtig zu erkennen, wie unterschiedlich wir aufgewachsen sind!

Je näher der große Tag rückte, umso deutlicher traten unsere Unterschiede zutage. Die Hochzeit ist wahrscheinlich die erste große Sache, die du mit dem wichtigsten Menschen in deinem Leben planst. Es gibt Stress, endlose To-do-Listen, Kosten und einen festen Zeitplan. Bei unserem ersten großen gemeinsamen Ereignis war es sehr hilfreich, dass ich wusste, wie Audrey aufgewachsen war. So Gott will, sollen noch viele große gemeinsame

Ereignisse folgen – Kinder, ein Haus, ein guter Beruf und so weiter. Wie wir mit Geld umgehen, unter Druck reagieren und Entscheidungen treffen, das alles hängt sehr mit unserer Erziehung und unserer Lebenseinstellung zusammen.

Da viele von euch wissen, wer meine Familie ist, werde ich hier nicht schildern, worüber ich mit meinen Großeltern gesprochen habe. Aber ein Studienfreund hat mir erzählt, wie er seine Vergangenheit beleuchtete, Bereiche erkannte, in denen sich etwas ändern musste, und wie er dadurch Änderungen für seine Zukunft vornahm.

Eines Abends saß ich mit Joe und seiner Frau in Santa Barbara zusammen. Sie waren seit sechs Jahren verheiratet und waren gerade bei ihren Eltern ausgezogen. Ich war neugierig und stellte Fragen. Joes Geschichte faszinierte mich.

Kurz nach ihrer Hochzeit gerieten Joe und seine Frau Tammy in finanzielle Probleme, sodass sie nach zwei Jahren bei ihren Eltern einziehen mussten. Auf der Suche nach Antworten stieß Joe auf den Autor und Finanzberater Dave Ramsey und begann zu analysieren, wie er und seine Frau ihr Geld ausgaben. Als er Ramseys Fragen durcharbeitete, erkannte er, dass sie unreif und planlos mit Geld umgingen, was zum Teil daran lag, wie er aufgewachsen war und welche Einstellung er zu Geld hatte. Er war fest entschlossen, in diesem Bereich seines Lebens Veränderungen vorzunehmen.

Mit viel Disziplin und großen Opfern konnten er und Tammy innerhalb von zweieinhalb Jahren 30 000 Dollar Schulden zurückzahlen, ein Haus kaufen, einen Rentenplan erstellen, ein Studiensparbuch für ihre zwei Jungen anlegen und treu jeden Monat ihren Zehnten geben. Sie können sogar die Hypotheken für ihr Haus abzahlen, bevor sie 40 sind. Habe ich erwähnt, dass Joe sein

Studium abgebrochen hat, beruflich Erfolg hat und seine Frau jetzt zu Hause bei den Kindern bleibt?

Nach viel Selbstreflexion und mühsamer Arbeit geht er jetzt mit Geld anders um, als es in seiner Familie üblich war. Und er hilft anderen dabei, das auch zu tun. Dadurch, dass er über seine Probleme so offen gesprochen hat, habe ich erkannt, dass ich auf diesem Gebiet viel lernen muss, wenn ich eines Tages selbst für eine Familie sorgen will.

Ich mag Joes Geschichte, weil sie ein perfektes Beispiel dafür ist, was es bedeutet, aus einem ungesunden Familienmuster auszubrechen. Er erkannte, dass es besser laufen könnte, er erkannte seine eigenen Probleme, er analysierte seine Gedanken und sein Verhalten und beschloss, sich zu ändern und in seiner Familiengeschichte ein neues Kapitel aufzuschreiben.

*

Wenn wir uns auf die Ehe vorbereiten, sollten die Grundlagen klar sein: *Lieben wir beide Jesus und das Wort Gottes? Wie stehen wir zu Familie? Wollen wir Kinder? Wo wollen wir leben? Wie sehen unsere beruflichen Ziele aus? Haben wir einen Beruf, bei dem wir viel auf Reisen sind?* Über diese Themen sollte man vor der Hochzeit unbedingt sprechen. Pastor John Mark Comer hat es in seinem Buch *Loveology* so ausgedrückt:

> *Heirate nicht, weil du glaubst, er oder sie wäre „der Eine“ oder „die Eine“. Glaube mir, das stimmt nicht! Es gibt nicht den Einen oder die Eine! Siehst du, was Gott aus dem anderen macht, und gefällt dir dieses Bild? Dann heirate. Willst du Teil dieser Verwandlungsgeschichte sein? Dann heirate. Willst du diesen Weg*

in die Zukunft mitgehen? Dann heirate. Willst du kein Stück dieses Weges verpassen, auch wenn du weißt, dass es ein langer, anstrengender Weg sein wird? Dann heirate. Glaubst du an Gottes Berufung für den anderen und willst ein Teil davon sein? Dann heirate.[21]

Wenn das auf die Person, mit der du in einer Beziehung bist, zutrifft, könnt ihr den mühsamen, aber lohnenden Prozess der *Vergangenheitsbeleuchtung* beginnen. Diese Beleuchtung ist eine Herausforderung, aber sie hat Audrey und mir bei der Vorbereitung auf unsere Ehe sehr geholfen. Ohne dieses Wissen über unsere Vergangenheit hätten wir keine klare Vision und Richtung für unsere Zukunft entwickeln können.

AUDREY

Dieser Analyseprozess ist ein wenig wie Schach. Manchmal muss man einen Schritt zurückgehen, bevor man vorrücken kann, und manchmal muss man etwas opfern, damit der Weg für die nächsten Züge frei ist. Die Vergangenheit zu beleuchten (zurückgehen) hat uns geholfen, eine Strategie zu entwickeln, wie wir uns unsere Zukunft (vorrücken) vorstellen. Es hat uns geholfen, eine Vision für unsere Familie zu entwickeln, unsere Wünsche für uns als Ehepaar zu formulieren und unsere Träume zu erkennen.

Wir träumten davon, eine Weile zu reisen, dazu sollten Camping, Roadtrips und ein minimalistisches Leben gehören. Wir träumten davon, eines Tages gemeinsam eine Organisation ins Leben zu rufen und mithilfe unserer individuellen Gaben und

Fähigkeiten, Menschen zu inspirieren, zu ermutigen und zu helfen. Wir sprachen darüber, wann wir eine Familie gründen wollten, wie wir leben wollten, welche Art von Menschen unsere Freunde sein sollten und was uns auszeichnen sollte. Wir sprachen über unsere Hoffnungen, eines Tages eine eigene Familie auf unserem eigenen Land zu gründen – egal, ob das bedeutete, das Vermächtnis der *Roloff Farm* weiterzuführen oder eine eigene Farm aufzubauen. Diese Vision verbindet uns.

In den Jahren, in denen wir zusammen waren, hatten wir immer wieder über diese Dinge gesprochen, aber ich bin dankbar, dass wir bis zu unserer Verlobung gewartet haben, bevor wir uns tiefer mit diesen Themen befassten. Wenn wir zu früh in unserer Beziehung über Familiensünden, Sex und unsere dunkelsten Geheimnisse gesprochen hätten, hätte das vielleicht zu viel unnötigen Druck ausgeübt.

Besonders Christen lassen sich bei solchen Dingen ein bisschen zu sehr hinreißen, denn wir meinen, wir müssten schon beim ersten Date wissen, ob der andere *der Eine* oder *die Eine* ist. Vergiss das bitte! Entspann dich und genieße es einfach, den anderen kennenzulernen.

Ihr braucht beim ersten Date nicht schon alle Aspekte eures Lebens zu beleuchten. Abgesehen davon gibt es so etwas wie *den Einen* oder *die Eine* nicht. Ich weiß, dass das sehr unromantisch klingt. Aber ehrlich, vergiss dieses Denken! Es ist nicht biblisch und es schadet uns mehr, als dass es uns guttut. Es gibt wahrscheinlich viele Menschen auf der Welt, mit denen du eine schöne Liebesgeschichte schreiben und die du heiraten könntest. Erst in dem Moment, in dem ich bei unserer Hochzeit „Ja, ich will" sagte, wurde Jeremy für mich *der Eine*, bis dass der Tod uns scheidet.

Ich glaube, wir müssen das Dating ähnlich angehen wie neue Freundschaften – nicht Kindergartenfreundschaften, sondern Freundschaften unter Erwachsenen. Kindergartenfreundschaften haben viel Ähnlichkeit mit One-Night-Stands. Man lernt sich kennen und ist sofort bereit, bei der Kindergartenfreundin zu übernachten. Aber gesunde Freundschaften unter Erwachsenen sind von bewussten Entscheidungen, Vertrauen und Kameradschaft geprägt.

Beim Dating hat man ähnlich wie bei einer neuen Freundschaft die Freiheit, jemanden kennenzulernen, ohne sich gleich für immer zu binden. Du musst nicht alle Details deiner Lebensgeschichte auf den Tisch legen, wenn ihr zum ersten Mal miteinander einen Kaffee trinkt. Aber es ist auch nicht richtig, zwei Jahren zusammen zu sein und dem anderen nie anzuvertrauen, in welchen Bereichen deines Lebens du Probleme hast.

*

Wenn ihr verlobt seid, wird es Zeit, eure Kämpfe, Sünden und Geheimnisse offen anzusprechen. Es wird Zeit, eure Dunkelheit ans Licht zu bringen. Es ist Zeit, die Vergangenheit zu beleuchten, damit ihr beide wisst, wen ihr heiratet. Zu viele Beziehungen erreichen nie das Stadium, in dem man sich *vollständig kennt und vollständig liebt*, weil es durch Angst oder Stolz verhindert wird.

Sie hat Angst, dass er sie nicht liebt, wenn sie ihm von ihren Essstörungen erzählt. Sie ist zu stolz, um über ihre schwere Kindheit zu sprechen. Sie hat Angst, er liebt sie nicht, wenn er weiß, wie viel Angst sie hat. Oder er ist zu stolz, um zuzugeben, dass er pornosüchtig ist. Er hat Angst, dass sie ihn nicht liebt, wenn sie weiß, wie die Ehe seiner Eltern gescheitert ist. Er ist zu stolz, um ihr zu gestehen, dass er trinkt. Und so weiter. Welche Punkte sind es bei dir?

Bei unseren Ehevorbereitungsgesprächen haben wir gelernt, wie wichtig es ist, dem anderen nichts zu verheimlichen. Wir einigten uns darauf, offen über alles zu sprechen und keine Geheimnisse voreinander zu haben. Das hilft uns in unserer Ehe zu einer gesunden Kommunikation. Ich gebe es ehrlich zu: Der Weg zum Traualtar war schwer und anstrengend. Aber es ist ein gefährlicher Verteidigungsmechanismus, einander Dinge verheimlichen zu wollen. Damit verletzen wir den Menschen, den wir eigentlich schützen wollen.

Ehrlichkeit kann im ersten Moment wehtun, aber dauerhaft zu lügen ist gefährlich. Versuche nicht, Dinge zu verheimlichen. Entscheide dich, alles ans Licht zu bringen, voreinander, vor Gott und vor anderen Christen, damit ihr die Freiheit erlebt, die durch Ehrlichkeit entsteht.

Das Licht siegt immer über die Dunkelheit. Die dunkle Vergangenheit zu beleuchten und uns die strahlende Zukunft vorzustellen hat uns geholfen, ein solides Fundament für unser erstes Ehejahr und auch für die späteren Jahre zu legen. Wir waren fest entschlossen, unsere Liebe zu schützen.

Unser Verhaltenskodex bei Konflikten

AUDREY

Bis zu unserem Hochzeitstermin waren es nur noch zwei Monate. Ich konnte es nicht erwarten, ein wenig Zeit mit Jeremy allein zu verbringen. Endlich mal keine Filmcrew, keine Wohnungsbesichtigung, keine Hochzeitsplaner, keine Ehevorbereitungsgespräche und keine Junggesellenabschiede. Jeremy kam für eine Woche aus Santa Barbara nach Hause. Die Tage waren voller Termine und To-do-Listen, aber wir reservierten bewusst einen Tag, den wir zu zweit allein verbringen wollten. Wir brauchten Zeit, um zu lachen und uns selbst nicht so ernst zu nehmen.

Wir hatten geplant, an dem Abend, an dem Jeremy nach Portland flog, miteinander essen zu gehen, aber aufgrund der ständigen Verspätungen am Flughafen von San Francisco landete er viel später als geplant. Also mussten wir unsere Essenspläne verschieben, aber Jeremy schrieb mir am Abend, dass er am nächsten Morgen zu mir kommen würde, und versprach, dass wir den Tag miteinander verbringen würden. Und so kam es, dass er mit einer vollen Kaffeekanne und Plänen für diesen Tag noch vor Sonnenaufgang in *Rain* vor unserem Haus vorfuhr. Ich rannte auf die Straße, um ihn zu begrüßen, noch bevor er zur Haustür kommen konnte.

Nach einer langen Umarmung, die zeigte, wie sehr wir einander vermisst hatten, lächelte er mich an und sagte: „Ich möchte heute mit dir an die Küste fahren."

Nach wahrer Oregon-Manier gingen wir ins legendäre Camp-18-Restaurant zum Brunch. Dieses Restaurant ist ein altes Blockhaus, das beim Meilenstein 18 an einer kurvigen Küstenstraße idyllisch im Wald gelegen ist. Da Jeremy und ich immer für Nostalgie zu haben sind, gingen wir gerne hier essen. Danach besichtigten wir immer die ausrangierten Eisenbahnwaggons und stiegen auf den alten Wasserturm, bevor wir zur Küste weiterfuhren.

Auf dem Weg zum Restaurant unterhielten wir uns über Dinge, die auf unseren To-do-Listen standen. Jeremy teilte mir mit, wann in dieser Woche die Dreharbeiten geplant waren, und ich erinnerte ihn an die Hochzeitsplanungen, die noch ausstanden. Wir unterhielten uns nicht besonders ausführlich, da es immer ein wenig schwer ist, den anderen in *Rain* zu verstehen. Die Fahrgeräusche sind einfach zu laut.

Nachdem wir ein wenig zwischen den alten Ausstellungsstücken spazieren gegangen waren und ein paar Fotos gemacht hatten, gingen wir ins Restaurant, um Holzfäller-Pfannkuchen und riesige Zimtschnecken zu verdrücken. Während wir auf unser Essen warteten, stellte ich mich auf ein angeregtes Gespräch ein. Ich wollte darüber sprechen, was jeder in letzter Zeit erlebt hatte, welche Strände wir erkunden oder was wir während unserer Hochzeitsreise unternehmen wollten. Aber ich hatte das Gefühl, allein am Tisch zu sitzen.

Jeremy schaute mich kaum an und ließ sich auf kein Gespräch ein. Stattdessen schaute er sich immer wieder im Restaurant um, und hin und wieder machte er Bemerkungen wie: „Wie haben sie es nur geschafft, so einen riesigen Balken hier reinzubekommen?"

Ich schaute ihn finster an. Wollte er mich auf den Arm nehmen? Wenn du neben uns gesessen hättest, hättest du wahrscheinlich gedacht, dass wir bei unserem ersten Date wären und dass es furchtbar lief. Ich wurde immer erboster und begann, meiner Enttäuschung mit beißenden Bemerkungen Luft zu machen. Ich versuchte ihm eine emotionale Reaktion zu entlocken und sagte: „Vielleicht sollten wir nach dem Essen einfach zurückfahren. Ich bin müde."

Er verstand nicht, warum ich das sagte, und antwortete stoisch: „Wirklich? Okay, wenn du willst, können wir das machen."

Wo habe ich bei diesem Gespräch etwas falsch gemacht? Warum benehmen wir uns, als würden wir uns hassen?, ging es mir durch den Kopf. Ich war verwirrt, verletzt und unsicher. Ich wartete geduldig, dass Jeremy endlich aufwachte und zeigte, dass er mich wahrnahm. Als wir unser Essen bekamen und schweigend aßen, konnte ich mich kaum noch beherrschen, deshalb stand ich auf, sobald wir aufgegessen hatten, und sagte, dass ich draußen auf ihn warten würde.

Nachdem er gezahlt hatte, kam Jeremy ebenfalls aus dem Restaurant, und wir gingen schweigend zu *Rain*. Der Tag, den ich mir so fröhlich und entspannt vorgestellt hatte, lief ganz anders ab. Enttäuscht, dass unser Tag ruiniert war, sank ich in den Beifahrersitz. Ich war zwischen Ärger und Traurigkeit, zwischen dem Wunsch, mit ihm zu streiten, und dem Wunsch, mich mit ihm zu versöhnen, hin- und hergerissen.

Terri Clark singt ein Lied, das zusammenfasst, wie ich mich manchmal fühle, wenn Jeremy und ich streiten.[22] Darin heißt es in einer Zeile: „Ich will einfach eine Weile wütend sein." Jeremy versucht auch heute noch, mir in hitzigen Situationen ein Lächeln zu entlocken und unsere Konflikte mit Humor zu entschärfen, aber manchmal will ich einfach eine Weile wütend sein. Das war definitiv ein solcher Moment.

Jeremy machte einen Witz über einen Mann, der aus dem Restaurant kam und aussah, als ernähre er sich nur von Zimtschnecken. Statt zu lachen, biss ich die Zähne zusammen, schaute finster drein und vermied es, ihn anzusehen. Ich hatte das Gefühl, er wollte mich absichtlich wütend machen. Er tat, als bemerke er gar nicht, dass ich sauer war, oder als wäre es ihm egal.

Als er den Motor anließ, fragte er: „Willst du jetzt ans Meer fahren, oder willst du lieber nach Hause?“ Diese Frage machte mich endgültig fertig. Mit Tränen in den Augen schaute ich ihn endlich an und machte meinem Frust Luft. „Kannst du mir bitte erklären, warum du mich behandelst, als wäre ich Luft?“

Das führte zu einem sehr langen Gespräch über Erwartungen und Kommunikation. Während der Fahrt zum Strand sprachen wir ausführlich darüber, drehten uns aber immer wieder im Kreis. Eines wurde klar: Der Auslöser für diesen Konflikt waren schlecht kommunizierte Erwartungen.

Wenn du schon länger in einer Beziehung bist, kennst du bestimmt ähnliche Situationen. Du weißt schon, Momente, in denen das, was *tatsächlich* passiert, anders ist als das, was eigentlich passieren sollte. Wenn du dich auf tiefe, inspirierende Gespräche beim Brunch einstellst, dein Verlobter aber stattdessen die Architektur des Restaurants analysiert und sich benimmt, als wollte er nichts mit dir zu tun haben.

Ich hatte einfach angenommen, dass Jeremy wüsste, dass ich sofort über alles sprechen wollte, was in unserem Leben passiert war, seitdem wir uns das letzte Mal gesehen hatten. Aber das war nicht der Fall. Alles, worüber ich unbedingt sprechen wollte, empfand Jeremy als stressig und anstrengend. Er brauchte einfach ein wenig Zeit, um sich daran zu gewöhnen, dass wir wieder zusammen waren, bevor er bereit war, Entscheidungen zu treffen und tiefe Gespräche zu führen.

Während ich dachte, das Gesündeste für unsere Beziehung wäre es, uns über alles zu unterhalten, hatte Jeremy das Gefühl, dass es das Gesündeste wäre, einfach nur eine Weile zusammen zu *sein.* Wir waren so darauf konzentriert, eine Wohnung zu suchen, eine Arbeit zu suchen, die Hochzeit zu planen und uns auf die Ehe vorzubereiten, dass wir es lange nicht mehr genossen hatten, einfach zusammen zu sein, ohne etwas tun zu müssen. Danach sehnte sich Jeremy, aber das wusste ich nicht. Und Jeremy wusste nicht, dass ich mich danach sehnte, mit ihm zu *sprechen.*

So wird es auch bei den *Fünf Sprachen der Liebe* beschrieben. Bei Menschen, deren Muttersprache der Liebe wie bei mir Zweisamkeit ist, heißt es: „Wenn der andere abgelenkt ist, wenn er eine Verabredung verschiebt oder wenn er nicht richtig zuhört, kann das sehr verletzend sein. Zum Wunsch nach Zweisamkeit gehören auch tiefe Gespräche und gemeinsame Unternehmungen."[23] Da wir die meiste Zeit eine Fernbeziehung führten, verbrachten wir nicht viel Zeit miteinander. Sobald wir dann zusammen waren, legte ich großen Wert auf gute Gespräche und gemeinsame Unternehmungen. Als wir bei diesem Brunch überhaupt keine tiefen Gespräche führten, war ich deshalb verletzt und frustriert. Ich fühlte mich *un*geliebt. Deshalb reagierte ich falsch.

An diesem Tag begriffen wir: Wenn einer von uns etwas erwartet, aber der andere keine Ahnung davon hat, führt das unweigerlich zu Enttäuschung und unerfüllten Erwartungen. Wir überlegten, wie wir in Zukunft verhindern konnten, dass sich ein solches Debakel wie bei diesem Brunch wiederholte. Uns war klar, dass wir dem anderen sagen mussten, welche Erwartungen wir hatten.

Dieses Abklären der Erwartungen ist oft einfach eine kurze Frage, wenn wir ins Auto steigen oder am Abend vor einem großen Tag im Bett liegen. Meistens genügt die einfache Frage: „Was erwartest du von dieser Party [dieser Veranstaltung, diesem Tag, diesem Urlaub etc.]?“ Ja, so einfach ist es wirklich.

Diese Frage hilft uns zu verstehen, was der andere will, was er sich erhofft, was er braucht. Diese Frage hilft uns, den anderen zu verstehen. Sie fördert Einheit, stärkt unsere Beziehung, bringt Befriedigung und schafft Win-win-Situationen. Sie hilft uns, mögliche Konflikte zu vermeiden, weil wir schon vorher wissen, dass einer von uns früh nach Hause fahren oder noch die Eltern besuchen oder danach noch etwas anderes tun möchte. Du verstehst, was ich meine.

Wir erleben das in unserer Ehe als sehr hilfreich. Trotzdem sind wir noch weit davon entfernt, unsere Erwartungen immer richtig zu kommunizieren. Wie bei allem im Leben gilt auch hier: Übung macht den Meister. Manchmal sagen wir dem anderen nicht deutlich genug, welche Erwartungen wir haben. Manchmal reagieren wir immer noch falsch, wenn wir vom anderen enttäuscht werden. Aber wir geben nicht auf zu lernen, wie wir dem anderen unsere Liebe zeigen können. Dadurch wird jeder Konflikt eine Gelegenheit zu lernen, wie wir Konflikte in Zukunft verhindern können.

Wir haben bei diesem unglücklichen Brunch nicht nur gelernt, dass wir in Zukunft vorher unsere Erwartungen kommunizieren sollten. Wir haben auch eine einfache Strategie gelernt, wie wir Konflikte vermeiden können: durch körperliche Berührung.

Vor einigen Kapiteln haben wir geschrieben, dass Jeremy im Enneagramm eine Neun ist und dass eine seiner Sprachen der

Liebe Zärtlichkeit ist. Eine Tendenz von Neunern ist es, dass sie so geistesabwesend sein können oder sich so sehr mit ihrer Umgebung befassen können, dass sie den Anschein erwecken, sie wären zu keiner persönlichen Interaktion bereit. Das erlebte ich im Camp 18, während ich am Tisch saß und ungeduldig darauf wartete, dass er mich endlich wahrnehmen würde. Wenn ich in solchen Situationen einfach Jeremys Schulter oder Arm berühre, hilft ihm das, sich von seinen Gedanken loszureißen und sich wieder auf das Gespräch zu konzentrieren. Wenn ich also das Gefühl habe, dass mir Jeremy nicht zuhört oder in Gedanken weit weg ist, lege ich ihm einfach die Hand auf den Arm.

Ich bin bestimmt nicht die Einzige, die so etwas schon erlebt hat. Vielleicht hast du in deiner Beziehung auch schon Bemerkungen fallen gelassen wie:

Hörst du mir überhaupt zu?
Hast du eigentlich gehört, was ich gerade gesagt habe?
Wie oft muss ich das denn noch sagen?
Das sage ich dir jetzt schon zum fünften Mal.
Ich sage es nicht noch einmal.

Statt mich wie eine Schallplatte, die einen Sprung hat, zu wiederholen und mich über Jeremy zu ärgern, habe ich gelernt, einfach die Hand auf seine Schulter zu legen, wenn er an etwas arbeitet und ich ihm etwas sagen oder ihn etwas fragen will, besonders wenn ihn im Moment etwas ganz anderes beschäftigt.

Ich weiß nicht mehr, wie oft ich Jeremy beim Einsteigen ins Auto schon gefragt habe, ob er sein Portemonnaie eingesteckt hat. Er antwortet dann sofort: „Ja, habe ich!“ Aber wenn wir später aussteigen, sagt er: „Oh, Mist! Ich habe mein Portemonnaie vergessen!“

Du kannst dir bestimmt vorstellen, wie genervt ich dann bin. Dieses Szenario hat oft zu Streit geführt. Inzwischen berühre ich Jeremy einfach, wenn ich ihn an etwas erinnern oder ihm eine Frage stellen muss oder wenn ich merke, dass er tief in Gedanken versunken ist. Das heißt nicht, dass Jeremy einen Freifahrtschein hätte, einfach abzuschalten, solange ich ihn nicht berühre. Er gewöhnt sich immer mehr ab, mir automatisch eine Antwort zu geben, ohne *wirklich* zu hören, was ich sage.

Die Bereitschaft, aus unseren Konflikten zu lernen, ist die beste Strategie, um Konflikte in Zukunft zu vermeiden. Ohne diese Bereitschaft hätten wir nicht herausgefunden, wie wichtig es ist, unsere Erwartungen zu kommunizieren oder den anderen mit einer einfachen Berührung aus seinen Gedanken zu holen. Diese Lösungen haben uns auf unserem Weg, eins zu werden, sehr geholfen.

JEREMY

Im Gegensatz zu unserem Streit im Camp 18, der sich schnell und leicht lösen ließ, gab es einen anderen Konfliktbereich, der viel mehr Zeit und Anstrengung kostete.

Nachdem Audrey und ich Schluss gemacht hatten, erlebte ich eine unerwartete Freiheit. Die Freiheit, voll und ganz dort sein zu können, wo ich war. Ich war nicht länger mit meinem Körper in Santa Barbara und mit meinen Gedanken in Corvallis bei Audrey. Obwohl ich die große Hoffnung hatte, dass wir wieder zusammenkommen würden, war es eine gewisse Erleichterung, das Studium zu genießen und mich ganz – auch mit meinen Gedanken – in Santa Barbara einzubringen.

Solange wir zusammen waren, hatte ich unsere Liebe bewusst geschützt und streng darauf geachtet, mit wem ich meine Zeit verbrachte. Jetzt hatte ich die Freiheit, mit viel mehr Leuten zusammen zu sein als vorher. Da ich in der Gemeinde ehrenamtlich mitarbeitete, lernte ich viele wunderbare Menschen kennen und gehörte zu einer Studentenkleingruppe, mit der ich viel Zeit verbrachte.

Ich hatte meinen VW-Bus mit nach Santa Barbara genommen, der bei meinen Freunden sehr beliebt war, und den Mädchen schien er auch zu gefallen. Wir fuhren mit ihm zum Strand oder einfach durch die Stadt und genossen die Blicke, die *Blue Moon* erntete, und das unbeschreibliche Gefühl, in einem alten VW-Bus zu fahren. Wir fuhren oft zum Lizard's Mouth und gingen dort wandern. Einmal campierten wir zwischen den Felsen und genossen den Ausblick auf die Stadt, deren Lichter wie Sterne über dem dunklen Meer funkelten.

Durch die Freunde, mit denen ich meine Zeit verbrachte, hatte ich das Gefühl, wirklich in Santa Barbara angekommen zu sein. Und ich merkte, dass sich auch meine Freunde darüber freuten, dass ich – voll und ganz – bei ihnen war.

Zu einer Studentin in der Gruppe entwickelte ich eine besonders enge Freundschaft. Kate und ich verbrachten viel Zeit miteinander. Wir holten einander von der Arbeit oder von der Uni ab. Wir fuhren zusammen in die Santa Ynez Mountains, trafen uns mit anderen Freunden in einem Eiscafé, fuhren zum Gottesdienst oder waren einfach in der Gruppe zusammen.

Kate stammte aus Santa Barbara und kannte die Stadt sehr gut. Ich war dankbar, eine Freundin zu haben, die mich so vielen anderen Freunden vorstellte und mir so manches von der Stadt zeigte. Wir lachten viel und genossen unsere gemeinsame Zeit, und unsere Freunde meinten, dass wir eine eher geschwisterliche

Beziehung hätten. Und obwohl ich in ihr tatsächlich nie mehr als einen Kumpel sah, kamen wir uns emotional näher, gleichzeitig war Audrey aber in meinem Hinterkopf immer präsent.

In diesem Sommer begleitete mich mein Freund Tye nach Portland. Das war der Besuch, bei dem ich unangemeldet an Audreys 21. Geburtstag auftauchte. Du weißt, was danach kam: Noch am selben Wochenende haben wir einander gestanden, dass wir trotz aller Herausforderungen wieder zusammen sein wollten.

Anschließend kehrte ich zu meinem Leben in Santa Barbara und zu meinen Freunden zurück. Zu diesem Zeitpunkt gehörte Kate zu meinen besten Freunden, und sie war begeistert, als sie hörte, dass Audrey und ich wieder zusammen waren. Da es eine platonische Beziehung war und Audrey alles über sie wusste, kam mir nie in den Sinn, dass sich meine Freundschaft mit Kate ändern musste.

Als Audrey und ich wieder zusammen waren, vertiefte sich unsere Beziehung schnell wieder und wuchs. Jetzt, da der Druck weg war und wir unsere Fernbeziehung nicht mit überzogenen Erwartungen belasteten, sehnten wir uns immer mehr nacheinander. Unsere Liebe wuchs und es dauerte nicht lange, bis wir vom Heiraten sprachen. Wir erlebten das, was Sheldon Vanauken in seinem Buch fordert: „Die Liebe muss entweder wachsen oder sterben."[24] An diesem Punkt wurde meine Freundschaft zu Kate ein Problem, denn unsere Beziehung war zwar platonisch, aber doch emotional sehr eng, weil ich ihr einfach viel aus meinem persönlichen Leben anvertraut hatte.

Als ich dann in den Winterferien nach Hause fuhr, verbrachten Audrey und ich jede freie Minute zusammen. Doch nach zwei Wochen mit Schnee und Weihnachtstraditionen musste jeder wieder zu seinem Studium zurück. Die weite Entfernung wurde richtig lästig. Audrey und ich vermissten uns sehr, und es gefiel uns überhaupt nicht, dass wir unseren Alltag nicht miteinander teilen konnten. Wir sehnten uns danach, die einfachsten Dinge gemeinsam zu machen: Hausaufgaben, Einkaufen, Filme ansehen, aber das konnten wir nicht. Als ich wieder in Santa Barbara war, sah Audrey in den sozialen Medien, dass ich all diese Dinge mit Kate machte, woraufhin sie mir erklärte, dass sich meine Beziehung zu Kate ändern müsse.

Auj bat mich freundlich, nicht mehr so viel mit Kate allein zu unternehmen. Das war eine berechtigte Bitte, auf die ich hätte eingehen sollen, aber ich hörte nicht darauf. Ich tat ihre Bedenken schnell mit den Worten ab: „Auj, Kate und ich sind nur Freunde. Ich bin in dich verliebt. Und ich will nur dich."

In meiner Unerfahrenheit versuchte ich, meine Nähe zu Kate logisch zu begründen, indem ich es ungerecht fand, sie als meine *Schwester* im Herrn vor den Kopf zu stoßen. Ich vermasselte es, indem ich vermied, mit Kate und Auj darüber zu sprechen, weil ich Konflikten aus dem Weg gehen wollte. Aber je länger ich das klärende Gespräch mit Kate vor mir herschob, umso schlimmer wurde es. Ich versicherte Auj, dass ich nichts mehr mit Kate allein unternehmen würde, aber das war nicht leicht. Trotzdem versprach ich, mich zu bemühen, Situationen zu vermeiden, die dazu führen könnten, dass Kate und ich zu zweit allein waren.

Dann fragte mich Kate, wann sie mich mal zu Hause besuchen könne, um die Farm zu sehen, von der ich schon so viel erzählt hatte. Seien wir ehrlich: Wer sollte die Farm nicht sehen wollen? Doch obwohl es mir immer Spaß macht, Leuten die Farm meiner Eltern zu zeigen, zögerte ich, Kate einzuladen, weil ich zu Hause jede Minute mit Audrey verbringen wollte.

Als ich dann im Frühling bei Audrey zu Hause war, kam Kate zu einem Überraschungsbesuch. Zum Glück hielt Audrey während Kates Besuch den Mund und beherrschte sich, aber sobald Kate wieder fort war, machte sie ihrem Frust und ihren Gefühlen Luft.

Ich hatte Mist gebaut. Ich hätte ehrlich zu Kate sein und ihr sagen sollen, dass ich unsere Beziehung zurückschrauben musste, um in meiner Beziehung zu Audrey wachsen zu können. Aber das hatte ich nicht getan. Ich hatte ein schmerzliches Gespräch mit Kate vermieden, weil ich keinen Unfrieden wollte, doch damit hatte ich genau das Gegenteil erreicht. Ich schuf Konflikte und verletzte sowohl Kate als auch Audrey.

Die Situation sah nicht gut aus, denn Audrey begann, meine Loyalität ihr gegenüber infrage zu stellen, und fragte mich: „Willst du mich heiraten oder sie?“ Ich verstand, was Audrey meinte, als ich einmal konkret darüber nachdachte, was ich tun würde, wenn sie und ein anderer Mann beste Freunde wären. Ich merkte, was ich ihr damit antat.

Ich fühlte mich wegen der ganzen Situation schrecklich, aber als ich Audrey sagte, dass ich auch Kates Gefühle nicht verletzen wollte, weckte mich ihre Antwort auf. „Du hast Angst, ihre Gefühle zu verletzen? Was ist mit meinen Gefühlen? Ich bin verletzt, verwirrt und ehrlich gesagt auch überrascht. Warum bist du nicht bereit, eure Freundschaft für unsere Liebe zu opfern?“

Ich steckte in der Bredouille, das kommt davon, wenn man es allen recht machen will. Es folgten mehrere Wochen, in denen ich innerlich hin- und hergerissen war und nicht wusste, was ich tun sollte, und die ganze Situation lief auf ein Unglück hinaus. In dieser Zeit habe ich einige schmerzhafte Lektionen gelernt.

Schließlich holte ich mir bei guten Freunden und einem Mentor Rat. Das hatte ich bis zu diesem Zeitpunkt nicht getan. Vielleicht hatte ich einfach nicht hören wollen, was sie vermutlich sagen würden. Alle rieten mir, die Freundschaft mit Kate zu beenden, wenn ich Audrey heiraten wollte. Ich sah die Gründe ein, aber es fiel mir schwer, mit Konflikten und ganz besonders mit diesem einen Konflikt richtig umzugehen. Diese Zusammenhänge habe ich erst bei unseren Ehevorbereitungsgesprächen gelernt und durch das Enneagramm. Aber jetzt bekamen Audrey und ich die Konsequenzen meines konfliktscheuen Handelns auf schmerzhafte Weise zu spüren.

Ob du es glaubst oder nicht, ich habe wirklich erst kurz vor unserer Hochzeit richtig verstanden, welche Folgen meine Entscheidungen hatten. Als ich kapierte, dass ich durch meine Unfähigkeit, die Freundschaft mit Kate zu beenden, die Beziehung zwischen Audrey und mir stark belastete, brach ich zusammen.

Ich erkannte, dass ich es damals unterschwellig allen hatte recht machen wollen. So verhalte ich mich manchmal auch heute noch. Ich sage bewusst unterschwellig, weil ich nicht offensichtlich versuche, es allen recht zu machen. Es geht eher in die Richtung, dass ich versuche, Konflikte zu vermeiden, indem ich versuche, andere zufriedenzustellen. Mein tiefster Wunsch war es, mit Audrey eins zu sein. Aber mein stärkster Wunsch war es auch, alle glücklich zu machen, ohne etwas opfern zu müssen.

Weil ich nicht davon ausging, dass mir Audrey einfach so vergeben würde, war ich nervös, als ich sie um Vergebung bat. „Es tut mir leid, dass ich dich durch mein Verhalten gegenüber Kate verletzt habe, Auj. Vergibst du mir?“ Ich entschuldigte mich aufrichtig bei Audrey, und wir umarmten uns unter Tränen. Das war das erste Mal, dass Auj mich weinen sah. Meine emotionale Mauer hatte lange keine Gefühle zugelassen, doch an diesem Tag wurde diese Mauer eingerissen.

Ich versprach Audrey, dass unsere Hochzeit das Ende meiner Freundschaft mit Kate bedeutete. Eine andere Lösung gab es nicht. Ich konnte diese Freundschaft nicht aufrechterhalten. Es war falsch von mir gewesen, dies zu versuchen. Endlich verstand ich, dass meine Freundschaft mit Kate meine enge Beziehung zu Audrey gefährdete und dass ich sie dabei tief verletzte.

Audreys Wunsch, sich mit mir zu versöhnen und gemeinsam in die Zukunft zu blicken, war stärker als ihr Wunsch, recht zu haben. „Ja, Babe, ich liebe dich. Können wir dieses Thema einfach für immer abhaken?" Mit Tränen in den Augen schaute ich Audrey an und versicherte ihr, dass sich nie wieder jemand so zwischen uns stellen dürfe. Wir sagten uns, dass wir uns liebten, und verbrachten diesen Abend zu zweit allein. Die tiefen Gespräche und das Lachen am Lagerfeuer taten uns beiden gut.

Es ist besser, eine Lektion auf die harte Tour zu lernen, als sie überhaupt nicht zu lernen. Meine Freundschaft mit Kate war anfangs eine gute, wunderbare Freundschaft, aber irgendwann kam der Zeitpunkt, an dem sie meine Beziehung mit Audrey gefährdete. Audrey wollte meine beste Freundin sein, und ich wollte Audreys bester Freund sein, aber mit meinem Tun vermittelte ich ihr etwas ganz anderes. Taten sprechen lauter als Worte. Mit meiner Unfähigkeit, die Freundschaft mit Kate zu beenden, sagte ich Audrey im Grunde, dass Kate meine Loyalität gehörte und dass ich mehr Angst hätte, Kate zu verletzen, als sie zu verletzen.

Es ist nichts falsch daran, enge Freundschaften zu haben, solange man Single ist. Aber wenn man heiraten will, müssen sich Beziehungen zum anderen Geschlecht ändern. Wenn es dein Ziel ist, mit deinem Verlobten/deiner Verlobten eins zu sein, solltest du enge Freundschaften mit jemandem vom anderen Geschlecht zurückschrauben oder beenden. Zum Beispiel die Beziehung zu einem Freund, mit dem du dich regelmäßig allein zum Kaffee oder Essen triffst, mit dem du dich über das Leben austauschst und über deine Gefühle sprichst, dem du nach Feierabend schreibst und so weiter. Selbst wenn diese Freundschaften ganz unschuldig sind, werden sie irgendwann Konflikte mit der Person, die du liebst, heraufbeschwören.

Ich brauchte viel zu lange, bis ich begriff, warum Audrey verletzt war, denn ich beharrte darauf, dass meine Beziehung zu Kate harmlos wäre. Uns emotional in eine Freundschaft mit jemandem vom anderen Geschlecht zu investieren ist gefährlich. Solche Beziehungen können den Grundstein zu einer emotionalen Affäre legen.

Laut der amerikanischen Vereinigung für Ehe- und Familientherapie geben ungefähr 35 Prozent der verheirateten Frauen und 45 Prozent der verheirateten Männer zu, dass sie emotionale Affären haben.[25] Eine emotionale Affäre ist im Grunde eine enge Beziehung zwischen zwei Menschen, die der Nähe und der emotionalen Intimität einer Liebesbeziehung gleichkommt, ohne dass die beiden jedoch körperlich intim sind.

Versteh mich nicht falsch: Ich will damit nicht sagen, dass du keine Freunde vom anderen Geschlecht haben kannst. Ich bin mit vielen Frauen befreundet. Aber ich habe Grenzen, um meine Beziehung zu Audrey zu schützen. Die Statistiken lügen nicht. Emotionale Affären sind weit verbreitet und können gefährlich sein. Die meisten emotionalen Affären begannen damit, dass zwei Leute Freunde mit unschuldigen Absichten waren und dass in Ehen keine Grenzen gesetzt wurden, um sie zu schützen.

Ich erzähle dir diese Geschichte, weil ich denke, dass leider viele, die in einer festen Beziehung sind, solche Situationen kennen. Ich musste meinen Stolz hinunterschlucken und bereit sein, bestimmte Freiheiten zu opfern, zum Beispiel die Freiheit, Freundschaften mit jedem zu haben, mit dem ich es wollte. Am Anfang wehrte ich mich dagegen, weil es mir schwerfiel, meine Freundschaft mit Kate zu beenden. Aber es lohnt sich immer, Opfer zu bringen, um eine wichtigere Beziehung – deine Ehe – zu stärken.

Die meisten Paare würden wahrscheinlich gern manche Kapitel in ihrer Liebesgeschichte umschreiben, bei uns ist es dieses Kapitel. Ich hoffe, dass ich dir mit meiner Geschichte helfen kann, bessere Entscheidungen zu treffen als ich damals. Weil ich von Anfang an nicht ehrlich zu Kate war, habe ich beide Frauen verletzt. Aber aus diesem Fehler habe ich viel gelernt und hoffe, dass ich andere davor bewahren kann, ähnliche schmerzhafte Erfahrungen zu machen. So gern ich das, was passiert ist, auch ändern würde, vertraue ich, dass Gott wollte, dass wir *vor* unserer Ehe lernten, wie gefährlich es ist, emotional zu enge Beziehungen zum anderen Geschlecht zu haben. Dafür bin ich dankbar.

*

Lass dich von dem Spruch aus dem Roman *Wie ein einziger Tag* nicht täuschen. Niemand sollte sagen: „Wir streiten nun einmal! Das ist normal.“[26] Konflikte lassen sich in Beziehungen nicht vermeiden, aber Streit lässt sich vermeiden. Wir haben aus unserem Streit nach dem Brunch im Camp 18 und wegen meiner Beziehung zu Kate viel gelernt. Vor allem haben wir gelernt, wie wir mit Konflikten *nicht* umgehen sollten. Wir haben überlegt, wie wir Grenzen setzen können, um künftige Konflikte zu vermeiden.

Wenn trotzdem Konflikte auftreten, ist es wichtig, dass wir richtig damit umgehen. Deshalb haben wir uns einige Fragen gestellt, die uns geholfen haben, unseren *Verhaltenskodex bei Konflikten* festzulegen:

Was können wir tun, um zu verhindern, dass aus einer angespannten Situation ein Konflikt wird?

Welche Parameter oder Grenzen können wir festlegen, damit wir unsere Meinungsverschiedenheiten gesund und produktiv und nicht schädlich und zerstörerisch austragen?

Wie können wir, wenn es zum Streit kommt, fair streiten?

Was können wir tun, um schneller zu Umkehr, Vergebung und Versöhnung zu gelangen?

Wir waren uns einig, dass es eine gute Idee ist, diese Fragen vor unserer Hochzeit zu klären. Deshalb suchten wir Führung in der Bibel und Rat bei dem Ehepaar, das uns bei unseren Ehevorbereitungsgesprächen begleitete. Das Ergebnis war unser Verhaltenskodex bei Konflikten – Regeln, wie wir Konflikte vermeiden, mit Konflikten umgehen und eine schnelle Lösung herbeiführen können. Einige dieser Regeln lernten wir von Ehepaaren, die schon länger verheiratet sind, und einige lernten wir aus unseren eigenen Konflikten:

Streitet nicht in der Öffentlichkeit.

Vergesst nicht, dass ihr im selben Team seid.

Haltet euch an den Händen, wenn ihr einen Konflikt löst.

Fragt: „Was erwartest du in dieser Situation?“

Streicht die Worte *immer* und *nie* aus eurem Wortschatz, wenn ihr übereinander sprecht.

Baut Zeiten ein, in denen ihr euch beruhigen könnt.

Sagt immer: „Ich vergebe dir.“

Sprecht nicht mit Dritten über euren Konflikt, es sei denn mit einem Seelsorger oder jemandem, der euch bei der Suche nach einer Lösung des Konflikts helfen kann.

Achtet darauf, dass ihr mehr über die Situation betet als sprecht.

Versucht nicht, Konflikte am Telefon zu lösen.

Weigert euch nicht, miteinander zu schlafen, nur weil ihr eure Position stärken wollt.

Wenn ihr euch übereinander ärgert, dann schlaft nicht in getrennten Betten, auf der Couch oder bei Freunden.

Strebt eine Lösung an und nicht nur einen Kompromiss.

Habt ihr auch einen *Verhaltenskodex bei Konflikten*? In unserer Ehe versuchen wir, mithilfe dieser Regeln fair zu bleiben. Je mehr wir das tun, umso weniger Fouls begehen wir. Damit verhindern wir, dass Meinungsverschiedenheiten eskalieren. Dieser Kodex erinnert uns daran, dass wir im selben Team spielen. Er ermutigt uns, miteinander zu sprechen, statt zu reagieren. Er hilft uns, Situationen zu entschärfen, die uns sonst zu verletzenden Worten und Handlungen verleiten könnten. Er hilft uns, zu geben und zu vergeben. Und er schützt unsere Beziehung.

Der Weg zum Einssein

JEREMY

Hand in Hand gingen wir auf die große Glastür zu. Ich trat einen Schritt vor und hielt Audrey die Tür auf. „Bitte sehr“, flüsterte ich, als sie schwungvoll aufging. Wir waren noch keine fünf Sekunden im Ausstellungsraum des VW-Händlers, als ein Mann mit einem freundlichen Grinsen auf uns zutrat und uns die Hand reichte.

„Guten Tag!“, begrüßte uns der eifrige Autoverkäufer. „Was kann ich für Sie tun?“

„Wir würden uns gern den Golf Kombi Baujahr 2012 ansehen“, antwortete ich.

„Natürlich. Sehr gerne!“, erwiderte er. „Hier entlang bitte. Möchten Sie eine Tasse Kaffee?“

Es war sieben Tage vor unserer Hochzeit und wir mussten ein Auto kaufen. Audrey hatte in Los Angeles eine Stelle angenommen, bei der sie Wein verkaufen würde, und wir brauchten ein Auto, das groß genug war, um die Weinkisten zu transportieren. Zwei Tage nach der Rückkehr von unserer Hochzeitsreise war der Umzug geplant. Wir würden also nach der Hochzeit keine Zeit haben, um ein Auto zu kaufen.

Es gab zwar schon ein Auto, das uns gefiel, aber wir wollten uns noch den gebrauchten Golf Kombi ansehen, da wir über ihn viel Gutes gehört hatten und der Preis unserem Budget entsprach. Außerdem war der Benzinverbrauch günstig, was ein entscheidendes Plus war, da Audrey mit dem Auto bald täglich quer durch L.A. fahren würde. Bei der Probefahrt schauten Audrey und ich uns an und grinsten unauffällig, denn wir wollten vor dem Verkäufer nicht zu begeistert wirken. Uns gefiel, wie geräumig das Auto war, wie ruhig der Motor lief und dass es ein großes Schiebedach hatte. Außerdem bevorzugte Auj ein weißes Auto.

Uns gefiel das Auto viel besser, als wir erwartet hatten, aber wir versuchten, uns cool zu geben. Als wir von der Probefahrt zurückkamen, fragte der Verkäufer, der echt ein netter Mann zu sein schien, wie uns das Auto gefallen würde.

„Es ist nett“, antwortete ich.

Ich hatte gehört, dass es eine schlechte Verhandlungsbasis ist, wenn man vor einem Gebrauchtwagenhändler zu viel Begeisterung zeigt. Deshalb bemühte ich mich, nicht zu viel Interesse zu zeigen.

„Beim Subaru-Händler auf der anderen Straßenseite stehen ein paar Autos, die wir uns auch noch ansehen wollen“, sagte ich. „Wenn wir Interesse haben, kommen wir später wieder.“

Wir liefen aufgeregt über die Straße zu dem anderen Autohändler, und als wir um die Ecke bogen, stand er vor uns: ein nagelneuer Subaru Outback. Wir betraten den Ausstellungsraum und der gleiche Ablauf wiederholte sich: Händeschütteln, breites Grinsen, Kaffee, Small Talk, Probefahrt und dann die entscheidende Frage: „Und, was meinen Sie?“

Uns gefiel das Auto sehr, aber es überstieg unser Budget und wir fühlten uns nicht ganz wohl dabei, unsere Ehe mit einem teuren neuen Auto zu beginnen. Außerdem war ich ein wenig unsicher. Ich hatte Erfahrung mit Autokäufen im Internet, aber keiner von uns hatte bisher ein Auto von einem Händler gekauft.

Wir gingen draußen auf dem Gehweg auf und ab und tätigten einige Anrufe. Dann schauten Audrey und ich uns mit müden Augen an.

„Wir müssen noch so viele andere Entscheidungen treffen", sagte ich schließlich. „Kaufen wir es einfach."

Also gingen wir wieder hinein und sagten, dass wir das Auto nehmen wollten. Alle waren begeistert. Wir bekamen noch einmal Kaffee eingeschenkt, bevor wir zu dem kleinen Büro gingen, in dem der Kaufvertrag unterschrieben werden sollte. Nachdem er uns ungefähr eine Stunde lang geholfen hatte, das Modell auszusuchen und die Kreditbedingungen zu erklären, stand der Verkäufer auf und sagte, er wäre bald mit den unterschriftreifen Papieren zurück.

„Gut, wir warten", sagte ich und lehnte mich zurück.

Einige Minuten waren vergangen, da legte Audrey die Hand auf mein Bein, mit dem ich unruhig wippte, ohne dass mir das bewusst gewesen wäre. „Was denkst du?", fragte sie.

„Ich habe immer noch ein komisches Gefühl", gab ich zu. „Mir hat das andere Auto echt gut gefallen."

„Mir auch!", sagte sie und war ganz aufgeregt, dass wir das Gleiche dachten.

„Wirklich?", fragte ich. „Mist! Jetzt ist es zu spät. Aber der Subaru ist bestimmt auch gut."

Trotz dieser Worte waren wir unsicher. Dann kam der Verkäufer zurück und sagte, dass er technische Probleme mit dem Drucker habe, aber es könne nicht mehr lange dauern. Eine weitere halbe Stunde verging, und das ungute Gefühl in meinem Bauch nahm zu. Ich schaute auf die Uhr und stellte fest, dass der

VW-Händler auf der anderen Straßenseite in einer Dreiviertelstunde schließen würde.

„Babe", sagte ich, „komm, wir nehmen das andere Auto!"

Audrey schaute mich mit großen Augen und einem noch größeren Grinsen an. „Aber was sagen wir?", fragte sie. „Wie begründen wir, dass wir den Subaru doch nicht nehmen?"

Ich nahm ihre Hand, erwiderte ihr Lächeln und sagte: „Wir gehen einfach."

Wir kamen uns vor wie Kinder, die etwas ausgefressen hatten, als wir aufstanden und auf Zehenspitzen zur Tür schlichen. Als meine Hand gerade den Türgriff berührte, hörten wir eine Frauenstimme hinter uns: „Kann ich Ihnen helfen?"

Ich drehte mich um, schwieg einen Moment und sagte dann: „Nein, danke. Aber wir müssen gehen. Können Sie Ihrem Kollegen bitte sagen, dass wir das Auto doch nicht nehmen?"

Ich wollte nicht unhöflich sein, aber du weißt ja, wie Verkäufer sind. Sie lassen ein Nein nicht gelten. Und uns lief die Zeit davon. Die Frau sah verwirrt aus, aber bevor sie versuchen konnte, uns zum Bleiben zu überreden, stürmten wir aus dem Laden und mussten dann laut lachen.

Wir liefen über den Parkplatz und gingen über die Straße zu dem gebrauchten, günstigeren VW, bevor der Laden schloss. Wir hatten das Gefühl, dass dies die richtige Entscheidung war. Waren die technischen Probleme mit dem Drucker vielleicht ein Eingreifen des Herrn, der uns vor einer Entscheidung bewahren wollte, die wir später bereut hätten? Hand in Hand betraten wir wieder den Ausstellungsraum des VW-Händlers.

Audrey schaute mich an und sagte: „Gute Entscheidung, Babe."

Wir hörten auf unser Bauchgefühl, wir waren uns in unserer Entscheidung einig, und sie fühlte sich richtig an.

Unser grinsender Verkäufer war überrascht und freute sich, uns zu sehen. „Wir nehmen den Golf!“, sagte ich.

Wir ließen uns noch eine Tasse Kaffee einschenken und gingen dann mit ihm in sein Büro. Dieses Mal hatten wir Frieden im Herzen. Es war inzwischen fast 22 Uhr, und der Laden würde gleich schließen, aber der Verkäufer versicherte uns, dass das kein Problem sei. Als der ganze Papierkram länger dauerte als erwartet, bestellte er für alle, die unseretwegen Überstunden machten, Pizza. Es war 0:45 Uhr, als wir endlich in unserem neuen Auto vom Gelände fuhren. Dieser erste Autokauf war eine interessante Erfahrung und eine erfolgreiche Mission auf unserem Weg, eins zu werden.

Es war Audreys Auto, aber wir einigten uns darauf, es *unser* Auto zu nennen. Da wir bald im Fleisch und im Geist eins sein würden, wollten wir auch bei unseren Worten und unserem Besitz eins sein. Wenn wir eins sein wollen, darf es nicht mehr so sehr um uns selbst gehen. Das fängt bei unserer Sprache an. Ganz nach dem Prinzip des Teilens nannten wir unser neues Auto *Wagon*. Statt von *Audreys Auto* zu sprechen, sprachen wir vom *Wagon*. Damit war es *unser* Auto und nicht *ihr [oder mein]* Auto. Da alle meine Autos Namen haben, passte das gut. Das Prinzip des Einsseins betrifft alle unsere Lebensbereiche – unsere Sprache, unseren Körper, unseren Besitz und auch unsere Finanzen.

Eine Woche zuvor hatten wir unsere Einzelkonten in Gemeinschaftskonten umgewandelt, um *unser* Auto mit *unserem* Geld zu kaufen. Wenn wir bald das Bett, die Wohnung, das Auto und den Nachnamen teilen würden, war es nur logisch, dass wir auch unsere Finanzen teilten. Gott will, dass wir in der Ehe eins sind. Wenn wir wirklich *ein Fleisch* sind, ist es nur logisch, dass wir keine Bereiche ausklammern.

AUDREY

In den Monaten vor unserer Hochzeit fühlten wir uns oft wie bei einem Spießrutenlauf. So viele Entscheidungen mussten getroffen werden: Welche Arbeitsstelle sollte jeder von uns annehmen? Wann sollten wir mit dem Arbeiten anfangen? In welche Stadt wollten wir ziehen? Welches Auto sollten wir kaufen? Wie viel wollten wir für Miete ausgeben? Wo wollten wir unsere Hochzeitsreise verbringen? Welche Krankenversicherung und welchen Telefonanbieter wollten wir? Welche Sachen sollten wir für unseren Hochzeitstisch aussuchen?

Ganz zu schweigen von den hundert anderen Entscheidungen im Zusammenhang mit unserer Hochzeit. Eine bestimmte Entscheidung fiel uns besonders schwer. Sie sorgte für Traurigkeit, Nervosität, Missverständnisse, Unstimmigkeiten, Frust und Konflikte. Wir hatten früher schon beiläufig darüber gesprochen, aber seit wir verlobt waren, wurde diese Frage zu einem täglichen Diskussionspunkt. Selbst nachdem wir unsere Entscheidung gefällt hatten, überlegten wir jeden Tag, ob wir sie nicht doch noch revidieren sollten. Es ging um die Frage: *Wie viele Leute wollen wir zu unserer Hochzeit einladen? Unsere engsten Freunde und Verwandten, also vielleicht 200 Leute, oder die ganze Welt?*

Ich hatte mir gewiss nie vorgestellt, dass meine Hochzeit landesweit im Fernsehen gezeigt würde, aber so kam es. Als wir verlobt waren, sprachen uns die TV-Produzenten von TLC Network und die PR-Leute diesbezüglich an. Sie alle versuchten mich davon zu überzeugen, dass es eine gute Idee sei, unsere Hochzeit für eine Episode von *Little People, Big World* zu filmen.

Abgesehen von unserer Reise nach Costa Rica war ich nur wenige Male in der Sendung aufgetreten, denn das Produktionsteam hatte bis zu unserer Verlobung nicht viel von unserer Beziehung filmen können, da unsere Fernbeziehung ein zu großes Hindernis darstellte. Aber sobald ich einen Ring am Finger hatte, wollte der Sender unbedingt Zugang zu unserer Liebesgeschichte. Da die Hälfte der anderen Sendungen auf TLC mit Hochzeiten zu tun haben, war es logisch, dass man sich unsere Hochzeit nicht entgehen lassen wollte.

Zu diesem Zeitpunkt lief *Little People, Big World* im neunten Jahr. Jeremys Kindheits- und Jugendjahre waren in den Wohnzimmern von Millionen Familien auf der ganzen Welt zu sehen gewesen. Jetzt war er das erste Roloff-Kind, das heiratete. TLC wollte die Vorbereitungen für den großen Tag und die erste Hochzeit in der Familie auf der *Roloff Farm* unbedingt filmen.

In meiner Naivität hatte ich immer angenommen, dass Jeremy, wenn wir verheiratet wären, nichts mehr mit dem Fernsehen zu tun haben würde und dass wir ein gemeinsames vollkommen neues Leben anfangen würden. Ich hatte gedacht, dass ich mit dem Fernsehen so gut wie nichts zu tun haben würde, weil es schließlich genügte, dass Jeremys Jugend in allen Wohnzimmern des Landes verfolgt worden war.

Als ich zum ersten Mal mit der Frage konfrontiert wurde, ob unsere Hochzeit von einem Kamerateam begleitet werden sollte, sagte ich Nein. Jeremy war von dieser Idee auch nicht sonderlich begeistert. Uns gefiel nicht, dass unsere Hochzeit eine Fernsehsendung mit Werbeunterbrechungen werden würde. Und wir wussten, wie zeitaufwendig es wäre, wenn unsere Hochzeitsplanungen auch noch gefilmt wurden. Unser Sommer war auch ohne das Kamerateam schon voll ausgebucht und restlos verplant. Außerdem wussten wir aus Erfahrung, dass wir wahrscheinlich das meiste zweimal machen müssten, damit es die Kameras richtig einfangen konnten. Wir würden zuerst allein die Torte probieren und dann noch einmal mit dem Filmteam. Ich würde mein Hochzeitskleid zuerst allein aussuchen und dann die ganze Prozedur mit dem Filmteam wiederholen. Und so weiter. Diese Bedenken hatten wir beide, aber ich hatte noch einige zusätzliche Bedenken.

Ich wusste, dass der Großteil der Filmaufnahmen an mir hängen bliebe, denn Jeremy war noch in Santa Barbara. Die Produzenten waren also auf *mich* angewiesen, um die Episoden vor unserer Hochzeit zu drehen. Ich wusste, dass sie bei meinem Junggesellinnenabschied, beim Kauf meines Brautkleids, bei der Suche nach dem Tischschmuck, bei der Planung der Hochzeitsfeier und bei vielen anderen Treffen mit den Hochzeitsplanern und mit Jeremys Eltern, auf deren Hof unsere Feier stattfinden würde, mit den Kameras dabei sein wollten.

Mir war aber wichtig, dass sich meine Familie und meine Freunde nicht unwohlfühlen würden. Es ist schon aufregend genug, bei einer Hochzeit eine Ansprache zu halten, aber wenn diese Ansprache auch noch im Fernsehen übertragen wird, erhöht das den Druck gewaltig. Ich wollte meinen Vater, meine beste Freundin und meine Schwester nicht in diese unangenehme Situation bringen.

Jeremys Freunde und seine Familie hingegen waren es gewohnt, vor Kameras aufzutreten. Sie waren mit der Show groß geworden. Außerdem wollte ich nicht, dass sich unsere Gäste wegen der Kameras befangen fühlten. Ich wollte, dass alle die Feier genießen konnten. Das würde aber nicht mehr so leicht sein, wenn die ganze Zeit schwarz gekleidete Männer und Frauen mit Kopfhörern herumliefen und versuchten, alles zu bestimmen.

Wir hatten klare Vorstellungen, wie unsere Hochzeit sein sollte: einladend, persönlich, einmalig, von unserer Geschichte bestimmt und auf Gott konzentriert. Dazu kam, dass alle unsere Gäste unterschreiben mussten, dass sie mit den Filmaufnahmen einverstanden waren. Mir graute bei der Vorstellung, dass unsere Gäste bei der Begrüßung wie am Flughafen durchleuchtet wurden und von einem großen Schild empfangen wurden, auf dem stand: „Bitte posten Sie keine Bilder!“, damit die Gäste der Fernsehsendung nichts vorwegnehmen würden. *Schrecklich!*

Es gab noch vieles andere, das beachtet werden musste. So wollte ich zum Beispiel die Stunden bis zur Trauung mit meinen Brautjungfern entspannt verbringen. Ich wollte mit ihnen Musik hören, tanzen und mich gemütlich auf den Gottesdienst vorbereiten, doch wenn dabei die Kameras liefen, würden wir wegen der Urheberrechte keine Musik abspielen dürfen! Die Vorstellung, den größten Teil meines Hochzeitstages mit meinen Brautjungfern, meiner Familie und Kameraleuten, die ich kaum kannte, in einem Raum zusammen zu sein, war nicht gerade verlockend. Apropos verlockend: Ich würde den ganzen Tag ein lästiges Mikrofon unter meinem Brautkleid tragen müssen.

Dazu kam, dass mit Sicherheit manche Szenen wiederholt werden müssten, weil die Crew eine Aufnahme verwackelt hatte; wir würden immer wieder zu Interviews von unserer Feier weggeholt werden; Scheinwerfer müssten aufgestellt werden, wenn es dunkel wurde; und auf allen unseren Hochzeitsfotos wären im Hintergrund Kameraleute zu sehen. Am schlimmsten war, dass ich wegen der Konflikte gestresst war, die ich kommen sah: zwischen mir, den Fernsehleuten, meinen Schwiegereltern, auf deren Farm die Feier stattfand, und meinem Vater, der sie großzügig bezahlte.

Verstehst du, dass es keine leichte Entscheidung war, ob wir unsere Hochzeit filmen lassen wollten oder nicht? In den letzten Tagen unserer Fernbeziehung sprachen wir stundenlang am

Telefon darüber, was Gottes Wille war. Wollte er, dass wir unsere Hochzeit filmen ließen oder nicht? Nach unzähligen Gesprächen, Ratschlägen und Gebeten wurde uns klar, dass es keine richtige und keine falsche Entscheidung gab. Wir mussten einfach eine Entscheidung treffen und beide voll und ganz hinter dieser Entscheidung stehen. Das war das Wichtigste. Wir mussten uns in dieser Frage einig sein. Sonst konnten dadurch später Konflikte und negative Gefühle heraufbeschworen werden.

Nach langem Überlegen beschlossen wir schließlich, unsere Hochzeit filmen zu lassen. Du fragst jetzt vielleicht: *Hm, warum?* Wir entschieden uns dafür, weil die Show ein so großer Teil von Jeremys Leben war und weil wir dadurch eine Gelegenheit hatten, mit unserer Hochzeit das Evangelium zu verkünden und andere Paare, die bald heiraten wollten, zu ermutigen, sich mehr auf die Ehe als auf die Hochzeit, mehr auf das Eheversprechen als auf die Fotos zu konzentrieren.

Als die Hochzeit dann näher rückte, bewahrheiteten sich leider viele meiner Befürchtungen. Am anstrengendsten waren die Diskussionen und Konflikte zwischen uns und unseren Eltern, zwischen uns und dem Fernsehsender und zwischen Jeremy und mir. Das alles war so stressig und kräfteraubend, dass Jeremy und ich eines Tages weinend zusammenbrachen. Wir hatten immer noch keinen Job und keine Wohnung; wir stritten wegen Kate; Jeremys Eltern machten eine Trennung durch; meine Eltern waren wegen der vielen Kameras genervt; und wir waren wegen der vielen Fragen, die uns in den Ehevorbereitungsgesprächen beschäftigten, emotional am Anschlag.

Jeremy setzte sich mit Händen und Füßen dafür ein, dass uns das Filmteam bei den Teilen unserer Hochzeit, die ich privat haben wollte, in Ruhe lassen würde. Ich brach unter dem Stress fast zusammen und Jeremy hatte immer mehr das Gefühl, dass alles seine Schuld wäre.

Ich hielt ihn fest, als er schluchzend und unter Tränen sagte: „Ich habe unsere Hochzeit ruiniert. Das ist alles meine Schuld. Es tut mir so leid. Wir hätten nie zustimmen sollen, dass unsere Hochzeit gefilmt wird."

Wir weinten genauso wie vorher, als wir uns wegen der Situation mit Kate ausgesprochen hatten. Ich sah, dass es ihm ehrlich leidtat, und es tat mir im Herzen weh, ihn so niedergeschlagen zu sehen. Ich weinte mit ihm und versicherte ihm, dass ich ihm trotz allem, was schieflaufen könnte oder schon schiefgelaufen war, nie einen Vorwurf machen würde. Es war *unsere* Entscheidung. Wir trugen sie gemeinsam. Komme, was da wolle!

Diese Situation war eine weitere Prüfung für uns. Mir wurde bewusst, wie eigensinnig ich war und wie wenig ich Jeremy bei etwas unterstützte, das ein so wichtiger Bestandteil seines Lebens war. Beim Thema Fernsehaufnahmen hielt ich mich nicht an das Prinzip des Teilens. Gott öffnete mir die Augen dafür, wie entmutigend und abwehrend ich mich benahm. Und so kam es, dass ich mich langsam für diesen Teil von Jeremys Leben öffnete. Mir gingen folgende Gedanken durch den Kopf: *Vielleicht schließe ich durch meinen Widerstand eine Tür, die Gott geöffnet hat? Vielleicht muss ich einfach akzeptieren, dass dies ein Teil des Lebens meines künftigen Mannes ist. Vielleicht sollte ich mich nicht mehr dagegen sträuben, sondern ihn dabei unterstützen.*

Statt die Kamerateams als unangenehme und anstrengende Belastung zu sehen, begann ich die großartige Gelegenheit zu sehen, die damit verbunden war. Die meisten meiner Bedenken hatten eine sehr kurzfristige Wirkung: Ich wollte, dass unser Hochzeitstag so werden würde, wie ich ihn mir ausmalte. Aber wir hatten aus einem wichtigeren Grund zugestimmt, unsere Hochzeit filmen zu lassen: Wir wollten, dass Millionen Menschen durch unser Eheversprechen die gute Nachricht von Jesus hörten. Ich vertraute darauf, dass Gott hinter der Entscheidung stand, unsere Hochzeit zu filmen, und dass er größer ist als meine Bedenken und Ängste.

Nachdem ich mich dazu entschieden hatte, wehrte ich mich nicht mehr dagegen, sondern war für die Gelegenheit dankbar, unsere Liebesgeschichte mit der ganzen Welt zu teilen, weil wir hofften, dass die Zuschauer dadurch die gute Nachricht von Jesus Christus hören würden. Außerdem würden wir später einen professionellen Film von unserem Hochzeitstag haben, den wir immer wieder ansehen und unseren Kindern und Enkeln zeigen konnten.

Am Ende war unser Hochzeitstag ein viel größeres Erlebnis, als ich es mir je hätte vorstellen können. Jeremy setzte sich sehr dafür ein, meine Bitten um die nötige Privatsphäre durchzusetzen und unsere ganz persönlichen Augenblicke zu schützen. Außerdem machte er dem Produktionsteam klar, dass wir nichts wiederholen würden. Keine Szene wurde ein zweites Mal gedreht. Die Filmcrew war eingeladen, unseren Hochzeitstag festzuhalten, genau so, wie er ablief, aber sie hatten kein Mitspracherecht, *wie* er ablief.

Das Filmteam respektierte zum größten Teil unsere Wünsche und bemühte sich, auf unsere Bedenken einzugehen. Sie leisteten wirklich gute Arbeit. Ich erkannte, dass ich mich zu sehr daran klammerte, wie unsere Hochzeit betrachtet werden würde, statt Gott für den Mann zu danken, den ich heiratete.

Die Entscheidung, unsere Hochzeit zu filmen, war eine große Prüfung für uns. Wir haben sie bestanden! Ich glaube wirklich, dass Gott unsere Entschlossenheit, bei jedem Schritt eins zu sein, gesegnet hat. Und obwohl der Weg zur Hochzeit stressiger und herausfordernder war, als wir erwartet hatten, segnete uns Gott mit einem unvergesslichen Hochzeitstag, mit einer schönen Ehe und mit einem Buch, in dem wir unsere Geschichte erzählen können.

JEREMY

Die Abendluft war warm, als Audrey und ich an einem Tisch am Pool saßen und den Schatten des hundert Jahre alten Walnussbaums auf der Farm genossen. Ein sanfter Wind bewegte die Schaukel, während die Abendsonne durch die tanzenden Blätter drang und in unsere Gesichter schien. Wir hatten an diesem Tag eine lange To-do-Liste für die Hochzeit abgearbeitet und freuten uns auf einen entspannten Abend, an dem wir die Hochzeit für ein paar Stunden vergessen wollten.

Ich blickte mich um und genoss die Schönheit der Farm. Die große, rote Scheune stand stoisch und stark zwischen der Wiese und dem Apfelbaum. In der Luft lag der Sommerstaub und die Insekten sahen im Sonnenuntergang wie winzige glühende Pünktchen aus. Wir atmeten beide erleichtert und zufrieden auf. Als ich gerade die Weinflasche nehmen wollte, die wir uns für den Abend bereitgestellt hatten, hörte ich, wie die Scheunentür knarrend aufging. Die Filmcrew kam mit ihren ganzen Gerätschaften auf uns zu. Was hatten sie vor? Plötzlich fiel es mir ein: Wir mussten heute noch drehen!

Audrey legte den Kopf erschöpft auf den Tisch. Wir waren beide emotional ausgelaugt und hatten uns darauf gefreut, in Ruhe ein Glas Wein zu trinken und den Sonnenuntergang zweimal anzusehen. Einmal, wenn die Sonne hinter der Scheune unterging, und danach wollten wir umziehen, um sie noch einmal hinter dem Gebirge untergehen zu sehen.

Unsere Hoffnungen für den Abend wurden abrupt zerstört und ich wusste, dass es meine Schuld war. Ich hatte vergessen, dass an diesem Tag noch Dreharbeiten geplant waren. Als die Dreharbeiten begannen, spürte ich sofort, dass zwischen uns etwas nicht stimmte. Ich merkte, dass Audrey sauer war und im Moment absolut keine Lust darauf hatte. Mir ging es genauso.

Auf dem Plan stand, dass wir über mehrere wichtige Themen sprechen sollten: unseren Umzug nach der Hochzeit, wann unsere Eltern uns besuchen konnten und was wir vor der Hochzeit noch zu tun hatten.

Je länger die Kameras liefen, umso deutlicher sah man, dass wir nicht an einem Strang zogen. Wir griffen beide auf unser gewohntes Verhaltensmuster bei Stress und Konflikten zurück: Ich wurde still und Audrey wurde wütend. Wir ärgerten uns übereinander, weil das leichter war, als uns über unsere Umstände zu ärgern.

In einem lichten Moment beugte ich mich vor und nahm Audreys Hand. Zu meiner Überraschung half uns das tatsächlich! Mein Herz wurde weicher, und ich fühlte, wie Audrey eine ähnliche Veränderung durchmachte. Wir erinnerten uns daran, dass wir im selben Team waren, schauten uns schweigend an und beschlossen, die Aufgabe, die wir zu erledigen hatten, kompetent auszuführen.

Du fragst jetzt vielleicht: *Wovon zum Kuckuck redest du, Jer? Was hat geholfen?* Erinnerst du dich noch an die Geheimwaffe, die Chris und Jamie uns verraten hatten, wie wir mögliche Konflikte unter Kontrolle bringen konnten? Wir sollten uns an den Händen halten. Das war unsere erste Gelegenheit, das zu praktizieren.

Lass mich bitte ausreden, bevor du jetzt die Augen verdrehst und schnell umblätterst. Hast du schon einmal versucht, auf jemanden sauer zu sein, während du seine Hand gehalten hast? Das ist echt schwer. Du kannst es gern versuchen! Bei Konflikten solltest du den Rat des Apostels Paulus befolgen: „Soweit es irgend möglich ist und von euch abhängt, lebt mit allen Menschen in Frieden“ (Römer 12,18).

Trage deinen Teil dazu bei, Frieden zu halten. Nimm die Hand des anderen und bemühe dich um Einheit. Als ich Audreys Hand ergriff, verflog mein Stolz und ihr Herz wurde weicher. Mit einer einzigen, stummen Geste erinnerten wir uns beide daran, dass wir im selben Team sind und das gleiche Ziel verfolgen.

Wenn ich an ein erfolgreiches Team denke, denke ich an Einheit, Einssein und eine gemeinsame Vision. Eine Mannschaft bringt immer eine bessere Leistung, wenn Spieler einander als Mannschaftskameraden und nicht als Gegner behandeln. Dass wir diesen Mannschaftsgeist entwickelten, half uns, diese Szene als Einheit zu filmen. Wenn Konflikte auftraten und drohten unsere Einheit zu stören, hielten wir uns an den Händen, um uns an unser gemeinsames Ziel zu erinnern.

Ich denke, die meisten stimmen uns wahrscheinlich zu, dass Ehe Teamwork ist, aber ein Ehepaar ist nicht einfach irgendein Team. Die Ehe ist ein *Bund*, in den sich beide komplett investieren. Es gibt keinen Plan B, keinen Wechsel zu einer anderen Mannschaft, kein Transferfenster. Ein Bund ist ein Versprechen, opferbereit zu lieben und alles zu tun, damit die Beziehung funktioniert.

Jedes Team hat ein Ziel – eine gemeinsame Mission, einen gemeinsamen Traum oder einen gemeinsamen Zweck. Stell dir vor, du stellst eine Mannschaft zusammen und sagst: „Wir sind ein

Team!", aber du sagst nicht, was euer Ziel ist! Ein solches Team hat nicht lange Bestand. Trotzdem gehen viele mit einer solchen Einstellung in die Ehe. Sie klären vorher nicht, was ihre gemeinsame Mission ist. Zwar kann ein Team mit einer gemeinsamen Mission Konflikte nicht vollständig vermeiden, aber es kann Situationen, die eskalieren könnten, in Gelegenheiten zu einem gesunden Wachstum verwandeln.

Wir glauben, dass der Zweck der Ehe nicht auf die Ehe allein beschränkt ist. Die Ehe ist ein Instrument, durch das wir an etwas Größerem teilhaben, an dem großen Plan eines mächtigen Gottes. Wenn eine Ehe eine Vision hat, die über sie selbst hinausreicht, kann sie Erstaunliches bewirken. Genauso wie Mannschaften, wenn sie eine gemeinsame Vision haben.

Für Jesusnachfolger beginnt diese Vision damit, dass sie Gottes gute Nachricht widerspiegeln und sich Jesu opferbereite Liebe als Vorbild nehmen. Durch eine christliche Ehe können andere Menschen Gottes gute Nachricht kennenlernen. Außerdem kann ein Ehepaar eine gemeinsame Aufgabe haben, zum Beispiel einen Dienst, eine Firma oder ein soziales Anliegen. Auch Kinder zu erziehen, die Gott lieben und ihm dienen, kann eine solche Aufgabe sein oder die Entscheidung, eure Hypotheken abzuzahlen, euch ehrenamtlich zu engagieren und eine Reise zu planen. Das alles können gemeinsame Aufgaben sein. Einige sind langfristig, einige kurzfristig. Und die Stärke des Teams zeigt sich darin, dass sich alle Mitglieder bei der Verfolgung dieses Ziels einig sind.

Ich möchte dir anhand eines Bildes zeigen, wie wichtig das ist: Stell dir vor, auf dem Meer sind drei Schiffe, jedes mit einer eigenen Crew. Das erste Schiff hat eine Crew mit der Vision, nach Amerika zu fahren. Das ist ihre Aufgabe. Sie wachen jeden Morgen auf und können es nicht erwarten, an die Arbeit zu gehen.

Da sie sich in ihrem Ziel einig sind, können sie es nicht erwarten, mehr darüber zu erfahren, wie sie als Team am besten zusammenarbeiten, um dieses Ziel zu erreichen. Sie können ihr Vorankommen leicht messen, weil sie genau wissen, was sie erreichen wollen. Sie können außerdem effektiv mit ihren Ressourcen umgehen, weil sie sich einig sind, dass sie sie für die Erreichung ihres Ziels einsetzen wollen.

Das zweite Schiff hat keine gemeinsame Vision. Die Crew wacht einfach auf, sieht, aus welcher Richtung der Wind weht, und lässt sich treiben. Sie machen keine messbaren Fortschritte, denn es gibt kein Ziel, an dem sie ihre Fortschritte messen könnten. Sie können unmöglich wissen, ob sie Erfolg haben, weil sie nicht wissen, was sie erreichen wollen. Sie diskutieren, wie sie mit ihren Ressourcen umgehen wollen, weil sie sich nicht einig sind, wofür sie eingesetzt werden sollen. Die Crew auf diesem Schiff streitet ständig darüber, was sie machen und wohin sie fahren wollen.

Dann gibt es noch ein drittes Schiff. Hier ist die Crew gespalten. Die Hälfte will nach Amerika fahren, und die andere Hälfte will nach Asien. Sie sind sich uneinig. Du kannst dir wahrscheinlich vorstellen, welche Konflikte es auf diesem Schiff gibt, wenn Entscheidungen in Bezug auf ihr Ziel und die Verwendung ihrer Ressourcen getroffen werden müssen.

Ich denke, du verstehst, was dieses Bild in Bezug auf Beziehungen und die Ehe sagt. Hat eure Beziehung eine gemeinsame Mission, eine geteilte Mission oder überhaupt keine Mission?

Als Audrey und ich beschlossen, unsere Hochzeit filmen zu lassen, waren wir uns in unserer Entscheidung einig und vertrauten darauf, dass Gott unsere Entscheidung zu seinen Zwecken gebrauchen würde. Die Einigkeit in dieser Entscheidung half uns,

uns mehr auf eine gesunde Ehe als auf eine schöne Hochzeit zu konzentrieren. Bei diesem Prozess hat uns ein wichtiges Hilfsmittel – uns an den Händen zu halten – geholfen, nicht zu vergessen, dass wir im selben Team sind und eine gemeinsame Aufgabe und Vision haben.

Auch heute noch setzen Audrey und ich uns am Anfang eines jeden Jahres zusammen und sprechen darüber, was unser Ziel für das neue Jahr ist. Dieses Jahr war es, ein Buch zu schreiben – dieses Buch. Letztes Jahr war es der Kauf eines Hauses. Im Jahr zuvor haben wir einen christlichen Dienst gestartet: *Beating50Percent*. Jedes Jahr klären wir, worauf wir als Team hinarbeiten und wofür wir unsere Ressourcen einsetzen wollen.

Zurzeit arbeiten wir an unserem Familienleitbild, das über unseren anderen Leitbildern stehen soll. Wir wollen die verschiedenen Säulen unseres Familienleitbildes, die unser gemeinsames Leben tragen sollen, formulieren. Dieses Projekt ist noch in Arbeit.

*

Sobald wir verlobt waren, achteten wir darauf, dass wir uns bei allen unseren Entscheidungen einig waren. Uns war wichtig, dass wir in unserer Sprache, bei unserem Besitz und bei unseren Ressourcen eins sind. An unserem Hochzeitstag gingen wir die nächsten Schritte, indem wir uns einander versprachen, die Ehe vollzogen und mit Körper und Geist eins wurden.

Apropos die Ehe vollzogen, muss ich überhaupt sagen, wie wichtig Sex ist, um in der Ehe eins zu sein? Sex macht zwei Menschen eins. Deshalb hat Sex in der Ehe so viel Macht und deshalb kann Sex außerhalb der Ehe so zerstörerisch sein. Wenn wir ohne die Grundlage einer Ehe mit jemandem sexuell eins sind, ist unsere Liebe zutiefst verwundbar.

Auch nach unserer Hochzeit lernen wir immer noch, dass es eine tägliche Aufgabe ist, eins zu sein. Es ist, wie es die Autorin Annie Dillard formuliert: „So, wie wir unsere Tage verbringen, verbringen wir unser Leben.“[27]

Hinter jeder Goldmedaille liegt ein Weg aus Opfern und Disziplin; hinter jedem bezwungenen Berggipfel liegt ein schweißtreibender Aufstieg; hinter jeder erfolgreichen Firma liegt ein langer Weg mit viel Durchhaltevermögen; und hinter jeder gesunden Ehe steht ein Lebensstil, der bereit ist, um der Einheit willen Opfer zu bringen. Unsere scheinbar unwichtigen täglichen Entscheidungen säen entweder den Samen für eine Trennung oder für unser Einssein.

Die Liebe schützen

JEREMY

Audrey und ich lernten uns am 16. Januar 2010 unerwartet kennen. Als sie mir die Tür öffnete, als ich sie abholen wollte, sah ich sie zum ersten Mal. Sie war mit Matsch bespritzt und ihr Schweiß glänzte im Licht der Straßenlaterne. Unsere Liebesgeschichte begann in diesem Türrahmen. In den nächsten zwei Jahren verliebten wir uns immer mehr ineinander und hatten schließlich etwas, das wir nicht verlieren wollten: einander. Nach drei Jahren Fernbeziehung versprachen wir uns, uns immer zu lieben, bis dass der Tod uns scheidet. Wir leben nach diesem Versprechen und bemühen uns weiterhin um eine lesenswerte Liebesgeschichte.

Auj und ich sehen uns immer noch in den ersten Kapiteln unserer Liebesgeschichte, die nie enden soll. Aber wenn wir die Welt um uns herum betrachten, wird deutlich, dass Liebe, wenn sie nicht beschützt wird, oft nicht hält. Früher oder später erleben wir, dass Liebesbeziehungen in die Brüche gehen. Unsere Eltern lassen sich scheiden, enge Freunde trennen sich, oder wir selbst machen schmerzliche Erfahrungen. Genauso wie man sich verlieben kann, kann die Liebe auch wieder aufhören. Deshalb gilt: Wenn wir unsere Liebe nicht schützen, kann unsere Liebesgeschichte ein trauriges Ende nehmen.

Wir haben es alle schon gehört: Fünfzig Prozent der Ehen enden in Scheidung. Obwohl die tatsächlichen Zahlen leicht variieren können, ist das eine schockierende Bilanz. Dabei ist die tatsächliche Scheidungsrate kein genauer Maßstab, da es viele nicht messbare und unbekannte Variablen gibt. Aber auch wenn diese Zahl nicht ganz genau stimmt, sollte sie ein Weckruf für alle sein, die eine dauerhafte Liebe anstreben.

In jedem Kapitel dieses Buches haben wir beschrieben, wie wir uns um unsere Liebesgeschichte bemüht und sie beschützt haben: Geduld, gemeinsame Zeit, Gemeinschaft, Mauern einreißen, kreatives Bemühen umeinander, Jesus zum Mittelpunkt machen, unsere Bedürfnisse kommunizieren, die Bereitschaft, uns zu ändern, das Prinzip des Teilens, unsere Erwartungen kommunizieren, Verhaltenskodex bei Konflikten, Enthaltsamkeit, weisen Rat einholen, Beleuchten der Vergangenheit und Versöhnung. Bei den vielen unterschiedlichen Mitteln, mit denen wir unsere Liebe schützen können, ragen drei als Schutzsäulen heraus: Grenzen, feste Routinen und Gebet.

GRENZEN ALS SCHUTZ

Die Autoren Henry Cloud und John Townsend definieren eine Grenze als eine *Eigentumsmarkierung*[28]. Gesunde Grenzen haben unter anderem die Funktion, unsere Beziehung vor unerlaubtem Eindringen zu schützen. Henry Cloud und John Townsend schreiben: „Viele Faktoren beeinflussen die Liebe, aber Grenzen sind besonders wichtig. Wenn am Anfang der Ehe keine Grenzen festgelegt werden oder wenn sie nicht eingehalten werden, kann eine Ehe kaputtgehen ... Damit sich Intimität entwickeln und wachsen kann, sind Grenzen nötig."[29]

Als Audrey und ich heirateten, wussten wir, dass wir Grenzen brauchen, damit unsere Liebe nicht entgleist. Grenzen sind die Gleise unserer Liebe, die uns *schützen* und nicht einschränken sollen. Nimm zum Beispiel die Absperrungen auf der Skipiste, die Leitplanken auf der Autobahn, die Hinweise auf einer Medikamentenpackung – diese Grenzen sind nicht als Verbote gedacht, sie dienen zu unserem Schutz.

Bei Grenzen in der Ehe ist es nicht anders. Sie sollen unsere Ehe vor Trennung, Verletzung, Bitterkeit, Feindseligkeit und Missverständnissen schützen. Am Anfang unserer Ehe wurden Auj und ich ermutigt, unsere Liebe zu schützen, indem wir Grenzen im Bereich Finanzen, Freundschaften, Technik und soziale Medien setzten.

Ich glaube, ein zu starker Gebrauch von sozialen Medien stellt eine massive Bedrohung für Liebesbeziehungen dar, denn sie können dazu verführen, dass wir abschalten, fliehen oder mit unseren Augen auf Abwege geraten. Sie können dazu führen, dass uns durch ungesundes Vergleichen die Freude geraubt wird, die wir in unseren Beziehungen erleben könnten. Sie können unsere Zeit stehlen, weil wir mehr Zeit mit den sozialen Medien verbringen als mit unserem Ehepartner. Ohne Grenzen bei Smartphones und sozialen Medien verlieren wir aus den Augen, was es heißt, wirklich eine tiefe Beziehung in der Ehe zu pflegen.

Wir haben folgende Grenzen gesetzt, mit denen wir unsere Liebesgeschichte beschützen wollen:

Sonntags benutzen wir keine sozialen Medien.
An unserem Date-Abend schauen wir nicht aufs Handy.

Wir gehen im Bett nicht ans Handy.
Wir haben Zugang zu den Konten des anderen.
Wir gehen nicht allein mit jemandem vom anderen Geschlecht aus (Kaffeetrinken etc.).
Wir halten Nachrichten und E-Mails von jemandem vom anderen Geschlecht nicht voreinander geheim.
Wir schreiben keinen früheren Freunden/Freundinnen, ohne dass es der andere weiß.

Wir möchten euch ermutigen, eure eigene Liste zu erstellen. Sie muss nicht lang sein, sie muss auch nicht an einem Abend fertig werden. Aber fangt bitte an, euch damit zu befassen, um eure Liebe zu schützen.

ROUTINEN ALS SCHUTZ

Regelmäßige Routinen sind etwas Beständiges und Zuverlässiges. Sie helfen, feste Verhaltensmuster zu etablieren, und sind als Schutz unserer Liebe sehr wichtig. Date-Abend, Jahresurlaub, ein freier Tag in der Woche, zu bestimmten Zeiten unser Handy weglegen, Sport, Abendspaziergänge – das alles sind regelmäßige Routinen, die uns helfen, das Leben und die Ehe zu führen, die wir wollen.

Kennst du den Spruch: „Wer beim Planen versagt, plant das Versagen"? Er lässt sich auch auf regelmäßige Routinen anwenden. Seitdem wir verheiratet sind, haben wir uns für tägliche, wöchentliche und jährliche Routinen entschieden, und zwar in den verschiedensten Lebensbereichen: Ruhepausen, Gesundheit,

Familie, Feiern, Kommunikation. Einige dieser Routinen waren auf eine bestimmte Phase unseres Lebens beschränkt, aber einige ziehen sich durch alle Phasen hindurch. Uns ist aufgefallen, dass die Paare, deren Ehen wir bewundern, feste Routinen haben – regelmäßige Muster, auf die sie sich verlassen können.

Nachdem wir gesehen haben, wie hilfreich gesunde Routinen sind, haben wir beschlossen, *die Kunst der Routinen* als Motto über dieses Jahr zu stellen. Jedes Jahr konzentriert sich unsere Familie auf etwas, an dem wir arbeiten wollen, so war es im letzten Jahr zum Beispiel *die Kunst, Nein zu sagen*. Dieses Jahr konzentrierten wir uns auf gesunde regelmäßige Abläufe und wie wir mit festen Mustern leben können, um das Leben zu führen, das wir uns vorstellen. Eine Routine hilft uns bei unserer Liebesgeschichte ganz besonders: wöchentlich miteinander über unsere Beziehung zu sprechen mithilfe unseres sogenannten Ehetagebuchs.

Der wichtigste Rat, den wir für unsere Ehe bekamen, lautete: „Sprecht miteinander! Sprecht miteinander! Sprecht miteinander!" Einige Paare haben auf diesem Gebiet eine Naturbegabung. Schön für euch! Wir anderen müssen Kommunikation erst lernen und einüben.

Um eine Grundlage für gesunde Kommunikation in unserer Ehe zu schaffen, haben wir uns auf unserer Hochzeitsreise darauf geeinigt, uns im ersten Jahr unserer Ehe jede Woche dieselben sechs Fragen zu stellen. Diese Fragen sind einfach, aber sie sind sehr effektiv, denn sie helfen uns, ehrlich und offen im Gespräch zu bleiben. Diese wöchentliche Routine hat uns so sehr geholfen, einander besser zu verstehen und uns dadurch besser zu lieben, dass wir beschlossen haben, sie beizubehalten.

Vor ein paar Jahren haben wir aus dieser wöchentlichen Routine ein Tagebuch gemacht, das wir selbst herausgegeben haben, es heißt *The Marriage Journal*. Wir hoffen, dass wir damit anderen Paaren helfen können, regelmäßig offen über ihre Beziehung zu sprechen und in der Liebe zu wachsen. Grundlage dieses Ehetagebuchs sind die oben erwähnten sechs Fragen, zu denen wir jede Woche die entsprechenden Antworten schriftlich festhalten. Außerdem enthält jede Woche zusätzlich eine kurze, ermutigende Andacht und einen Kalender. Das soll dir und deinem Ehepartner helfen, euch abzusprechen, bevor ihr in die Woche startet. Dieses Tagebuch-Gespräch schließen wir immer mit einem Gebet ab. Das hilft uns, auch eine Gebetsroutine in unserer Ehe zu entwickeln.

Dieses Ehetagebuch ist für uns ein immerwährendes Geschenk. Ich könnte ein ganzes Buch darüber schreiben, was es in unserer Ehe alles bewirkt hat.

GEBET ALS SCHUTZ

Wie oft und wie leidenschaftlich wir für einen Menschen beten, zeigt, wie sehr wir ihn lieben. Mit anderen Worten: Gebet ist ein Beweis für Liebe. Betest du für deinen Ehepartner? Betest du *mit* deinem Ehepartner? Ein erfahrenes Ehepaar hat Audrey und mich vor ein paar Jahren einmal gefragt: „Betet ihr mehr über die Konflikte in eurer Ehe oder redet ihr mehr darüber?" Diese Frage fordert uns immer wieder neu heraus.

Jemand hat einmal gesagt, dass unsere Beziehung zu Gott nur so stark ist wie unser Gebetsleben. Gebet ist eine Beziehung, ein Gespräch, Lobpreis. Mir gefällt zu diesem Gedanken das Zitat von Charles Spurgeon: „Echtes Gebet ist weder eine rein geistige

Übung noch eine stimmliche Leistung. Es geht viel tiefer. Es ist eine geistliche Beziehung zum Schöpfer von Himmel und Erde."[30]

Dadurch, dass wir *gemeinsam* beten, wachsen unsere Intimität, unser Glaube, unsere Beziehung, unsere Träume, unsere Vision, unsere Klarheit, wohin Gott uns führt, und unsere Liebe. Gemeinsam zu beten fördert die *Einheit* und vertieft die *Beziehung*. Der Teufel will Teilung und Trennung. Wenn wir aber miteinander beten, *stellen wir uns auf Gottes Seite*. Der Teufel will uns einreden, dass wir Gottes Partnerschaft nicht bräuchten. Wenn wir aber zusammen beten, kommen *Gottes Wahrheit und Wille ans Licht*. Der Teufel will, dass wir in der Dunkelheit der Lügen leben. Gemeinsam zu beten ist aber ein *Zeugnis für Gottes Treue*, wenn wir sehen, wie unsere Gebete erhört werden. Der Teufel will uns blind dafür machen, wie Gott in unserem Leben und in unserer Ehe wirkt. Wenn wir aber miteinander beten, bleiben unser Leben und unser Blick *auf den Heiligen Geist gerichtet*.

Wir glauben, dass das Gebet die wichtigste Abwehrwaffe ist, wenn wir Problemen, Kummer und Konflikten begegnen. Es sollte unser erster Gedanke und nicht unsere letzte Notlösung sein. Betet füreinander, für eure künftige Ehe und Familie, für Weisheit bei Entscheidungen, für Gottes Führung in eurer Beziehung, für eure Träume und Wünsche, für die Lebensumstände, dafür, dass ihr in der Erkenntnis der Wahrheit wachst, dass ihr weise lebt, für ein Herz, das sich danach sehnt, Gott zu loben, und für den Schutz eurer Liebesgeschichte. Mir gefällt, wie Tim Keller den Wert des Gebets beschreibt:

> *Gebet ist der einzige Weg zu echter Selbsterkenntnis. Es ist auch das wichtigste Mittel, um tiefe Veränderung zu erfahren – unsere Liebe wieder zu ordnen. Durch Gebet gibt uns Gott so*

viele unvorstellbare Dinge, die er für uns vorgesehen hat. Durch das Gebet kann uns Gott so viele Dinge geben, die wir uns von Herzen wünschen. Durch Gebet lernen wir Gott kennen. Durch Gebet behandeln wir Gott endlich als *Gott. Gebet ist der Schlüssel zu allem, was wir im Leben tun und sein sollen.*[31]

Du kannst um Schutz für eure Liebesgeschichte beten, indem du über die Person, die du liebst, anhand der Waffenrüstung Gottes betest (Epheser 6,13–17) und dabei ihren Namen einsetzt. Zum Beispiel so:

Vater, Gott, danke, dass du mir Audrey geschenkt hast und dass ich sie lieben darf. Um sie noch besser zu lieben, bitte ich dich um deine Waffenrüstung für sie. Bitte setze Audrey den Helm des Heils auf, der ihre Gedanken auf Christus ausrichtet. Lege ihr bitte den Brustpanzer der Gerechtigkeit an, der ihr Herz schützt und es rein hält. Lege ihr den Gürtel der Wahrheit um, damit sich keine Lügen in ihre Gedanken oder in ihren Kopf einschleichen können und sie nicht in Versuchung gerät. Ziehe ihr die Stiefel des Friedens an, damit sie mutig und tapfer und ohne Angst und Sorgen lebt. Gib ihr den Schild des Glaubens, auf deine Führung zu vertrauen. Herr, hilf ihr, das Schwert des Geistes richtig einzusetzen, um die feurigen Pfeile des Bösen abzuwehren. Hülle sie in deinen Schutz und deine Rüstung ein, wenn sie heute in den Kampf zieht. In Jesu Namen. Amen.

Uns ist bewusst, dass manche dieses Kapitel lesen und sagen: „Also, ich setze keine Grenzen, ich habe keine Routinen und ich bete nicht, und meine Beziehung ist trotzdem gut!" Ich habe meine Aufnahmeprüfung auch geschafft, ohne mich darauf vorzubereiten, und ich habe den anderen, die stundenlang dafür gelernt hatten, etwas Ähnliches gesagt. Aber ich bin ein hohes Risiko eingegangen, und das war dumm. Nur weil es gut gegangen ist, heißt das nicht, dass es klug war.

Willst du wirklich riskieren, dass eure Liebe in die Brüche geht? Wir legen den Sicherheitsgurt nicht erst dann an, wenn wir ihn brauchen. Wir legen ihn schon vorher an. Das Gleiche sollte auch für den Schutz unserer Liebe gelten. Warte nicht, bis eure Ehe oder Beziehung Schaden leidet, um sie zu schützen. Es ist viel leichter, sie rechtzeitig zu schützen, als später die Scherben zu kitten.

Wir glauben fest, dass der größte Beschützer unserer Liebe Gott ist: „Wenn Gott für uns ist, wer kann dann gegen uns sein?" (Römer 8,31). Gott ist Liebe: „Wer aber nicht liebt, der kennt Gott nicht; denn Gott ist Liebe" (1. Johannes 4,8). Wenn wir Gott in unsere Liebesgeschichte einladen und ihm erlauben, die dritte Schnur zu sein, die uns zusammenhält (Prediger 4,12), sind wir in der Lage, bewusster, kreativer und treuer zu lieben.

Jeder von uns schreibt eine Liebesgeschichte. Vielleicht bist du erst seit Kurzem in einer Beziehung und schreibst das erste Kapitel. Vielleicht bist du verheiratet und schreibst Kapitel 15. Vielleicht bist du Single und schreibst einen spannenden Prolog. Wo auch immer du in deiner Liebesgeschichte stehst, schütze sie! Verfolge einen Plan, sei kreativ und sei treu!

IDEEN, WIE DU DEINE EHE SCHÜTZEN KANNST

- Verbringe jeden Tag Zeit allein mit Gott.
- Sprich nie vor anderen schlecht über deinen Ehepartner.

- Schützt eure Ehe durch Sex.
- Schützt eure Ehe durch weisen Rat (oder, wenn nötig, durch professionelle Beratung).
- Sucht eine Gemeinschaft, vor der ihr Rechenschaft ablegt, die euch ermutigt und die für euch betet.
- Ziehe in deinen Freundschaften zu Personen vom anderen Geschlecht klare Grenzen.
- Sorge dafür, dass die Beziehung zu deinem Ehepartner wichtiger ist als alle anderen Beziehungen.
- Nehmt euch jede Woche Zeit, um über eure Beziehung zu sprechen.
- Zieht am Arbeitsplatz und auch bei allen anderen Aktivitäten klare Grenzen.
- Praktiziert das Prinzip des Teilens.
- Seid ehrlich zueinander. Keine Geheimnisse!
- Schützt eure Ehe durch viele Kleinigkeiten!
- Bete für eure Ehe und deinen Ehepartner.
- Setzt klare Grenzen bei der Handynutzung und bei den sozialen Medien.

Der große Tag

AUDREY

Ich gehöre nicht zu den Mädchen, die in ihrer Kindheit ständig von ihrer Hochzeit träumten. Ich wusste, dass ich auf einer Farm heiraten wollte, und ich wusste, dass ich mein Eheversprechen selbst formulieren wollte, aber das war mehr oder weniger alles. Als Jugendliche habe ich natürlich von einer idealen Liebesgeschichte geträumt. Ich wollte einen Mann, der demütig und freundlich ist, der sich um mich bemüht und der mich schützt. Ich wünschte mir einen Mann, der Gott liebt und die geistliche Leitung in unserer Familie übernimmt. Ich wollte einen Mann, der mich liebt und der mich herausfordert. Ich wünschte mir einen Mann, der mein bester Freund ist. Mit Jeremy bekam ich viel mehr, als ich mir je hätte vorstellen oder wünschen können. Er war und ist der Mann, von dem ich geträumt und für den ich gebetet habe.

Als unser Hochzeitstag näher rückte, stellte ich eines klar: Bei unserer Hochzeit sollte es weniger um die Feier, die Bilder und die Gäste gehen. Es sollte vor allem um unser Eheversprechen gehen und unser Hochzeitstag sollte dieses Versprechen deutlich machen. Unsere Hochzeit sollte ein Tag sein, an dem Gott angebetet und seine Liebe verkündet wird. Deshalb achteten wir so gut wie möglich auf jedes Detail, um uns und alle anderen, die dabei waren, daran zu erinnern, dass es an diesem Tag um einen Bund und nicht um einen Vertrag ging. Um ein Versprechen, nicht um ein Fest – auch wenn es ein gigantisches Fest war.

Ich habe bis zum Abend vor unserer Hochzeit damit gewartet, mein Eheversprechen aufzuschreiben, da ich emotional so präsent wie möglich sein wollte, wenn ich Jeremy mein Versprechen gab. Ich legte während des Schreibens immer wieder eine Pause ein, um zu beten, und versuchte, mein Eheversprechen kreativ, konkret und auf Gott zentriert zu formulieren. Ich blieb lange auf, schrieb auf, was mir mein Herz sagte, und versprach, Jeremy, *solange wir leben*, zu lieben.

Einen Monat vor unserer Hochzeit verkauften meine Eltern das Haus, in dem meine Geschwister und ich aufgewachsen waren, und zogen aufs Land. Sie hatten immer gesagt, wenn meine Geschwister und ich mit der Schule fertig seien, wollten sie aufs Land ziehen, weil es ihnen dort besser gefiel. Mein jüngerer Bruder hatte in diesem Sommer die Schule abgeschlossen und so hatten sie sich also ein kleines Stück Land gesucht.

Und ihr werdet's nicht glauben, sie kauften tatsächlich das Grundstück über unserer Eisenbahnbrücke. Die Stelle, an der Jeremy und ich uns verlobt haben, ist nur wenige Meter von der Grundstücksgrenze meiner Eltern entfernt! Das heißt, dass ich am Morgen unserer Hochzeit vom Rattern des Zuges und von dem faszinierenden Blick auf unsere geliebte Eisenbahnbrücke geweckt wurde.

Am Morgen unserer Hochzeit fühlte ich mich ähnlich wie früher vor meinen Wettkämpfen: Ich war nervös, voll Adrenalin und hatte keinen Appetit. Mein Herz raste, aber gleichzeitig erfüllte mich ein tiefer Friede. Ich beschloss, einen kurzen Gebetsspaziergang zu unserer Brücke zu machen, und als ich an der Brücke ankam, setzte ich mich ins Gras und nahm mit dem Handy auf, wie ich für unsere Hochzeit und unsere Ehe betete.

Am Anfang dieses Videos sagte ich: „Es ist so cool, dass ich am Morgen vor unserer Hochzeit an der Stelle sitzen und für unsere Ehe beten kann, an der unsere Liebesgeschichte begonnen hat!" Dann lobte ich Gott und betete um seinen Schutz und seine Gegenwart an diesem Tag und in unserer Ehe. Ich schickte Jeremy das Video mit einem *Ich liebe dich* und schaltete für den Rest des Tages den Flugzeugmodus ein.

Auf dem Rückweg zum Haus meiner Eltern dachte ich an unsere künftige Tochter und dass ich an ihrem Hochzeitstag etwas so Großartiges wieder erleben würde. Plötzlich hatte ich das starke Gefühl, dass ich an *meinem* Hochzeitstag einen Brief schreiben sollte, den ich meiner künftigen Tochter an *ihrem* Hochzeitstag geben wollte.

Als ich ins Haus zurückkam, war meine ganze Familie dabei, sich für den Tag vorzubereiten. Ich war so dankbar, dass ich früh genug aufgestanden war, um mit Gott Zeit allein in der Stille unter unserer Eisenbahnbrücke zu verbringen.

Anschließend packte ich alle Hochzeitsutensilien in mein Auto und fuhr die drei Minuten zur *Roloff Farm*. Als ich vor dem Haus ankam, waren überall Leute, Autos, Hochzeitsplaner und Kamerateams. Ich ging lächelnd an ihnen vorbei und überließ meiner Familie und den Hochzeitsplanern das Chaos, während ich mich mit meinen Brautjungfern ins Haus zurückzog.

Während wir uns fertig machten, schrieb ich meinen Brief an meine künftige Tochter. Ich weiß noch, dass ich dachte: *Und wenn ich nur Söhne bekomme?* Aber davon ließ ich mich nicht beirren. Ich beschrieb, was ich fühlte, und versuchte, mein Mädchen zu trösten, zu ermutigen und mit ihr zu feiern. Meine Tochter sollte wissen, wie ich mich an dem Tag gefühlt habe, an dem ich ihren Vater heiratete.

In dem Brief betete ich für ihren künftigen Mann, ihre Hochzeit und ihre Ehe. Es war eine verrückte Erfahrung. Es war, als schriebe ich einem Menschen, den zwar ich kannte, den aber gleichzeitig noch niemand auf dieser Welt kannte. Am Ende schrieb ich, dass Jeremy und ich schon sehr lange für sie und ihren Bräutigam gebetet hätten, wenn sie diesen Brief las.

Unser Tag war von Briefen begleitet. Als ich meinen Brief an unsere künftige Tochter fertig geschrieben hatte, klopften Jeremys Bruder Zach und zwei andere Trauzeugen des Bräutigams an unsere Tür und brachten mir ein Geschenk und einen Brief von Jeremy. Den Brief hatte er natürlich auf seiner Schreibmaschine geschrieben. Das Geschenk war ein Brandeisen in der Form eines Herzens mit unseren Initialen. Ja, mein Mann hat mir als Hochzeitsgeschenk ein Brandeisen für Rinder geschenkt! Du schmunzelst jetzt wahrscheinlich, aber ich war so gerührt, dass ich mit den Tränen kämpfte. Besonders als ich diese Zeile in Jeremys Brief las: „Der heutige Tag wird unsere Liebe für immer in uns einbrennen." Im Tausch gegen dieses Geschenk überreichte ich den Jungs mein Geschenk für Jeremy und einen Brief, den ich auf meiner Schreibmaschine getippt hatte.

Kurze Zeit später traf ich mich mit Jeremy. Wenn du unsere Hochzeit im Fernsehen gesehen hast, weißt du davon nichts, weil nur Jeremy und ich mit unserem Hochzeitsfotografen im Wald waren. Wir standen nur wenige Schritte von der Lagerfeuerstelle entfernt, die ein wichtiger Teil unserer Liebesgeschichte war. Als ich hinter Jeremy trat und ihn auf die Schulter tippte, drehte er sich um und keuchte: „Du bist wunderschön, Babe! Das Kleid ist genau so, wie du es wolltest. Es ist perfekt." Ich bin kein Mädchen, das davon träumt, eine Prinzessin zu sein, aber in diesem Moment fühlte ich mich wie eine Prinzessin.

Der Rest unseres Hochzeitstages war von unserer Liebesgeschichte und von vielen Symbolen geprägt. Alles an unserer Hochzeit sollte unsere Liebesgeschichte erzählen: die mit Schreibmaschine getippten Briefe, die roten Lippenstiftküsse auf den Desserttellern und alles andere. Bei der Vorstellung, wie ich zum Altar gehe, malte ich mir aus, dass ich ein Schild mit einer Botschaft für Jeremy hochhalten könnte, während ich auf ihn zugehe. Bei genauerem Nachdenken wurde mir aber bewusst, dass eine Braut normalerweise einen Blumenstrauß trägt, was ich wahrscheinlich auch machen sollte. Aber die Trauzeugen des Bräutigams hatten die Hände frei. Sie konnten meine Botschaft tragen!

Also schrieb ich ihnen und erklärte, dass ich für Jeremy eine Überraschung bei unserer Hochzeitsfeier plante und dafür ihre Hilfe brauchte. Dann bat ich sie, mir ein oder zwei Worte zu schicken, die Jeremy einmal über mich gesagt hatte. Ich schrieb, dass diese Worte albern oder ernst sein konnten. Jeder schrieb mir etwas, auch wenn ich bei einigen Worten nicht wusste, was sie bedeuteten (das waren bestimmt Insiderwitze), aber Jeremy würde wissen, was sie bedeuteten.

Die Antworten schrieb ich dann auf schmale Holzschilder, die die Männer trugen, während sie mich auf dem Weg zum Altar begleiteten: *feurige Maus, sexy Biene, Daisy Braids, Freude pur, taff, leidenschaftlich, meine Frau, wild entschlossen, Brückenbezwingerin, Babe* und *Auj*. Und der Junge, der die Ringe trug, hatte außerdem ein Schild, auf dem stand: *Und jetzt*. Und zu guter Letzt trug mein Vater ein Schild mit der Aufschrift *Sie gehört dir*, während wir Arm in Arm nach vorne gingen.

Als ich endlich vor dem Altar ankam, ergriff ich Jeremys Hände mit Tränen in den Augen. Chris Herb, der die Trauung durchführte, forderte Jeremy und mich auf, uns umzudrehen und unsere Angehörigen und Freunde anzusehen, die gekommen waren, um mit uns unsere Hochzeit zu feiern. Es war ein so besonderer Augenblick, der sich für immer in mein Gedächtnis eingeprägt hat. Es war ein unbeschreiblicher Segen, die lächelnden Gesichter der vielen Menschen zu sehen, die Jeremy und mich in den letzten Jahren ermutigt, unterstützt und für uns gebetet hatten. Meine Vorfreude, Jeremy vor diesen vielen Menschen mein Eheversprechen zu geben, wuchs immer mehr.

Später, während der Feier, gab uns Chris ein kostbares Geschenk – ein kleines Holzbrett von unserer Brücke mit folgender persönlichen Inschrift:

ROLOFFS – 2014
NEUE GLEISE
GOTT. WIR. ANDERE.

Als er uns das Geschenk überreichte, erklärte er unserer Familie und unseren Freunden, wie sehr die Eisenbahnbrücke für unsere Liebesgeschichte stand und dass die Visionen und Träume für unsere gemeinsame Zukunft auf dieser Brücke entstanden waren. Er betete, dass wir immer versuchen würden, mit dem Herrn, miteinander und mit anderen Menschen neue Schienen zu verlegen. Dieses perfekte, anschauliche Geschenk sagte so viel über unsere Liebesgeschichte aus. Wir strahlten vor Dankbarkeit, als wir das Geschenk entgegennahmen, und konnten es nicht erwarten, es als tägliche Erinnerung in unser Haus zu hängen.

Dann gab uns Chris noch ein anderes Geschenk. Bei unseren Ehevorbereitungsgesprächen hatte er Jeremy und mich gebeten, zehn Dinge aufzuschreiben, die wir aneinander lieben. Aber wir durften einander nicht sagen, was wir geschrieben hatten. Deshalb hörten wir es zum ersten Mal, als Chris diese Listen während unserer Hochzeit laut vorlas. Als zehnten Punkt hatten wir interessanterweise das Gleiche geschrieben. Darüber mussten wir beide sehr grinsen.

ZEHN DINGE, DIE ICH AN JEREMY LIEBE

- Dass er sich so geduldig und hartnäckig um mich bemüht.
- Seine leidenschaftliche Treue zu Gott und zu mir.
- Seine Eigenarten. Jede einzelne. Sie sind einmalig. ☺
- Dass er mir immer das Gefühl gibt, geborgen und beschützt zu sein.
- Seine Abenteuerlust und sein Forscherdrang.
- Wie er mich jeden Tag ansieht und mir sagt, dass ich hübsch bin.
- Sein Geschick, Dinge zu bauen, zu erfinden und zu schaffen, und die Art, wie er andere und mich inspiriert.
- Seine Bereitschaft, sich zu ändern, und sein Bemühen, mehr zu werden und mehr zu tun.
- Wie er mir hilft, meine Unsicherheit zu vertreiben und ständig mein Vertrauen zu stärken.
- Die Sommersprossen auf seiner Oberlippe.

ZEHN DINGE, DIE ICH AN AUDREY LIEBE

- Ihre Leidenschaft für das Leben. Ihr Wille, Dinge anzupacken.
- Ihre Locken, die einfach nicht in einem Zopf bleiben wollen.
- Ihre Kochkunst und das Essen, das sie für mich zubereitet.
- Ihre Liebe zu Jesus.
- Wie sie mich ermutigt, wenn ich gestresst bin.
- Ihr schönes, fröhliches Lächeln.
- Ihr Herz für andere.
- Ihre Begeisterung für das Leben auf einer Farm.
- Ihre Figur.
- Die Sommersprossen, die auf ihren Lippen auftauchen, wenn die Sonne scheint.

iner unserer ersten gemeinsamen
ootsausflüge

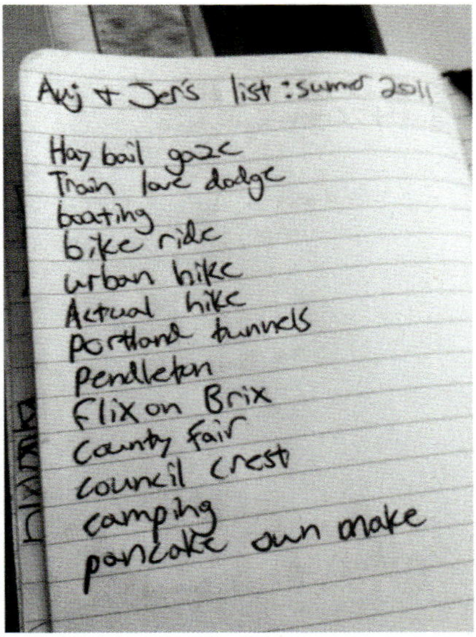

Die Liste der Dinge, die wir
in unserem ersten Sommer
zusammen machen wollten

eremys erstes selbstgemachtes Geschenk für Audrey

Bilder von unserem romantischen Ausflug zur Eisenbahnbrücke

Der Tag, an dem Audrey endlich „Ich liebe dich“ sagen konnte

Unser erstes offizielles Date

udrey mit Jeremys Familie in Costa Rica

dreys riesiger selbstgemachter
shey-Kiss zum Valentinstag

Gemeinsames Joggen als Teil
des Prinzips des Teilens

Jeremy liest Amy „Eine harte Gnade“ vor

Das wohl kreativste Pfefferkuchenhaus

Audrey spielt im jährlichen Fußballspiel der Roloffs mit

udrey und Jeremy mit Mitch und Kelsey, die Verantwortlichen
ür das blind Date

ıdreys erster Besuch in Santa Barbara

Der Heiratsantrag auf der Eisenbahnbrücke

Der erste gemeinsame Augenblick an unserem Hochzeitstag

Jeremy lernt Skifahren aufgrund des Prinzips des Teilens

ommerlicher Ausflug mit Bertha

it Freunden bei einem christlichen Konzert in Bend, Oregon

Jeremy tippt die Nachricht für unsere Lieben,
dass wir ein Baby erwarten

Zusammen mit unserer Tochter Ember in unserem neuen Haus

JEREMYS EHEVERSPRECHEN

Audrey Mirabella Roloff, meine schöne Braut.

Heute nehme ich deine Hand und schenke mich dir. Mein Herz ist voll Freude und Gottes Herz ist zweifellos auch voll Freude.

Ich verspreche, an unserer gemeinsamen Vision festzuhalten, immer als dein Kamerad an deiner Seite zu stehen, meinen Stolz abzulegen und mich in Liebe unterzuordnen.

Ich verspreche, zu dir zu stehen in Krankheit, vor dir zu stehen bei Anfechtungen, hinter dir zu stehen mit meiner Unterstützung und bei dir zu stehen in Freude.

Audrey, ich gehöre dir.

Audrey Mirabella Botti, ich verspreche, dir zu dienen. Ich verspreche, dir dabei zu helfen, immer mehr so zu werden, wie Gott dich sieht. Du bist die Liebe meines Lebens, eine Streiterin im Reich Gottes.

Ich verspreche dir, dich jedes Jahr neu zu lieben.

Ich verspreche dir, dich in deiner ganzen Schönheit zu lieben.

Du bist der stärkste Mensch, den ich kenne. Du inspirierst mich, lehrst mich, unterstützt mich und begeisterst mich.

Ich wurde dazu geschaffen, mit dir ein gemeinsames Leben zu beginnen und unsere Jahre mit Leben zu füllen. Darauf vertraue ich, dafür bete ich und das wünsche ich mir. Ich gebe der Angst keinen Raum.

Ich verspreche dir, auf dein Herz zu hören und dir mein Herz zu geben.

Audrey Mirabella Botti, endlich wirst du meine Frau.

AUDREYS EHEVERSPRECHEN

Babe, während ich hier stehe, um bis ans Ende unseres Lebens deine Hand zu ergreifen, denke ich an das Gedicht, das du mir einmal in einem Brief geschrieben hast: „Wenn ich an dich denke, habe ich so starke Schmetterlinge im Bauch, dass ich das Gefühl habe zu schweben.“ Wenn ich dich sehe, habe ich auch jedes Mal Schmetterlinge im Bauch. Egal, ob nach drei Monaten oder nach drei Stunden.

Mein Herz schlägt gleichzeitig schneller und langsamer. Alles in mir will dir meine Liebe zeigen. Meine Liebe zu dir ist mehr als nur Verliebtheit. Sie ist das unerschütterliche Vertrauen in meine Entscheidung, dich für den Rest meines Lebens mit allem, was ich bin, zu lieben. Ich will dich auf direkte, persönliche, konkrete und immer neue Weise lieben.

Für mich besteht kein Zweifel, dass du der Mann bist, mit dem ich den Rest meines Lebens ein Team bilden will. Ich weiß, dass sich Gott heute mit uns freut und dass er darüber jubelt, dass er uns zusammengebracht hat.

Ich danke Gott unablässig dafür, dass er mir einen Mann schenkt, den ich nicht verdiene. Du bist dieser Mann. Du hast alle Eigenschaften des Mannes, für den ich gebetet habe und über den ich schon viel in mein Tagebuch geschrieben habe, bevor ich dich kennenlernte. Du übertriffst alles, was ich mir je hätte vorstellen können. Weil du mich so sehr liebst, gebe ich dir heute diese Versprechen:

- *Ich verspreche, mein Leben lang in deinem Team zu sein.*
- *Ich verspreche, dein größter Fan zu sein.*
- *Ich verspreche, dass ich dich mit meinem ganzen Herzen, meiner ganzen Seele, meinem ganzen Verstand und mit meiner ganzen Kraft unterstütze.*

- *Ich verspreche, öffentlich und privat voll und ganz hinter dir zu stehen.*
- *Ich verspreche, für dich im Gebet zu kämpfen.*
- *Ich verspreche, dass ich Gott an die erste Stelle setze.*
- *Ich verspreche, dass ich dich über alles und jeden anderen stelle.*
- *Ich verspreche, dass du immer am Steuer sitzen darfst.*
- *Ich verspreche, dass ich bis an die Grenzen gehe.*
- *Ich verspreche, dass ich dir den Nacken massiere, wenn du gestresst bist.*
- *Ich verspreche, dir den Kopf zu kraulen, wenn du müde bist.*
- *Ich verspreche, dich zu motivieren und herauszufordern, deiner Berufung treu zu sein.*
- *Ich verspreche, das Badezimmer sauber zu machen.*
- *Ich verspreche, dir harte Fragen zu stellen und dich zur Rechenschaft zu ziehen.*
- *Ich verspreche, dass ich dir demütig und selbstlos diene.*
- *Ich verspreche, dir treu zu sein.*
- *Ich verspreche, dir weiterhin Briefe und Nachrichten zu schreiben.*
- *Ich verspreche, mir Zeit für unsere Date-Abende zu nehmen.*
- *Ich verspreche, schnell zu vergeben.*
- *Ich verspreche zu lernen, dir bessere Wegbeschreibungen zu geben.*
- *Ich verspreche, mich um dich zu kümmern, wenn du krank bist.*
- *Ich verspreche, meine Dickköpfigkeit zu bändigen.*
- *Ich verspreche, dich zu ehren und zu achten.*
- *Ich verspreche, dir zu folgen und dir zu vertrauen.*
- *Ich verspreche, dich immer und immer mehr zu lieben.*

Wie immer konnte ich nicht anders, als diese Worte an meinem Hochzeitstag auf meine Hand zu schreiben: „Immer mehr!" Bei unserer Hochzeit geht es um viel mehr als um ein Kleid; es geht darum, dass du und ich dank Gottes Gnade eins werden. Das ist ein Bild für die Liebe, die Jesus zu uns hat.

Ich hoffe, unsere Liebe wird dieses Bild immer widerspiegeln: das Bild von Jesu unerschütterlicher Liebe zu uns. Aber ich schreibe diese Worte auch als Erinnerung auf meine Hand, dass ich dich mit Jesu Kraft immer mehr lieben kann, dir immer mehr dienen kann, immer mehr über dich lernen kann, dir immer mehr Barmherzigkeit schenken kann, immer mehr Demut haben kann, dich immer mehr unterstützen kann, immer mehr mit dir lachen kann, dir immer mehr Kinder schenken kann, immer mehr Abenteuer mit dir suchen kann, immer mehr Leidenschaft mit dir erleben kann, immer mehr Glauben in dich haben kann, immer mehr Orte mit dir besuchen kann, mit dir immer mehr Menschen kennenlernen kann, immer mehr Gebete mit dir beten kann, immer mehr Möglichkeiten finde, mit dir Gott anzubeten, und dich immer mehr lieben kann.

Heute treffe ich die wichtigste Entscheidung meines Lebens. Diese Entscheidung kommt gleich nach meiner Entscheidung, Jesus nachzufolgen. Heute werde ich deine Frau. Endlich! Du bringst Licht in mein Leben, Jeremy. Ich will an den vielen aufregenden Veränderungen in deinem Leben teilhaben. Ich will deine Hand halten, wenn wir gemeinsam Abenteuer erleben. Ich weiß, dass es mühsam sein wird, aber ich bin bereit, jeden Tag für dich die Extrameile zu gehen, Babe. Ich glaube an Gottes Berufung für dein Leben: Christus, du und ich. Ich liebe dich immer und ewig.

Deine Daisy Braids

Bevor wir als Mr und Mrs Roloff mit unseren Gästen feierten, gingen wir in die winzige Kapelle, vor der wir uns das Jawort gegeben hatten. Unsere erste Handlung als Ehepaar sollte ein gemeinsames Abendmahl sein. Es war ein schöner, persönlicher Moment, in dem wir uns bewusst machten, dass wir mit Jesus eins sind und dass wir miteinander eins sind. Wir kamen mit heiliger Hingabe, überfließender Dankbarkeit und unbeschreiblicher Freude vor unseren Herrn. Wir beteten zum ersten Mal als Ehepaar zusammen und dankten Gott für unsere Liebesgeschichte. Als wir das Brot und den Wein nahmen, baten wir Gott, unsere Liebesgeschichte weiterzuschreiben, *bis dass der Tod uns scheidet*.

Auch während unserer Hochzeitsfeier zogen wir uns für einen Moment zu zweit zurück. Während alle anderen die Feier genossen, traten wir in eine stille Ecke und staunten über alle unsere Freunde und Angehörigen, die zusammengekommen waren, um unseren Bund zu feiern. Wir umarmten uns und sagten fast gleichzeitig: „Speichere es ab!" Unser Hochzeitsfotograf hat diesen Moment festgehalten. Dieses Bild wird immer zu meinen Lieblingsbildern gehören.

Unser großer Tag war voll Segen, Freude, Feiern und Liebe. Wir wollten nicht, dass er jemals aufhört. Aber auch wenn dieser Tag irgendwann zu Ende ging, war er für unsere Ehe erst der Anfang! Kurz bevor wir durch einen Tunnel aus Wunderkerzen hindurchschritten, um zu unserem Auto zu kommen, fiel mein Blick auf die Schreibmaschine. Die Schreibmaschine, auf der mir Jeremy Liebesbriefe und Gedichte geschrieben hatte. Die Schreibmaschine, die die Worte „Willst du mich heiraten?" geschrieben hatte. Die Schreibmaschine, die unsere Beziehung so bedeutungsvoll und denkwürdig gemacht hatte. Sie wird immer einen großen Symbolcharakter in unserer Ehe haben. Bis heute steht sie auf dem Tisch im Eingangsbereich unseres Hauses und erinnert uns daran, dass wir unsere Liebesgeschichte weiterschreiben. Und sie erinnert uns: Zu finden und trotzdem weiterzusuchen, das ist Liebe.

Der Brief geht weiter

Beim Schreiben dieses Buches haben wir gebetet, dass es dich inspirieren, ermutigen, motivieren und herausfordern wird, selbst eine mutige, kreative, treue und dauerhafte Liebesgeschichte zu schreiben. Wir hoffen, dass unsere Geschichte in dir den Wunsch weckt, dich um eine Liebe zu bemühen, die genauso schön, durchdacht und strukturiert ist wie ein handgetippter Brief. Unser Weg zum Traualtar war alles andere als perfekt, aber wir hoffen, dass er dich inspiriert, dich gut auf deine Liebe vorzubereiten. Wir hoffen, er motiviert dich, dich um deine Liebe zu bemühen und sie zu schützen. Wir wollen dich ermutigen, deinen eigenen Liebesbrief zu schreiben.

Wir stehen nicht mehr vor den Herausforderungen einer Fernbeziehung. Trotzdem steht auch unsere Liebe in der Gefahr, dass man sich im Laufe der Zeit auseinanderlebt. Wir haben uns das Versprechen gegeben, dass wir nie aufhören wollen, ein Leben wie ein Liebesbrief zu führen. Unser gemeinsames Leben soll einem Liebesbrief ähneln: überlegt, zeitlos, schön geschrieben und unauslöschlich.

Und tatsächlich schreiben wir an unserer Liebesgeschichte weiter, indem wir uns jedes Jahr am Hochzeitstag einen Brief schreiben. Begonnen haben wir damit am letzten Tag unserer Hochzeitsreise, an dem wir am Strand einen Brief an den anderen geschrieben und diese Briefe zugeklebt haben. Wir wollten sie erst zu unserem ersten Hochzeitstag lesen. Wir wollten uns später an die Gefühle, Gedanken und Geschichten erinnern, die uns kurz nach unserer Hochzeit beschäftigt haben.

Ein Jahr später öffneten wir die Umschläge und lasen gemeinsam laut, was wir geschrieben hatten. Wir waren so dankbar, dass wir uns die Zeit genommen hatten, sie zu schreiben. Uns kamen die Tränen, als wir uns an unser erstes Ehejahr erinnerten. Unsere Briefe einander laut vorzulesen hat so viel Spaß gemacht. Es war eine so romantische und schöne Erfahrung, dass wir beschlossen, diese Tradition fortzusetzen. Jedes Jahr, wenn wir unsere Briefe lesen, erinnern wir uns daran, wie treu uns Gott geführt hat.

Unsere Schreibmaschine hatte in jeder Wohnung, in der wir seit unserer Hochzeit gewohnt haben, einen festen Platz. Sie wird für uns immer sehr viel Symbolkraft haben. Sie inspiriert uns, unser Leben auch weiterhin bewusst, überlegt und liebevoll zu gestalten, genauso wie man einen Brief schreibt.

Obwohl wir die Schreibmaschine nicht mehr oft benutzen, beschlossen wir am 22. Februar 2017, ein neues Farbband einzulegen und einen neuen Brief zu schreiben. Einen Brief an alle unsere Freunde und Angehörigen. Wir nahmen ein kleines Video von uns auf, in dem man sieht, wie wir Folgendes tippten: „September 2017 … Wir bekommen ein Baby!“

Und in den Wochen vor der Geburt hielten wir es für passend, dass jeder von uns unserer ungeborenen Tochter einen Brief schreibt, in dem wir unsere Hoffnungen und Träume für unser kleines Mädchen zum Ausdruck bringen. Wir beschlossen, dass es der erste von vielen Briefen sein sollte, die wir ihr jedes Jahr zum Geburtstag verfassen wollten. Irgendwann werden wir sie ihr geben. Vielleicht zu ihrer Hochzeit. Dann bekommt sie auch den Brief, den ich ihr an unserem Hochzeitstag geschrieben habe.

Am 10. September 2017 sahen wir unsere Tochter Ember Jean Roloff zum ersten Mal. Weil unsere Liebesgeschichte vor den glühenden Holzstücken im Lagerfeuer gewachsen ist, fanden wir, dass Ember (dt. glühendes Holz, glühende Asche) ein passender Name für unsere Tochter ist.

Als wir unsere Tochter zum ersten Mal in den Armen hielten, beteten wir für ihr Leben und für die Geschichte, die sie schreiben wird. Eine Geschichte voller Abenteuer, Leidenschaft und Treue. Wir haben sie Gott anvertraut und ihn gebeten, ihr Herz und das Herz ihres künftigen Mannes für eine Liebesgeschichte vorzubereiten, die jedem, der ihnen begegnet, Hoffnung schenkt.

Unser Gebet für Ember ist, dass sie ein Licht in der Dunkelheit sein wird, dass sie in allem, was sie tut, voll Feuer ist, anhaltend, kräftig und unauslöschlich. Und wir hoffen, dass das auch in unserer Liebesgeschichte weiter zu sehen sein wird. Dass unsere Liebesgeschichte Licht verbreitet. Dass sie alle Stürme des Lebens übersteht. Dass sie weiterhin wächst und leuchtet. Und dass sie in den Seelen von allen, die sie bei uns sehen können, einen Funken entfacht. Wir wollen immer an das *Mehr* glauben, das Gott für uns hat. *Mehr* von ihm. Dieses Mehr dürfen wir entdecken, erleben und lieben. Er ist der Autor unserer Geschichte. Wir wollen seine Geschichte für den Rest unseres Lebens treu erzählen.

Eure Jer und Auj

ENDNOTEN

1 Brooks & Dunn, „Red Dirt Road“, Text von Kix Brooks und Ronnie Dunn, April 2003.

2 Siehe „Ape Caves“, Washington Trails Association, www.wta.org/go-hiking/hikes/ape-cave.

3 Nicholas Sparks, The Last Song (New York: Hachette, 2009), 206. Deutscher Titel: Mit dir an meiner Seite.

4 Bruce Lee, „#24 Poetry: Love Is Like a Friendship Caught on Fire“, December 14, 2016, www.brucelee.com/podcast-blog/2016/12/14/24-poetry.

5 Henry Cloud und John Townsend, Boundaries with Kids (Grand Rapids: Zondervan, 1998), 72. Deutscher Titel: Liebevoll Grenzen setzen (Gerth Medien).

6 Gary Chapman, The Five Love Languages: The Secret to Love That Lasts (1992: repr., Chicago: Northwood, 2015). Deutscher Titel: Die 5 Sprachen der Liebe, Wie Kommunikation in der Ehe gelingt (Verlag der Francke-Buchhandlung). Auf www.5lovelanguages.com kannst du diesen Test kostenlos durchführen, um deine Sprache der Liebe herauszufinden.

7 „The Challenger: Enneagram Type Eight“, The Enneagram Institute, www.enneagraminstitute.com/type-8.

8 „The Peacemaker: Enneagram Type Nine“, The Enneagram Institute, www.enneagraminstitute.com/type-9.

9 „Enneagram Type Eight (the Challenger) with Enneagram Type Nine (the Peacemaker)“, The Enneagram Institute, www.enneagraminstitute.com/relationship-type-8-with-type-9.

10 Timothy Keller, The Meaning of Marriage: Facing the Complexities of Commitment with the Wisdom of God (New York: Riverhead, 2011), 101. Deutscher Titel: Ehe: Gottes Idee für das größte Versprechen des Lebens (Brunnen Verlag).

11 Sheldon Vanauken, A Severe Mercy (San Francisco: Harper San Francisco, 1987), 35. Deutscher Titel: Eine harte Gnade.

12 Vanauken, A Severe Mercy, 35.

13 Vanauken, A Severe Mercy, 37.

14 Keller, Meaning of Marriage, 109.

15 Mary Pickford, Why Not Try God? (1934; repr., Culver City, CA: Northern Road, 2013), 26.

16 Siehe C. S. Lewis, Mere Christianity (1943; repr., New York: Macmillan, 1960). Deutscher Titel: Pardon, ich bin Christ.

17 Charles Duhigg, The Power of Habit: Why We Do What We Do in Life and Business (New York: Random House, 2012), 19. Deutscher Titel: Die Macht der Gewohnheit – Warum wir tun, was wir tun (Piper).

18 In Kapitel 11 gehen wir auf dieses Tagebuch näher ein. Unser Ehetagebuch heißt *The Marriage Journal: Connect, Communicate, and Grow in Love.* Mehr dazu findest du unter www.TheMarriageJournal.com.

19 Genaueres zu diesem Ehetagebuch siehe Kapitel 11.

20 Diese Formulierung ist von Sheldon Vanauken, der seine Trauer nach dem Tod seiner Frau als „Vergangenheitsbeleuchtung" beschreibt. Er beschloss, sich bewusst die ganzen Bücher, Tagebücher, Fotos und Gedichte ihres gemeinsamen Lebens anzusehen, um ihre Erinnerungen am Leben zu erhalten (siehe *Eine harte Gnade*).

21 John Mark Comer, Loveology: God, Love, Marriage, Sex, and the Never-Ending Story of Male and Female (Grand Rapids: Zondervan, 2013), 72.

22 Terri Clark, „I Just Wanna Be Mad", Text von Kelley Lovelace und Lee Thomas Miller, August 2002.

23 Gary Chapman, „Discover Your Love Language: Quality Time", Five Love Languages, www.5lovelanguages.com/languages/quality-time.

24 Vanauken, A Severe Mercy, 43.

25 Siehe „20 Important Emotional Affair Statistics", Health Research Funding, https://healthresearchfunding.org/20-important-emotional-affair-statistics.

26 Nicholas Sparks, The Notebook (New York: Warner, 1996), 160. Deutscher Titel: Wie ein einziger Tag.

27 Annie Dillard, The Writing Life (1989; repr., New York: HarperCollins, 2013), 32.

28 Siehe Henry Cloud und John Townsend, Boundaries in Marriage (Grand Rapids: Zondervan, 1999), 17. Deutscher Titel: Liebe braucht Grenzen: Wie Sie Ihre Partnerschaft durch gesunde Grenzen bereichern (Gerth Medien).

29 Cloud and Townsend, Boundaries in Marriage, 17.

30 Charles Spurgeon, The Power of Prayer in a Believer's Life (Lynnwood, WA: Emerald, 1993), 15.

31 Timothy Keller, Prayer: Experiencing Awe and Intimacy with God (New York: Penguin, 2014), 18. Deutscher Titel: Beten. Dem heiligen Gott nahe kommen (Brunnen Verlag).

Die amerikanische Originalausgabe ist im Verlag
Zondervan, 3900 Sparks Dr. SE. Grand Rapids, Michigan 49546
unter dem Titel „A Love Letter Life“ erschienen.

1.Auflage 2020
Bestell-Nr. 817664
ISBN 978-3-95734-664-3

Umschlaggestaltung: Dale Partridge/Joana Kielhorn
Umschlagfoto: Brandon Hill
Übersetzung: Silvia Lutz
Lektorat: Ruth Harmsen
Satz: Uhl + Massopust, Aalen
Druck und Verarbeitung: GGP Media GmbH, Pößneck
Printed in Germany

www.gerth.de